山东省高等教育名校建设工程课程改革教材

建筑工程工程量
清单计价

主　编　张　玲　刘永坤
副主编　曹　军　刘　锋
　　　　宋　健　单秀君
主　审　陈克森

黄河水利出版社
·郑　州·

内 容 提 要

本书是山东省高等教育名校建设工程课程改革教材，是本着高职教育的特色，依据中央财政支持专业建设方案和山东省特色名校建设方案要求进行编写的。本书参照《建设工程工程量清单计价规范》(GB 50500—2013)，并结合山东省消耗量定额进行编写，主要内容包括基础知识、建筑工程计价基础知识、建筑工程计量基础知识、建筑工程工程量清单编制、工程案例等。

本书可作为高职高专院校建筑工程技术、工程造价、工程管理等专业的教学用书，也可作为中专、函授土建类专业学生及工程技术人员的参考用书。

图书在版编目(CIP)数据

建筑工程工程量清单计价/张玲，刘永坤主编. —郑州：黄河水利出版社，2015.8

山东省高等教育名校建设工程课程改革教材

ISBN 978-7-5509-1185-7

Ⅰ. ①建… Ⅱ. ①张… ②刘… Ⅲ. ①建筑工程－工程造价 Ⅳ. ①TU723.3

中国版本图书馆 CIP 数据核字(2015)第 190690 号

组稿编辑：王路平　电话：0371－66022212　E-mail：hhslwlp@163.com

出 版 社：黄河水利出版社

地址：河南省郑州市顺河路黄委会综合楼 14 层　邮政编码：450003

发行单位：黄河水利出版社

发行部电话：0371－66026940、66020550、66028024、66022620(传真)

E-mail：hhslcbs@126.com

承印单位：河南承创印务有限公司

开本：787 mm×1 092 mm　1/16

印张：12.75

字数：300 千字　印数：1—2 000

版次：2015 年 8 月第 1 版　印次：2015 年 8 月第 1 次印刷

定价：29.00 元

前 言

本书是依据中央财政支持提升社会服务能力重点建设专业和山东省高等教育名校建设工程重点建设专业人才培养方案和课程建设目标要求，并按照国家及行业有关建筑工程工程量清单计价的新规范、新法规、新标准编写完成的。在吸收有关教材和技术文献资料精华的基础上，充实了新思想、新理论、新方法和新技术；以"工学结合"为主线，以培养学生的实践动手能力为目标，不过分苛求学科的系统性和完整性，注重学生职业能力训练和综合素质培养，体现了高等职业教育的特点，突出了适用性、实践性、创新性的教材特色。

本书从造价员岗位所应具备的基础知识入手，参照最新发布的《建设工程工程量清单计价规范》（GB 50500—2013）进行编写，通过典型例题及实际工程案例由浅入深地培养学生清单模式下计量与计价编制的能力。教材采用了行业最新的清单计价规范，应用了实际工程案例，可满足高职工程造价专业技能型人才的培养要求。

本书内容主要针对高职教育育人特色，按照"教、学、做"一体的思路，立足于基本理论，基于工作过程导向，体现了"案例教学"思想，运用项目教学法，以"单元－课题"为表现形式，注意实际能力的培养，具有先进性、系统性、实用性等特色。

本书由山东水利职业学院主持编写工作，编写人员及编写分工如下：日照市建设工程标准定额管理站刘锋编写单元1，山东建苑工程咨询有限公司宋健编写单元2，日照职业技术学院刘永坤编写单元3，山东水利职业学院张玲、曹军编写单元4，青岛英特软件有限公司单秀君编写单元5。本书由张玲、刘永坤担任主编，张玲负责全书统稿；由曹军、刘锋、宋健、单秀君担任副主编；由山东水利职业学院陈克森担任主审。

本书在编写过程中，参考了其他院校和专家的一些著作与教材，得到了日照市建设工程标准定额管理站、山东建苑工程咨询有限公司、青岛英特软件有限公司等单位的支持，由学校、行业、企业、软件公司多方参与共同完成，在此一并表示感谢！

由于编者水平有限，编写时间仓促，书中难免存在不足之处，恳请读者批评指正，提出宝贵意见。

编 者

2015 年 5 月

目 录

单元1 基础知识

【知识点】

1. 建设项目的概念及建设工程项目划分。
2. 建筑工程造价的概念、作用及表现形式。
3. 基本建设程序与工程造价计价体系的关系。

【教学目标】

本单元是学习工程计量与计价的基础，应理解建设项目的概念，掌握建设工程项目划分，熟悉建筑工程造价的概念、作用及表现形式，熟悉基本建设程序与工程造价计价体系的关系。

课题1 基本建设

1 基本建设的概念

基本建设是指固定资产的建设，即建筑、安装和购置固定资产的活动及与之相关的工作。具体讲，就是把一定的建筑材料、设备等通过购置、建造和安装等活动转化为固定资产的过程。同时，与此相关的如土地征用、勘察设计、筹建机构、培训职工等也包括在内。例如建一个工厂、一所学校、一所医院、一栋住宅楼等都属于基本建设的范畴，它们都有共同的特点——最终都形成了固定资产，最终都表现为固定资产的增加。

2 建设项目及划分

建设项目是指具有设计任务书，按一个总体设计进行施工，经济上实行独立核算，建设和营运中具有独立法人负责的组织机构，并且是由一个或一个以上的单项工程组成的新增固定资产投资项目的统称。例如一个工厂、一所学校、一所医院、一个住宅小区等均为一个建设项目。

按照建设项目分解管理的需要，可将建设项目分解为单项工程、单位工程（子单位工程）、分部工程（子分部工程）、分项工程等。

2.1 单项工程

单项工程是指具有独立的设计文件，建成后可以独立发挥生产能力或效益的配套齐全的工程项目。例如一所学校的教学楼、实验楼、图书馆等。

2.2 单位工程

单位工程是竣工后一般不能独立发挥生产能力或效益，但具有独立设计，可以独立组织施工的工程。它是单项工程的组成部分。例如一个生产车间的厂房修建、电气照明、给水排水、工业管道安装、机械设备安装、电气设备安装等，都是单项工程中所包括的不同性质工程内容的单位工程。

2.3 分部工程

分部工程是单位工程的组成部分，是指按工程的部位、结构形式的不同等划分的工程项目。例如房屋建筑单位工程可划分为基础工程、墙体工程、屋面工程等；也可以按工种划分，如土、石方工程，钢筋混凝土工程，装饰工程等。

2.4 分项工程

分项工程是分部工程的组成部分，分项工程是根据工种、构件类别、使用材料不同划分的工程项目。一个分部工程由多个分项工程构成。分项工程是工程项目划分的基本单位。如混凝土及钢筋混凝土分部工程中的带形基础、独立基础、满堂基础、设备基础、矩形柱、有梁板、阳台、楼梯、雨篷、挑檐等均属于分项工程。

3 工程项目建设程序

工程项目建设程序是指工程项目从策划、评估、决策、设计、施工到竣工验收、投入生产或交付使用的整个建设过程中，各项工作必须遵循的先后次序。工程项目建设程序是工程建设过程客观规律的反映，是建设工程项目科学决策和顺利进行的重要保证。工程项目建设程序是人们长期在工程项目建设实践中得出的经验总结，不能任意颠倒，但可以合理交叉。

一般工程项目的建设程序是：

(1)提出项目建议书。根据国民经济和社会发展长远规划，结合行业和地区发展规划的要求，论述建设的必要性。

(2)编制可行性研究报告。在勘察、调查研究及详细技术经济论证的基础上，对拟建项目的技术和经济的可行性进行分析与论证。

(3)决策。选择建设地点。

(4)进行设计工作。一般项目进行两阶段设计，重大项目和技术复杂的项目应进行三阶段设计。

(5)施工前的各项准备工作。包括征地、拆迁、“三通一平”及组织设备、材料订货、组织施工招标、选择施工单位、报批开工报告等工作。

(6)编制年度建设投资计划，合理安排分年度投资，保证项目按期完成。

(7)按照设计进行施工安装。

(8)进行生产准备工作。包括人员培训、组织组建、技术和物资准备。

(9)竣工验收、交付使用。

(10)后评价。使用一段时间或生产运营一段时间后(一般为两年)，进行项目后评价。

课题2 工程计价基础知识

1 工程造价的含义

工程造价泛指建设工程的建造价格，是建设工程价值的货币表现，有广义和狭义之分。

广义的工程造价是从投资者（业主）的角度来说的。它是指建设一项工程预期开支或实际开支的全部固定资产投资费用。包括建筑安装工程费、设备及工器具购置费、工程建设其他费用、预备费、建设期贷款利息与固定资产投资方向调节税。换句话说，就是一项工程通过建设形成相应的固定资产、无形资产所需一次性费用的总和。

狭义的工程造价是从市场的角度来说的。它是指工程价格，即为建成一项工程，预计或实际在土地市场、设备市场、技术劳务市场，以及承包市场等交易活动中所形成的建筑安装工程的价格和建设工程总价格。这是将工程项目作为特殊的商品形式，通过招标投标、承发包和其他交易方式，在多次预算的基础上，最终由市场形成价格。

工程造价的两种含义是从不同角度把握同一事物的本质。对投资者来说，面对市场经济条件下的工程造价就是项目投资，追求少花钱多办事，尽量降低工程造价。对承包商、供应商和规划、设计等机构来说，工程造价是他们作为市场供给主体出售商品和劳务的价格。

本书中工程造价指的是狭义概念。

2 工程造价的费用组成

按照原国家计委审定（计办投资〔2002〕15 号）发行的投资项目可行性研究指南，现行建设项目总投资由固定资产投资和流动资产投资两部分组成，见图 1-1。

固定资产投资也就是我们通常说的工程造价，包括设备及工器具购置费、建筑安装工程费、工程建设其他费用、预备费、建设期贷款利息、固定资产投资方向调节税。

流动资产投资仅在工业项目中发生。

3 工程造价的表现形式

3.1 投资估算

投资估算是指在项目建议书和可行性研究环节，通过编制估算文件对拟建工程所需投资预先测算和确定的过程。投资估算是多方案比选、优化设计、合理确定项目投资的基础。

3.2 设计概算

设计概算是指设计单位在初步设计或扩大初步设计阶段，根据设计图样及说明书、设备清单、概算定额或概算指标、各项费用取费标准、类似工程预（决）算文件等资料，用科学的方法计算和确定建筑安装工程全部建设费用的经济文件。

- 建设项目总投资
  - 固定资产投资 —— 工程造价
    - 设备及工器具购置费
      - 设备购置费
        - 设备原价
        - 设备运杂费
      - 工具、器具及生产家具购置费
    - 建筑安装工程费
      - 直接工程费
      - 间接费
      - 计划利润
      - 税金
    - 工程建设其他费用
      - 土地使用费
      - 与项目建设有关的其他费用
      - 与未来企业生产经营有关的其他费用
    - 预备费
      - 基本预备费
      - 涨价预备费
    - 建设期贷款利息
    - 固定资产投资方向调节税
  - 流动资产投资 —— 流动资金(含铺底流动资金30%)

图1-1 我国现行建设项目总投资的构成

3.3 施工图预算

施工图预算是指在施工图设计阶段，根据施工图纸、预算定额、各项取费标准、建设地区的自然及技术经济条件等资料编制的建筑安装工程预算造价文件。它是建筑企业和建设单位签订承包合同、实行工程预算包干、拨付工程款和办理工程结算的依据，也是建筑企业编制计划、实行经济核算和考核经营成果的依据。在实行招标投标模式下，它是建设单位确定标底（招标控制价）和施工企业投标报价的依据。

3.4 投标报价

投标报价是指投标人向招标人出示的愿意付出的交易商品或完成工作的价位。投标报价是投标书的一个重要组成部分，也是工程造价的一种表现形式。它是投标人根据自己的消耗水平和市场因素综合考虑后确定的工程造价。

3.5 承包合同价

承包合同价是指中标方确定后，承发包双方根据合同条款及有关规定，通过签订工程承包合同所计算和确定的拟建工程造价总额。合同价属于市场价格的范畴，不同于工程的实际造价。

按照投资规模的不同，可分为建设项目总价承包合同价、建筑安装工程承包合同价、材料设备采购合同价和技术及咨询服务合同价。

按计价方法的不同，可分为固定合同价、可调合同价和工程成本加酬金合同价。

3.6 工程结算价

工程结算价是指施工企业按照承包合同和已完工程量向建设单位（业主）办理工程

价清算的实际工程价款。工程结算价有别于工程预算价，是在承包合同的工程价款基础上根据实际已完工程量进行工程结算后的工程价款。

工程结算价不一定都高于工程预算价，工程结算价会按照实际发生的工程量进行计算。

3.7 竣工决算价

竣工决算价是指整个建设工程全部完工并经过验收后，通过编制竣工决算书计算整个项目从立项到竣工验收、交付使用全过程实际支付的全部建设费用、核定新增资产和考核投资效果的过程，计算出的价格称为竣工决算价。它是整个建设工程的最终实际价格。

4 工程项目建设程序与工程造价的关系

工程项目建设程序与工程造价的关系见图1-2。

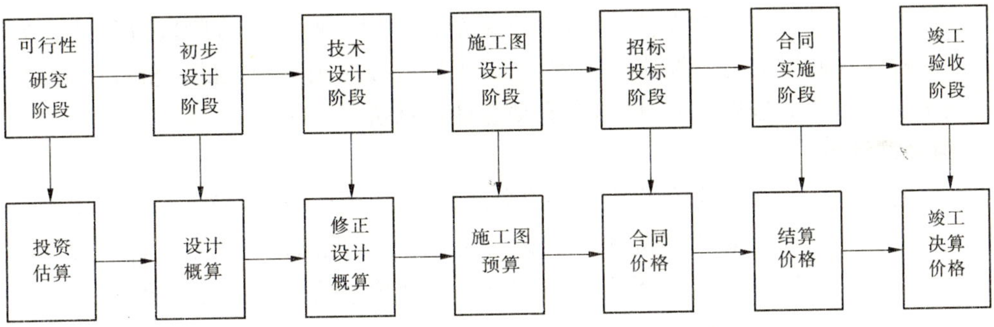

图1-2 建设程序与工程造价的关系

5 工程造价的特点

5.1 大额性

任何一项建设工程，不仅工程实物庞大，其造价少则十几万、上百万元，多则千万元甚至上亿元，而且工程造价的大额性关系到诸多方面的利益，同时会对社会的经济增长产生重大影响。

5.2 动态性

工程从决策到竣工交付使用的建设周期漫长，不可控的动态因素如工程变更、设备材料价格、工资标准、费率、利率、汇率等变化影响工程造价的变化，直至工程竣工决算后才能确定工程的实际造价。建设工程造价在建设工程决策、设计、发包和实施阶段分别计价。因此，工程计价在工程建设的全过程中具有动态性。

5.3 单件性

工程内容和实物个体差异决定了工程造价的单件性特点。每个工程项目都有其特定的功能、用途，因而也就有不同的结构、造型和装饰，不同的体积和面积，建筑设计时要采用不同的工艺设备和建筑材料。同时，工程项目的技术指标还要适应当地的风俗习惯，再加上不同地区构成投资费用的各种价值要素的差异，导致建设项目不能像对工业产品那样按品种、规格、质量成批地定价，只能是单件计价。也就是说，一般不能由国家或企业规定统一的价格，只能就单个项目通过特殊的程序（编制估算、概算、预算、结算及最后确定竣工决算等）来计价。

5.4　**层次性**

工程造价的层次性取决于工程的层次性。一个建设项目往往含有多个能够独立发挥设计效能的单项工程（车间、写字楼、住宅楼等）。一个单项工程又是由能够各自发挥专业效能的多个单位工程（土建工程、电气安装工程等）组成的。与此相适应，工程造价有三个层次：建设项目总造价、单项工程造价和单位工程造价。如果专业分工更细，单位工程（如土建工程）的组成部分——分部分项工程也可以成为承发包对象，如大型土方工程、基础工程、装饰工程等，这样工程造价的层次就增加分部工程和分项工程而成为五个层次。即使从造价的计算和工程管理的角度看，工程造价的层次性也是非常突出的。

5.5　**多次性（阶段性）**

建设工程产品的生产过程环节多，阶段复杂，周期长，而且是分阶段进行的。为了适应各个工程建设阶段的造价控制与管理，建设工程应按照国家规定的计价程序，按照工程建设程序中各阶段的进展，相应做出多次动态性的计价。

5.6　**组合性计价**

工程造价包括从立项到竣工所支出的全部费用，组成内容十分复杂，只有把建设工程分解成能够计算造价的基本组成要素，再逐步汇总，才能准确计算整个工程造价。其计算过程为：分部分项单价→单位工程造价→单项工程造价→建设项目总造价。

小　结

（1）基本建设工程项目按照它的组成内容不同，从大到小可以划分为建设项目、单项工程、单位工程、分部工程和分项工程。

（2）工程项目建设程序是指工程项目从策划、评估、决策、设计、施工到竣工验收、投入生产或交付使用的整个建设过程中，各项工作必须遵循的先后次序。它表现为综合性强、涉及面广、环节多，需要多行业、多部门密切配合。因此，要按照一定的先后顺序进行基本建设、妥善处理各个环节之间的关系，才能保证工程建设的顺利进行。

（3）工程造价包括广义和狭义两种含义。广义的工程造价是指建设一项工程预期开支或实际开支的全部固定资产投资费用；狭义的工程造价是指工程价格，即为建成一项工程，预计或实际在土地市场、设备市场、技术劳务市场、承包市场等交易活动中所形成的建筑安装工程的价格和建设工程总价格。

（4）工程造价的表现形式有投资估算、设计概算、施工图预算、投标报价、承包合同价、工程结算价、竣工决算价，其中在实行招标投标模式下，施工图预算是建设单位确定标底（招标控制价）和施工企业投标报价的依据。

（5）工程造价的特点是大额性、动态性、单件性、层次性、多次性、组合性计价。

习 题

一、选择题

1. 具备独立施工条件并能形成独立使用功能的建筑物及构筑物是(   )。

A. 单位工程　B. 单项工程　C. 分部工程　D. 分项工程

2. 可行性研究阶段应进行(   )。

A. 投资估算　B. 投标报价　C. 设计概算　D. 施工图预算

3. 工程造价有不同的表现形式,主要有(   )、工程承包价、工程结算价、竣工决算价等。

A. 投资估算　B. 设计概算　C. 施工图预算　D. 投标报价

4. 工程结算价是指施工企业按照承包合同和(   )向建设单位(业主)办理工程价清算的实际工程价款。

A. 图纸工程量　B. 全部工程量　C. 未完工程量　D. 已完工程量

5. (   )是单项工程的组成部分。

A. 单位工程　B. 单项工程　C. 分部工程　D. 分项工程

二、简答题

1. 简述建设项目的概念。

2. 结合工程建设程序,简述各阶段造价之间的关系。

单元2　建筑工程计价基础知识

【知识点】

1. 建筑工程计价的概念,定额计价模式和工程量清单计价模式的计价原理、计价依据及计价程序。

2. 工程建设定额的概念、分类和特点。

3.《建设工程工程量清单计价规范》(GB 50500—2013)相关规定。

【教学目标】

熟悉定额计价法和工程量清单计价模式的计价原理、计价依据和计价程序,能够区分这两种计价方法;掌握预算定额的概念,理解人工消耗量、材料消耗量和机械台班消耗量的确定,理解预算定额单价的确定;熟悉《建设工程工程量清单计价规范》(GB 50500—2013)相关规定。

课题1　建筑工程计价

建筑工程计价是指在建筑项目的不同阶段,采用相应的计价依据和方法,对建筑工程的造价进行预计、测算和确定的过程。

工程造价在不同的阶段,其计价方法也不尽相同。如在建设前期投资估算和初步设计概算的编制与审核阶段,选用估算指标法和概算定额法。在我国建筑工程造价计算中,应用最广、涉及单位最多的就是施工图预算,在编制工程招标投标控制价和投标报价时,也使用施工图预算编制的方法。

本课题所涉及的建筑工程计价模式,指的是施工图预算的编制模式。定额计价模式是传统模式,工程量清单计价模式正在广泛推广和应用。

1　定额计价模式

1.1　定额计价的原理

通过项目划分,按照各地建设主管部门颁布的预算定额(或综合定额)中规定的工程量计算规则、定额单价和取费标准等计算价格,最后汇总得到整个工程的预算价格。它是按照计量、套价、取费的方式进行计价。

1.2　定额计价的编制依据

(1)施工图纸、说明书和有关的标准图集。

(2)施工组织设计或技术组织措施。

(3)预算定额(或综合定额)、有关调价规定。

(4)已审批的设计概算文件。

(5)招标文件或工程合同、协议。

(6)预算工作手册。

1.3 定额计价的方法

施工图预算通常采用预算单价法和实物单价法两种方法。

1.3.1 预算单价法

采用预算单价法编制预算，是指按照各地区预算定额中各分项工程的预算单价，乘以相应的各分项工程的工程量，相加得到单位工程的直接费用，再以其为基础计算其他费用(如间接费、利润、税金)，最后将各项费用相加即得单位工程的预算价格。

预算单价法的计价程序见图2-1，最后编制完成的建筑工程预算书一般由封面、编制说明、工程取费表、工程预算表、工料分析表、工程量计算表等组成。

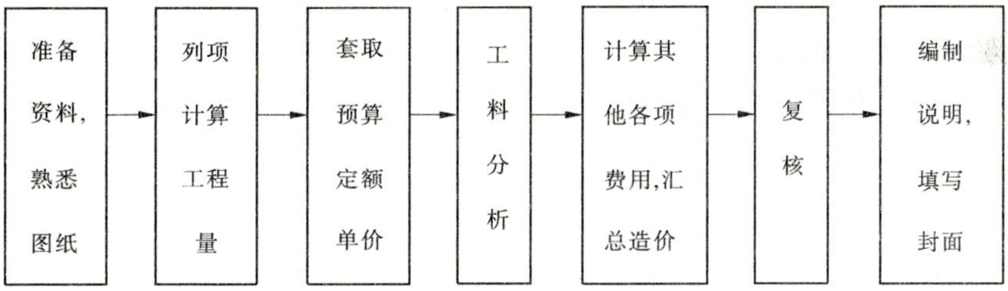

图2-1 预算单价法的计价程序

1.3.2 实物单价法

采用实物单价法编制预算，就是先用计算出的各分项工程的实物工程量分别套用预算定额的人工、材料、机械的消耗量，相加汇总得到单位工程所需的各种人工、材料、机械的消耗量，然后分别乘以当地此时发布的人工、材料、机械的实际单价，求得人工费、材料费、机械费，再汇总求和并以其为基础计算其他费用、利润和税金，这四项费用相加即得单位工程预算价格。

实物单价法的计价程序见图2-2(人工、材料、机械可简称人材机)。

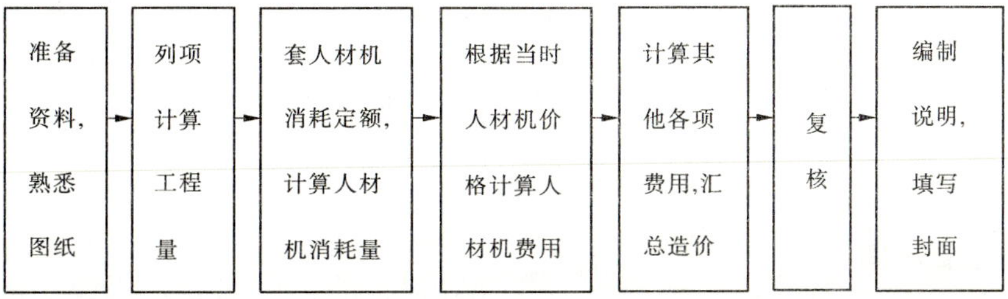

图2-2 实物单价法的计价程序

2　工程量清单计价模式

2.1　工程量清单计价原理

工程量清单计价是指按照《建设工程工程量清单计价规范》(GB 50500—2013)规定的方法编制工程量清单,根据政府颁布的统一定额或企业定额及各项资源价格,对清单项目进行计价的行为。

工程量清单计价是国际通行的竞争性项目中常用的计价法,主要运用于招标投标过程。它将拟建工程全部项目和内容按工程部位、性质等列在工程量清单上,作为招标文件的组成部分,供投标人逐项填报单价,通过评标竞争,最终确定合同价。这样做一方面避免了各投标人由于项目划分的分歧及对图纸理解深度的差异而引起工程量的差异,为投标人提供一个平等竞争的条件;另一方面利于中标单位确定后施工合同单价的确定,有效地进行工程造价的控制。从价格构成来说,投标人填报的是综合的单价,即全费用价格,包括了成本、利润和税金,而且是个别成本。

在编制施工图预算时,也可采用工程量清单计价的方法。

2.2　工程量清单计价依据

(1)施工图纸、说明书和有关的标准图集。

(2)施工组织设计或技术组织措施。

(3)工程量清单计价规范。

(4)企业定额或综合预算定额。

(5)招标文件或工程合同、协议。

(6)市场价格信息。

(7)预算工作手册。

2.3　工程量清单计价程序

工程量清单计价程序见图 2-3。

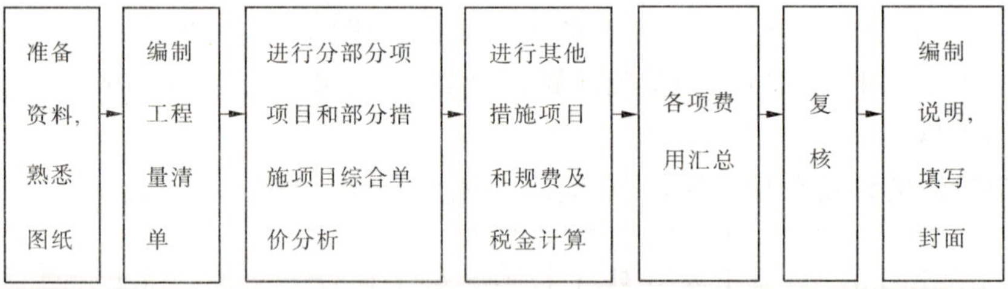

图 2-3　工程量清单计价程序

3　工程量清单计价与定额计价的区别

3.1　项目设置不同

工程量清单的子目划分是按一个“综合实体”考虑的,一般包括多项工作内容,它将计量单位子目相近、施工工序相关联的若干定额子目,组成一个工程量清单子目。

定额计价的子目一般按施工工序进行设置,所包含的工程内容较为单一、细化。

3.2 工程量计算方法不同

工程量清单的工程量一般指净用量，它是按照国家统一颁布的计算规则，根据设计图纸计算得出的工程净用量，不存在地域上的差别，给招标投标工作带来很大便利。

定额计价的工程量不仅包含净用量，还包含施工操作的损耗量和采取技术措施的增加量。其计算规则全国各地都不尽相同，得出的工程量都不一样，容易引起争议。

3.3 单价构成不同

工程量清单计价采用的单价为综合单价，包含了完成规定的计量单位项目所需的人工费、材料费、机械费、企业管理费和利润，以及一定范围的风险费，其价格构成完整，与市场价格十分接近，直观明了。

定额计价采用的单价为定额基价，它只包含完成定额子目的工程内容所需的人工费、材料费、机械费（或包括人工费、材料费、机械费、企业管理费），一般不包括价差和利润。其单价构成不完整，不能真实反映建筑产品的价格，与市场价格缺乏可比性。

3.4 价差调整方法不同

工程量清单计价中，人工费、材料费、机械费单价根据市场价格并考虑价格变动的趋势确定，一般不存在价差的调整（除非市场价格出现较大的变动或承发包方在合同中约定）。

定额计价是按照工程承发包双方约定的价格（指导价或市场价格）与定额预算价格进行对比，根据定额计价规定的价差调整办法进行价差的调整。

3.5 计价程序不同

工程量清单的计价程序是首先编制工程量清单，其次编制综合单价，再将清单各分项的工程量与综合单价相乘，得到各分项工程造价，最后汇总分项造价，形成单位工程造价。

定额计价法是首先按施工图计算单位工程的分部分项工程量，并乘以相应的人工、材料、机械台班单价，再汇总相加得到单位工程的人工、材料和机械使用费之和，然后在此和的基础上按规定的计费程序与指导费率计算间接费、利润和税金，最终形成单位工程造价。

相比之下，工程量清单的计算程序显得简单明了，更适合工程招标采用，特别便于评标时对报价的拆分和对比。

3.6 计价的依据不同

工程量清单计价采用市场调节的“量价分离”的计价模式。由建设单位编制工程量清单，投标企业根据综合实力自主报价。

传统的定额计价是依据政府统一发布的预算定额、单位估价表确定人工、材料、机械费，再按统一发布的收费标准计算各种费用。这种指令性价格不能真实反映投标企业的实际消耗量及费用发生的情况。

课题2 《建设工程工程量清单计价规范》(GB 50500—2013)基础知识

为改革工程造价计价方法,推行工程量清单计价,建设部有关部门编制了《建设工程工程量清单计价规范》,于2003年7月1日正式实施。根据近几年的实施情况又对其进行了修订。2008年7月9日,住房和城乡建设部以第63号公告,批准《建设工程工程量清单计价规范》(GB 50500—2008)为国家标准,自2008年12月1日起实施。为及时总结我国实施工程量清单计价以来的实践经验和最新理论研究成果,顺应市场要求,结合建设工程行业特点,在新时期统一建设工程工程量清单的编制和计价行为,实现"政府宏观调控、部门动态监管、企业自主报价、市场形成价格"的宏伟目标,住房和城乡建设部及时对《建设工程工程量清单计价规范》(GB 50500—2008)进行了全方位修改、补充和完善。修订后的《建设工程工程量清单计价规范》(GB 50500—2013)((简称《13计价规范》)于2013年7月1日起实施。

1 《13计价规范》实施的意义

(1)更加有利于工程量清单计价的全面推行。

(2)更加有利于规范工程建设参与各方的计价行为。

(3)更加有利于营造公开、公平、公正的市场竞争环境。

(4)是政府加强宏观管理、转变工作职能的有效途径。

(5)是快速实现与国际通行惯例接轨的重要手段。

(6)是进一步推动我国工程造价改革迈上新台阶的里程碑。

新规范的出台,标志着我国工程价款管理迈入全过程精细化管理的新时代,工程价款管理将向集约型管理、科学化管理、全过程管理、重在前期管理的方向转变和发展。

2 《13计价规范》实施的对象

全部使用国有资金投资或以国有资金投资为主的工程建设项目,必须采用工程量清单计价;非国有资金投资的工程建设项目,宜采用工程量清单计价。

3 工程量清单的概念及一般规定

3.1 工程量清单的概念

工程量清单是建设工程实行清单计价的专用名词,它指载明建设工程分部分项工程项目、措施项目、其他项目的名称和相应数量及规费、税金项目等内容的明细清单。

3.2 工程量清单编制的一般规定

(1)招标工程量清单应由具有编制能力的招标人或受其委托、具有相应资质的工程造价咨询人编制。

(2)招标工程量清单必须作为招标文件的组成部分,其准确性和完整性应由招标人负责。

(3)招标工程量清单是工程量清单计价的基础,应作为编制招标控制价、投标报价、计算或调整工程量、索赔等的依据之一。

(4)招标工程量清单应以单位(项)工程为单位编制,应由分部分项工程量清单、措施项目清单、其他项目清单、规费项目清单和税金项目清单组成。

(5)编制工程量清单的依据包括:①《13 计价规范》和相关工程的国家计量规范;②国家或省级、行业建设主管部门颁发的计价定额和办法;③建设工程设计文件及相关资料;④与建设工程有关的标准、规范、技术资料;⑤拟定的招标文件;⑥施工现场情况、地勘水文资料、工程特点及常规施工方案;⑦其他相关资料。

4　工程量清单的编制

工程量清单应由分部分项工程量清单、措施项目清单、其他项目清单、规费项目清单、税金项目清单组成。

4.1　分部分项工程量清单

应根据《13 计价规范》附录规定的项目编码、项目名称、项目特征、计量单位和工程量计算规则进行编制,见表 2-1、表 2-2。

表 2-1　(GB 50854—2013) A.1 土方工程(编码:010101)

项目编码	项目名称	项目特征	计量单位	工程量计算规则	工程内容
010101001	平整场地	1. 土壤类别 2. 弃土运距 3. 取土运距	m^2	按设计图示尺寸、建筑物首层建筑面积计算	1. 土方挖填 2. 场地找平 3. 运输

表 2-2　分部分项工程量清单

(某工程平整场地的工程量清单)

工程名称:　　　　　　　　　　第　页　共　页

序号	项目编码	项目名称	项目特征	计量单位	工程数量	综合单价	合价
1	010101001001	平整场地	1. 三类土 2. 弃土、取土运距:300 m	m^2	61.69		

4.1.1　项目编码

项目编码是表示分部分项工程和措施项目工程量清单项目名称的阿拉伯数字标识。分部分项工程量清单的项目编码,应采用 12 位阿拉伯数字表示,各位数字的含义是:一、二位为专业工程代码(01—房屋建筑与装饰工程;02—仿古建筑工程;03—通用安装工程;04—市政工程;05—园林绿化工程;06—矿山工程;07—构筑物工程;08—城市轨道交通工程;09—爆破工程;以后进入国标的专业工程代码,以此类推);三、四位为附录分类顺序码;五、六位为分部工程顺序码;七、八、九位为分项工程项目名称顺序码;十至十二位为清单项目名称顺序码。同一招标工程的项目编码不得有重码。

编制工程量清单出现《13 计价规范》附录中未包括的项目，编制人应作补充，并报省级或行业工程造价管理机构备案，省级或行业工程造价管理机构应汇总报住房和城乡建设部标准定额研究所。补充项目的编码由《13 计价规范》的专业工程代码 01、B 和三位阿拉伯数字组成，并应从 01B001 起顺序编制，同一招标工程的项目不得重码。工程量清单中需附有补充项目的名称、项目特征、计量单位、工程量计算规则、工程内容。

4.1.2 项目名称

分部分项工程量清单的项目名称应按《13 计价规范》附录中的项目名称并结合拟建工程的实际确定。

4.1.3 项目特征

项目特征是构成分部分项工程量清单项目、措施项目自身价值的本质特征。工程量清单的项目特征是确定一个清单项目综合单价不可或缺的重要依据，在编制工程量清单时，必须对项目特征进行准确和全面地描述。但有些项目特征用文字往往又难以准确和全面地描述。为达到规范、简洁、准确、全面描述项目特征的要求，在描述工程量清单项目特征时应按以下原则进行：

（1）项目特征描述的内容应按《13 计价规范》附录中的规定，结合拟建工程的实际，满足确定综合单价的需要。

（2）若采用标准图集或施工图纸能够全部或部分满足项目特征描述的要求，项目特征描述可直接采用“详见××图集或××图号”的方式。对不能满足项目特征描述要求的部分，仍应用文字描述。

4.1.4 计量单位

分部分项工程量清单的计量单位应按《13 计价规范》附录中规定的计量单位确定。

当计量单位有两个或两个以上时，应结合拟建工程项目的实际情况，选择其中一个确定。

工程计量时每一项目汇总的有效位数应遵守下列规定：

（1）以“t”为单位，应保留小数点后三位数字，第四位小数四舍五入。

（2）以“m、m^2、m^3、kg”为单位，应保留小数点后两位数字，第三位小数四舍五入。

（3）以“个、件、根、组、系统”为单位，应取整数。

4.1.5 工程量

分部分项工程量清单中所列工程量应按《13 计价规范》附录中规定的工程量计算规则计算。

4.2 措施项目清单

《13 计价规范》中规定了措施项目编制工程量清单也同分部分项工程一样，必须列出项目编码、项目名称、项目特征、计量单位。同时，明确了措施项目的计量，项目编码、项目名称、项目特征、计量单位、工程量计算规则，按照分部分项工程量清单的编制规则来进行编制。

措施项目中仅列出项目编码、项目名称，未列出项目特征、计量单位和工程量计算规则的项目，编制工程量清单时，应按《13 计价规范》附录 S 措施项目规定的项目编码、项目名称确定。

4.3 其他项目清单

其他项目清单主要考虑工程建设标准的高低、工程的复杂程度、工程的工期长短、工程的组成内容等直接影响工程造价的部分。它是分部分项工程项目和措施项目之外的工程措施项目。其他项目清单一般包括以下几项。

4.3.1 暂列金额

暂列金额是招标人在工程量清单中暂定并包括在合同价款中的一笔款项。不管采用何种合同形式,其理想的标准是,一份合同的价格就是其最终的竣工决算价格,或者至少两者应尽可能接近。我国规定对政府投资工程实行概算管理,经项目审批部门批复的设计概算是工程投资控制的刚性指标,即使商业性开发项目也有成本的预先控制问题,否则,无法相对准确地预测投资的收益和科学合理地进行投资控制。但工程建设自身的特性决定了工程的设计需要根据工程进展不断地进行优化和调整,业主需求可能会随工程建设进展而出现变化,工程建设过程还会存在一些不能预见、不能确定的因素。消化这些因素必然会影响合同价格的调整,暂列金额正是因这类不可避免的价格调整而设立的,以便达到合理确定和有效控制工程造价的目标。

4.3.2 暂估价

暂估价是指招标阶段至签订合同协议时,招标人在招标文件中给定的用于支付必然要发生但暂时不能确定价格的材料以及专业工程的金额。暂估价类似于 FIDIC 合同条款中的 Prime Cost Items,在招标阶段预见肯定要发生,只是因为标准不明确或者需要由专业承包人完成,暂时无法确定价格。暂估价数量和拟用项目应当结合工程量清单中的“暂估价表”予以补充说明。

为方便合同管理,需要纳入分部分项工程量清单项目综合单价中的暂估价应只是材料、工程设备费,以方便投标人估价。

专业工程的暂估价应是综合暂估价,应当包括除规费和税金外的管理费、利润等。总承包招标时,专业工程设计深度往往是不够的,一般需要交由专业设计人设计。国际上,出于提高可建造性考虑,一般由专业承包人负责设计,以发挥其专业技能和专业施工经验的优势。这类专业工程交由专业分包人完成是国际工程的良好实践,目前在我国工程建设领域也已经比较普遍。公开透明地合理确定这类暂估价实际开支金额的最佳途径就是建设项目招标人与施工总承包人共同组织的招标。

4.3.3 计日工

计日工是为了解决对现场发生的零星工作的计价而设立的。国际上常见的标准合同条款中,大多数都设立了计日工(Daywork)计价机制。计日工对完成零星工作所消耗的人工工时、材料数量、机械台班进行计量,并按照计日工表中填报的适用项目的单价进行计价支付。计日工适用的零星工作一般是指合同约定之外的或因变更而产生的、工程量清单中没有相应项目的额外工作。

计日工为额外工作和变更的设计提供了一个方便快捷的途径。但是在以往的实践中,计日工经常被忽略。其中一个主要原因是计日工项目的单价水平一般要高于工程量清单单价的水平。理论上讲,合理的计日工单价水平一般要高于工程量清单的价格水平,其原因在于计日工往往是用于一些突发性的额外工作，缺少计划性，承包人在调动施工生产资源时难免会影响已经计划好的工作，生产资源的使用效率也有一定的降低，客观上造成超出常规的额外投入。另外，计日工清单往往会忽略给出一个暂定的工程量，无法纳入有效的竞争，这也是造成其单价水平偏高的原因之一。因此，计日工表中一定要给出暂定数量，并且需要根据经验尽可能估算一个比较贴近实际的数量。当然，尽可能把项目列全，防患于未然，也是值得充分重视的工作。

4.3.4 总承包服务费

总承包服务费是为了解决招标人在法律、法规允许的条件下进行专业工程发包以及自行供应材料、设备，并需要总承包人对发包的专业工程提供协调和配合服务（如分包人使用总包人的脚手架、水电接驳等）；对甲方提供的材料、设备提供收、发和保管服务以及对施工现场进行统一管理；对竣工资料进行统一汇总整理等并向总承包人支付的费用。招标人应当预计该项费用并按投标人的投标报价向投标人支付该项费用。

4.4 规费项目清单

规费是指按国家法律、法规规定，由省级政府和省级有关权力部门规定必须缴纳或计取的费用。根据住建部、财政部印发的《建筑安装工程费用项目组成》的规定，规费包括：

（1）社会保险费。①养老保险费：是指企业按照规定标准为职工缴纳的基本养老保险费。②失业保险费：是指企业按照规定标准为职工缴纳的失业保险费。③医疗保险费：是指企业按照规定标准为职工缴纳的基本医疗保险费。④生育保险费：是指企业按照规定标准为职工缴纳的生育保险费。⑤工伤保险费：是指企业按照规定标准为职工缴纳的工伤保险费。

（2）住房公积金。是指企业按规定标准为职工缴纳的住房公积金。

（3）工程排污费。是指按规定缴纳的施工现场工程排污费。

规费作为政府和有关权力部门规定必须缴纳的费用，编制人对《建筑安装工程费用项目组成》未包括的规费项目，在编制规费项目清单时应根据省级政府或省级有关权力部门的规定列项。

4.5 税金项目清单

根据住建部、财政部印发的《建筑安装工程费用项目组成》的规定，目前我国税法规定应计入建筑安装工程造价内的税种包括营业税、城市建设维护税、教育费附加及地方教育附加。如国家税法发生变化，税务部门依据职权增加了税种，应对税金项目清单进行补充。

5 工程量清单计价编制使用表格

工程量清单计价表格宜采用统一格式，《13 计价规范》上已给出具体形式，各省、自治区、直辖市建设行政主管部门和行业建设主管部门可根据本地区、本行业的实际情况，在《13 计价规范》附录 B 至附录 L 计价表格的基础上补充完善。

表格具体形式请查阅《建设工程工程量清单计价规范》（GB 50500—2013）。

小　结

(1)建筑工程计价是指在建筑项目的不同阶段,采用相应的计价依据和方法,对建筑工程的造价进行预计、测算和确定的过程。施工图预算编制过程中的计价模式有定额计价模式和工程量清单计价模式。工程量清单计价与定额计价的区别在于项目设置不同、工程量计算方法不同、单价组成不同、价差调整方式不同、计价程序不同、计价依据不同。

(2)建筑工程计价依据是指用于计算工程造价的基础资料的总称,其中工程建设定额及计价规范是工程计价的核心依据。

(3)工程量清单是建设工程实行清单计价的专用名词,它指载明建设工程分部分项工程项目、措施项目、其他项目的名称和相应数量以及规费、税金项目等内容的明细清单。

(4)工程量清单应由分部分项工程量清单、措施项目清单、其他项目清单、规费项目清单、税金项目清单组成。

习　题

一、单项选择题

1.《建设工程工程量清单计价规范》(GB 50500—2013)自(　　)起施行。

A. 2013 年 1 月 1 日　　B. 2013 年 4 月 1 日

C. 2013 年 7 月 1 日　　D. 2013 年 9 月 1 日

2. 项目编码采用 12 位阿拉伯数字表示,其中十至十二位表示(　　)。

A. 工程顺序码　　B. 清单项目名称顺序码

C. 工程顺序　　D. 分项工程项目名称顺序码

3. 补充项目的编码由专业工程代码与(　　)和三位阿拉伯数字组成。

A. A　　B. B　　C. Y　　D. C

4. 税金组成不包括(　　)。

A. 教育费附加　　B. 城市建设维护税

C. 土地增值税　　D. 营业税

二、多项选择题

1. 综合单价子目(包括技术措施费子目)基价由(　　)、管理费组成。

A. 人工费　　B. 机械费　　C. 材料费　　D. 利润　　E. 税金

2. 综合单价子目中材料费是指施工过程中耗费的构成工程实体的原材料、辅助材料、构配件、零件、半成品的费用。内容包括(　　)、采购及保管费。

A. 材料原价(或供应价)　　B. 运输损耗　　C. 运杂费

D. 材料管理费　　E. 利润

3. 工程量清单由(　　)组成。

A. 税金项目清单　　B. 分部分项工程量清单

C. 措施项目清单　　D. 规费项目清单

E. 其他项目清单

4. 社会保障费由(　　)组成。

A. 养老保险费　　B. 医疗保险费　　C. 失业保险费

D. 意外伤害保险费　　E. 住房公积金

5. 规费由工程排污费、(　　)组成。

A. 养老保险费　　B. 意外伤害保险费　　C. 社会保障费

D. 住房公积金　　E. 医疗保险费

三、简答题

1. 定额和建筑工程定额的概念是什么?

2. 工程建设定额如何划分?

3. 试说出定额计价和工程量清单计价两种计价模式的区别。

4. 预算定额中的人工、材料、机械台班消耗如何确定? 人工单价、材料单价、机械台班单价如何确定?

5. 工程量清单的概念是什么?

6. 工程量清单由哪几个清单组成?

7. 怎么编制工程量清单表?

四、计算题

某6层住宅楼,预算分析得出清单项目费用3 605 578.60元,技术措施项目费用687 596.66元,清单项目和技术措施项目综合工日合价为33 770工日。试按工程量清单招标投标造价计价标准程序计算其工程造价。

单元3　建筑工程计量基础知识

【知识点】

1. 工程量的概念、计算原则及计算方法。
2.《建筑工程建筑面积计算规范》(GB/T 50353—2013)。

【教学目标】

熟悉工程量的概念,掌握工程量的计算原则与计算方法,理解《建筑工程建筑面积计算规范》(GB/T 50353—2013)的相关规定,能够计算建筑工程的建筑面积。

课题1　建筑工程的计量方法

1　建筑工程量的概念

工程量是把设计图纸的内容按定额的分项工程或按结构构件项目划分,并按统一的计算规则进行计算,以物理计量单位或自然计量单位表示的实体数量。

工程量是反映建筑工程工程内容的重要指标。

工程量是编制建筑工程预算、计算直接费的原始数据,是施工作业计划、资源供应计划、建筑统计和经济核算的依据,也是编制工程建设计划和工程建设财务管理的重要依据。

2　工程量计算原则

(1)计算口径要一致。

(2)计量单位要一致。

(3)严格执行定额中的工程量计算规则。

(4)计算必须准确。

(5)尽量利用一数多用的计算原则,以加快计算速度。

(6)门窗和洞口要结合建筑平、立面图对照清点,列出数量、面积明细表,以备扣除门窗面积、洞口面积之用。

(7)计算时要做到不重不漏。

3　工程量计算方法

工程计量的特点是工作量大、头绪多,工程计量要求做到既不遗漏又不重复,既要快又要准,就要按照一定的顺序,有条不紊地依次进行,这样既可以节省看图时间,加快计算速度,又可以提高计算的准确率。

一项单位工程要包含数十项乃至上百项分项工程,先计算什么,后计算什么,不能看到什么,想到什么就计算什么,这样往往会产生遗漏或重复,而且心中无底。因此,为了准确、快速地计算清单工程量,合理安排计算顺序非常重要。具体计算工程量的顺序一般有如下三种。

3.1 按施工顺序计算

按施工顺序计算是指按照施工工艺流程的先后顺序来计算工程量。如一般土建工程按平整场地、挖土、垫层、基础、填土、墙柱、梁板、门窗、楼地面、内外墙天棚装修等顺序进行。

3.2 按计价规范中的分部分项顺序计算

按计价规范中的分部分项工程项目的顺序,即由前到后,逐项对照,只需核对清单项目内容与图样设计内容一致即可。但有些设计采用了新工艺、新材料,或有些零星项目,可能有些项目套不上清单项目,在计算工程量时,应单列出来,待后面补充。

3.3 按统筹法原理设计顺序计算

运用统筹法原理就是根据分项工程的工程量计算规则,找出各分项工程工程量计算的内在联系,统筹安排计算顺序,做到利用基数(常用数据)连续计算;一次算出,多次使用;结合实际,机动灵活。这种计算顺序适用于具有一定预算工作经验的人员。

3.3.1 统筹程序,合理安排

在工程量计算中,计算程序安排是否合理,直接关系到计算工程量效率的高低、进度的快慢。计算工程量若按照施工顺序和计价规范顺序逐项进行,对于稍复杂的工程,就显得烦琐,造成大量数据重复计算。若能统筹安排每个分项工程的计算程序,就可减少许多数据的重复计算,加快计算速度,提高工程量计算的效率。

3.3.2 利用基数,连续计算

所谓基数,就是计算分项工程量时重复利用的数据。在统筹法计算中就是将相同基数的分项工程工程量一次算出,以“线”和“面”为基数,算出与它有关的分项工程量。

“线”是指建筑平面图上所示的外墙中心线、外墙外边线和内墙净长线,分别用 $L_{中}$、$L_{外}$ 和 $L_{内}$ 表示。

外墙中心线 $L_{中}$ = 外墙中心线总长度

外墙外边线 $L_{外}$ = 建筑平面图外墙的外围线总长度

内墙净长线 $L_{内}$ = 建筑平面图中所有内墙中心线长度(扣除重叠部分)

“面”是指建筑平面图上所标示的底层面积,用 S 表示。

底层面积 S = 建筑物底层平面勒脚以上外围水平投影面积

把与“线”和“面”有关的许多项目串起来,使前面的计算项目为后面的计算项目提供依据,这样彼此衔接,可以减少重复劳动,加快计算速度,提高工程量计算的质量。

3.3.3 一次计量,多次使用

在工程量计算的过程中,往往还有一些不能用“线”和“面”基数进行连续计算的项目,如常用的定型钢筋混凝土构件、栏杆、楼梯扶手、过梁板、各种水槽等分项工程,可按它

们的数量单位，预先组织力量一次算出工程量编制手册。

3.3.4 合理安排分项工程计量顺序

3.3.4.1 按顺时针方向绕一周计算

此计量顺序以平面图左上角开始向右进行，绕一周后回到左上角结束。这种顺时针方向转圈、依次分段计算工程量的方法，适用于形成封闭图形的构件，如外墙的挖地槽、垫层、基础、墙体、圈梁、楼地面、天棚、外墙粉刷等工程计量，如图 3-1 所示。

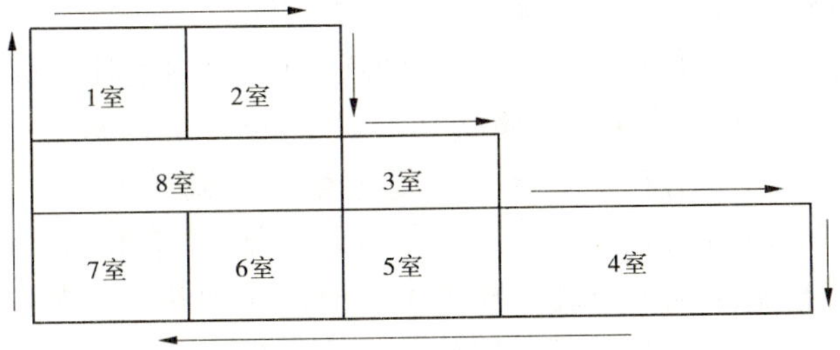

图 3-1 顺时针方向计算法示意图

3.3.4.2 按先横后竖、从上到下、从左到右计算

此计量顺序适用于不封闭的条形构件，如内墙的挖地槽、垫层、基础、墙体、圈过梁等，如图 3-2 所示，按照从①到⑨的顺序计算。

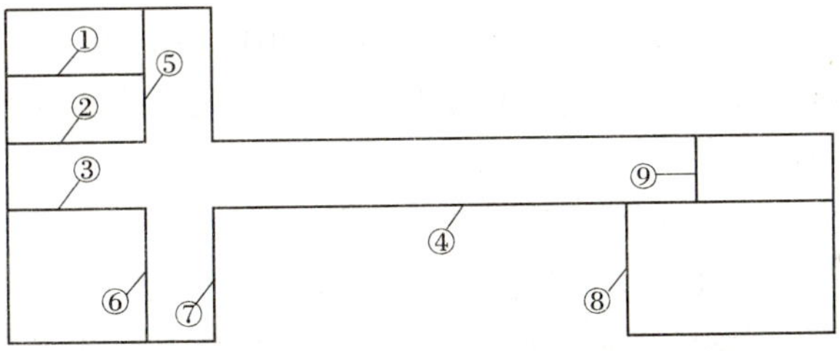

图 3-2 先横后竖、从上到下、从左到右计算法

3.3.4.3 按图中编号顺序计算

此方法适用于点式构件，如钢筋混凝土柱、梁、屋架及门、窗等的工程量。

课题 2 《建筑工程建筑面积计算规范》（GB/T 50353—2013）基础知识

2013 年 12 月 19 日，由中华人民共和国住房和城乡建设部、中华人民共和国国家质量监督检验检疫总局联合发布，中华人民共和国建设部公告建设部 269 号文批准的《建筑工程建筑面积计算规范》（GB/T 50353—2013），自 2014 年 7 月 1 日起实施。

1 建筑面积的概念和作用

1.1 建筑面积的概念

建筑面积是指建筑物各层面积的总和，它包括使用面积、辅助面积和结构面积。

使用面积是指建筑物各层平面中直接为生产、生活使用的净面积的总和。如教学楼中各层教室面积的总和。

辅助面积是指建筑物各层平面中，为辅助生产或生活活动所占净面积的总和。如教学楼中的楼梯、厕所等面积的总和。

结构面积是指建筑物各层平面中的墙、柱等结构所占面积的总和。

1.2 建筑面积的作用

（1）建筑面积是基本建设投资、建设项目可行性研究、建设项目评估、建设项目勘察设计、建筑工程造价管理过程中一系列工作的重要指标。

（2）建筑面积是确定每平方米造价、人工消耗指标、材料消耗指标等的依据。

工程每平方米造价＝工程造价/建筑面积

人工消耗指标＝工程工日消耗量/建筑面积

材料消耗指标＝工程材料消耗量/建筑面积

（3）建筑面积是检验控制工程进度和竣工任务的重要指标。如"已完工面积""已竣工面积"和"在建面积"等统计数据都是以建筑面积指标来表示的。

（4）建筑面积是计算有关分项工程量的依据。如平整场地、措施项目费等。

（5）建筑面积是划分工程类别大小的标准之一。

2 计算建筑面积的规定

《建筑工程建筑面积计算规范》（GB/T 50353—2013）由"总则""术语""计算建筑面积的规定"三部分内容组成。其中，在计算建筑面积的规定中详细解释了现行的建筑面积计算方法。其规定如下：

2.1 建筑物的建筑面积应按自然层外墙结构外围水平面积之和计算。结构层高在2.20 m及以上的，应计算全面积；结构层高在2.20 m以下的，应计算1/2面积。

【例3-1】 如图3-3所示为某建筑平面和剖面示意图，计算该单层建筑物的建筑面积。

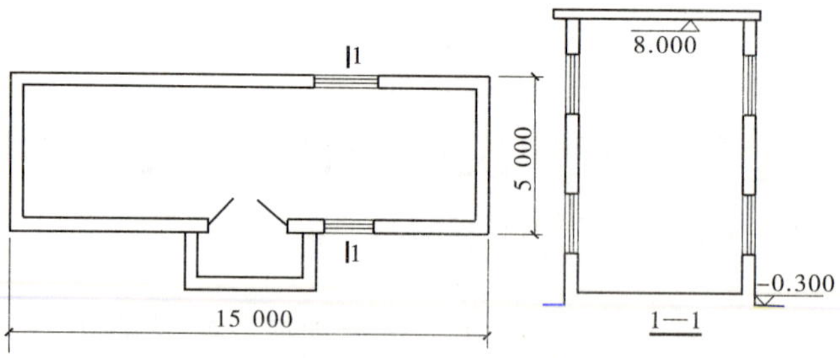

图3-3 单层建筑物示意图

解 该单层建筑物的建筑面积 $S=15\times5=75(m^2)$

2.2 建筑物内设有局部楼层时，对于局部楼层的二层及以上楼层，有围护结构的应按其围护结构外围水平面积计算，无围护结构的应按其结构底板水平面积计算，且结构层高在2.20 m及以上的，应计算全面积，结构层高在2.20 m以下的，应计算1/2面积。

【例3-2】 如图3-4所示为某单层建筑物（设有局部二层）示意图，求该建筑物的建筑面积。

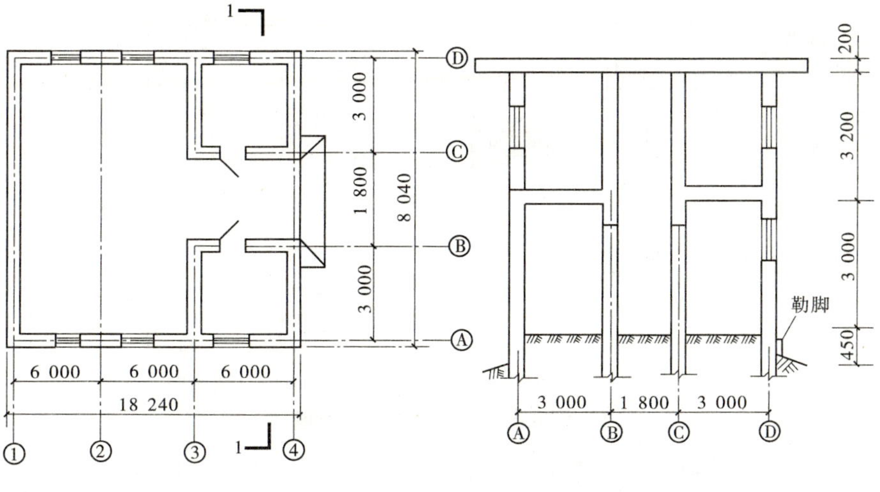

(a)平面图 (b)1—1剖面图

图3-4 单层建筑物(设有局部二层)示意图

解 底层建筑面积 $F_1 = 18.24 \times 8.04 = 146.65(m^2)$

局部二层建筑面积 $F_2 = (6 + 0.24) \times (3 + 0.24) \times 2 = 40.44(m^2)$

总建筑面积 $F = F_1 + F_2 = 146.65 + 40.44 = 187.09(m^2)$

2.3 对于形成建筑空间的坡屋顶,结构净高在2.10 m及以上的部位应计算全面积;结构净高在1.20 m及以上至2.10 m以下的部位应计算1/2面积;结构净高在1.20 m以下的部位不应计算建筑面积。

【例3-3】 如图3-5所示为某建筑平面和立面示意图,计算该单层建筑物的建筑面积。

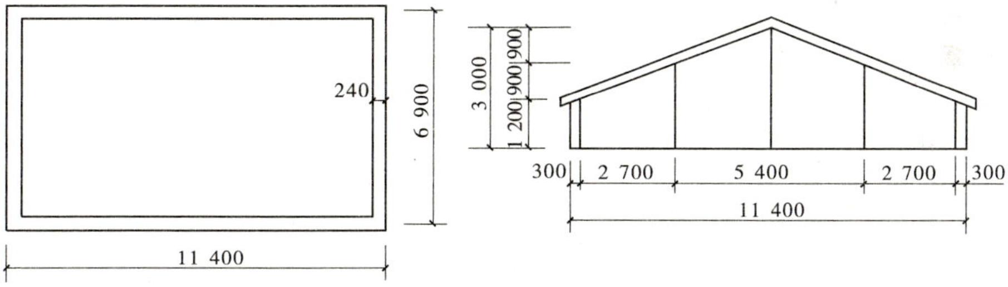

(a)平面图 (b)坡屋顶立面图

图3-5 单层建筑物示意图

解 根据2.3条规定:利用坡屋顶内空间时净高在2.10 m及以上的部位应计算全面积;净高在1.20 m及以上至2.10 m以下的部位应计算1/2面积;净高不足1.20 m的部位不应计算面积。则其建筑面积为

$$S = 5.4 \times (6.9 + 0.24) + 2.7 \times (6.9 + 0.24) \times 0.5 \times 2 = 57.83(m^2)$$

【例3-4】 如图3-6所示为某多层建筑物示意图,已知该多层建筑物各层平面图相同,求该建筑物建筑面积。

解 根据2.1条规定,建筑物的建筑面积应按自然层外墙结构外围水平面积之和计

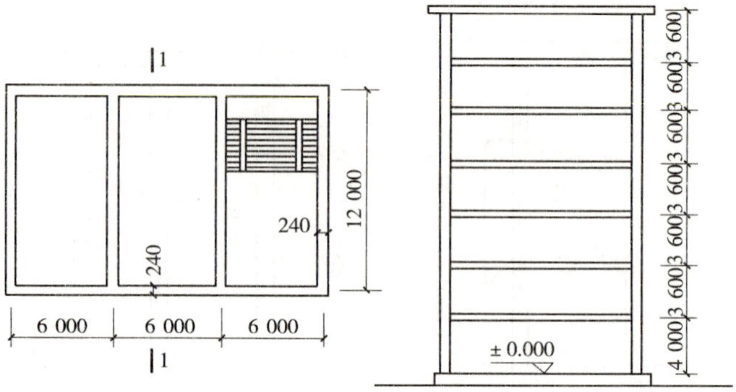

(a)平面图　　(b)1—1剖面图

图 3-6　多层建筑物示意图

算。结构层高在2.20 m 及以上的,应计算全面积;结构层高在2.20 m 以下的,应计算1/2面积。

由图 3-6 可知 $S=(18+0.24)\times(12+0.24)\times7=1\ 562.80(m^2)$

2.4　对于场馆看台下的建筑空间,结构净高在2.10 m 及以上的部位应计算全面积;结构净高在1.20 m 及以上至2.10 m 以下的部位应计算1/2面积;结构净高在1.20 m 以下的部位不应计算建筑面积。室内单独设置的有围护设施的悬挑看台,应按看台结构底板水平投影面积计算建筑面积。有顶盖无围护结构的场馆看台应按其顶盖水平投影面积的1/2计算面积。

2.5　地下室、半地下室应按其结构外围水平面积计算。结构层高在2.20 m 及以上的,应计算全面积;结构层高在2.20 m 以下的,应计算1/2面积。

【例 3-5】　如图 3-7 所示为地下室示意图,求该地下室的建筑面积。

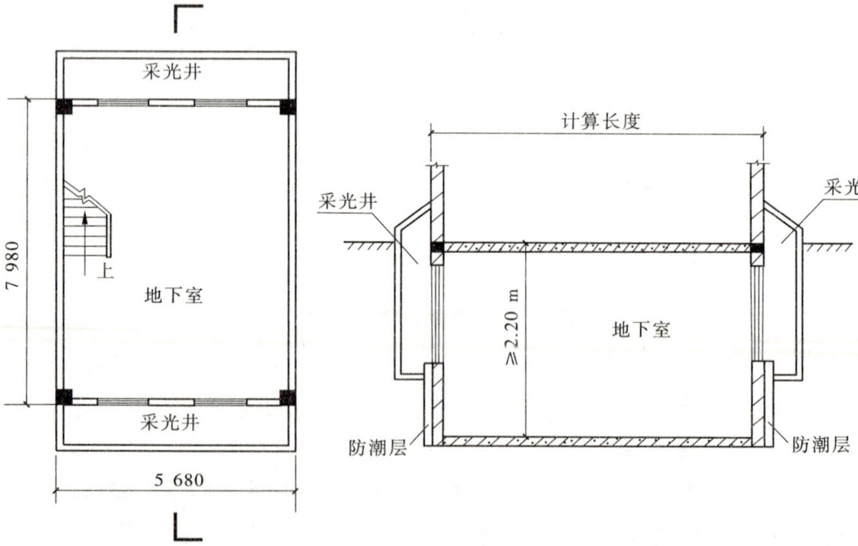

(a)平面图　　(b)剖面图

图 3-7　某地下室示意图

解　地下室的建筑面积为 $S=7.98\times5.68=45.33(\text{m}^2)$

2.6　出入口外墙外侧坡道有顶盖的部位，应按其外墙结构外围水平面积的1/2计算面积。

2.7　建筑物架空层及坡地建筑物吊脚架空层，应按其顶板水平投影计算建筑面积。结构层高在2.20 m及以上的，应计算全面积；结构层高在2.20 m以下的，应计算1/2面积。

2.8　建筑物的门厅、大厅应按一层计算建筑面积，门厅、大厅内设置的走廊应按走廊结构底板水平投影面积计算建筑面积。结构层高在2.20 m及以上的，应计算全面积；结构层高在2.20 m以下的，应计算1/2面积。

【例3-6】　如图3-8所示为某带回廊的二层平面示意图，已知二层层高2.90 m，求该回廊的建筑面积。

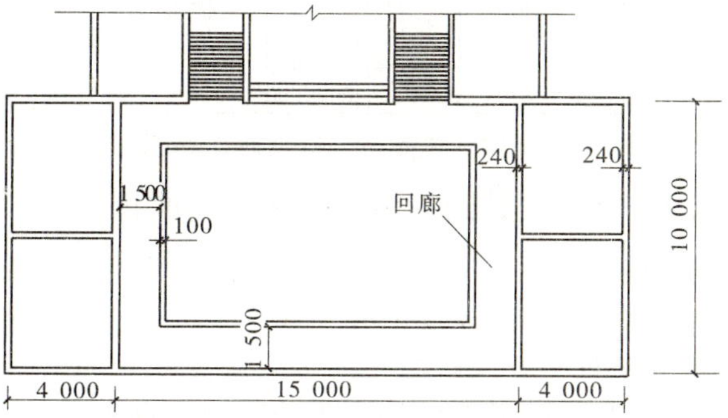

图3-8　带回廊的二层平面示意图

解　由图3-8可知，该回廊层高在2.20 m以上，则其建筑面积为

$$S=(15-0.24)\times1.6\times2+(10-0.24-1.6\times2)\times1.6\times2=68.22(\text{m}^2)$$

2.9　对于建筑物间的架空走廊(见图3-9)，有顶盖和围护设施的，应按其围护结构外围水平面积计算全面积；无围护结构、有围护设施的，应按其结构底板水平投影面积计算1/2面积。

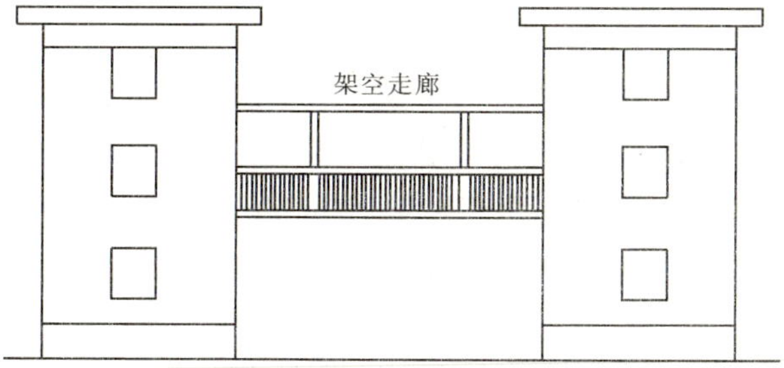

图3-9　架空走廊示意图

2.10　对于立体书库、立体仓库、立体车库，有围护结构的，应按其围护结构外围水平面积计算建筑面积；无围护结构、有围护设施的，应按其结构底板水平投影面积计算建筑面积。无结构层的应按一层计算，有结构层的应按其结构层面积分别计算。结构层高在2.20 m及以上的，应计算全面积；结构层高在2.20 m以下的，应计算1/2面积。

2.11　有围护结构的舞台灯光控制室，应按其围护结构外围水平面积计算。结构层高在 2.20 m 及以上的,应计算全面积;结构层高在 2.20 m 以下的,应计算 1/2 面积。

2.12　附属在建筑物外墙的落地橱窗,应按其围护结构外围水平面积计算。结构层高在 2.20 m 及以上的,应计算全面积;结构层高在 2.20 m 以下的,应计算 1/2 面积。

2.13　窗台与室内楼地面高差在 0.45 m 以下且结构净高在 2.10 m 及以上的凸(飘)窗,应按其围护结构外围水平面积计算 1/2 面积。

2.14　有围护设施的室外走廊(挑廊)(见图 3-10),应按其结构底板水平投影面积计算 1/2 面积;有围护设施(或柱)的檐廊,应按其围护设施(或柱)外围水平面积计算 1/2 面积。

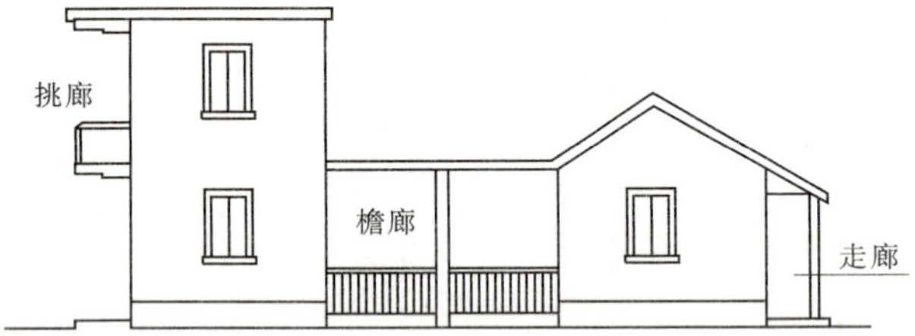

图 3-10　挑廊、走廊、檐廊示意图

2.15　门斗(见图 3-11)应按其围护结构外围水平面积计算建筑面积,且结构层高在 2.20 m 及以上的,应计算全面积;结构层高在 2.20 m 以下的,应计算 1/2 面积。

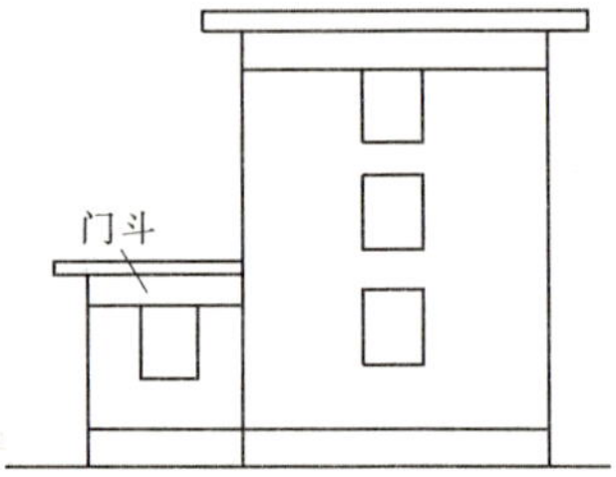

图 3-11　门斗示意图

2.16　门廊应按其顶板的水平投影面积的 1/2 计算建筑面积;有柱雨篷应按其结构板水平投影面积的 1/2 计算建筑面积;无柱雨篷的结构外边线至外墙结构外边线的宽度在 2.10 m 及以上的,应按雨篷结构板的水平投影面积的 1/2 计算建筑面积。

2.17　设在建筑物顶部的、有围护结构的楼梯间、水箱间、电梯机房等,结构层高在 2.20 m 及以上的应计算全面积;结构层高在 2.20 m 以下的,应计算 1/2 面积。

【例 3-7】　如图 3-12 所示某建筑示意图,求门斗和水箱间的建筑面积。

解　门斗的建筑面积为 $S=3.5\times2.5=8.75(\mathrm{m}^2)$

水箱间的建筑面积为 $S=2.5\times2.5\times0.5=3.13(\mathrm{m}^2)$

2.18　围护结构不垂直于水平面的楼层,应按其底板面的外墙外围水平面积计算。结构净高在 2.10 m 及以上的部位,应计算全面积;结构净高在 1.20 m 及以上至 2.10 m 以下的部位,应计算 1/2 面积;结构净高在 1.20 m 以下的部位,不应计算建筑面积。

2.19　建筑物的室内楼梯、电梯井、提物井、管道井、通风排气竖井、烟道,应并入建筑物的自然层计算建筑面积。有顶盖的采光井应按一层计算面积,且结构净高在 2.10 m 及以上的,应计算全面积;结构净高在 2.10 m 以下的,应计算 1/2 面积。

2.20　室外楼梯应并入所依附建筑物自然层,并应按其水平投影面积的 1/2 计算建筑面积。

2.21　在主体结构内的阳台,应按其结构外围水平面积计算全面积;在主体结构外的阳台,应按其结构底板水平投影面积计算 1/2 面积。

2.22　有顶盖无围护结构的车棚、货棚、站台、加油站、收费站等,应按其顶盖水平投

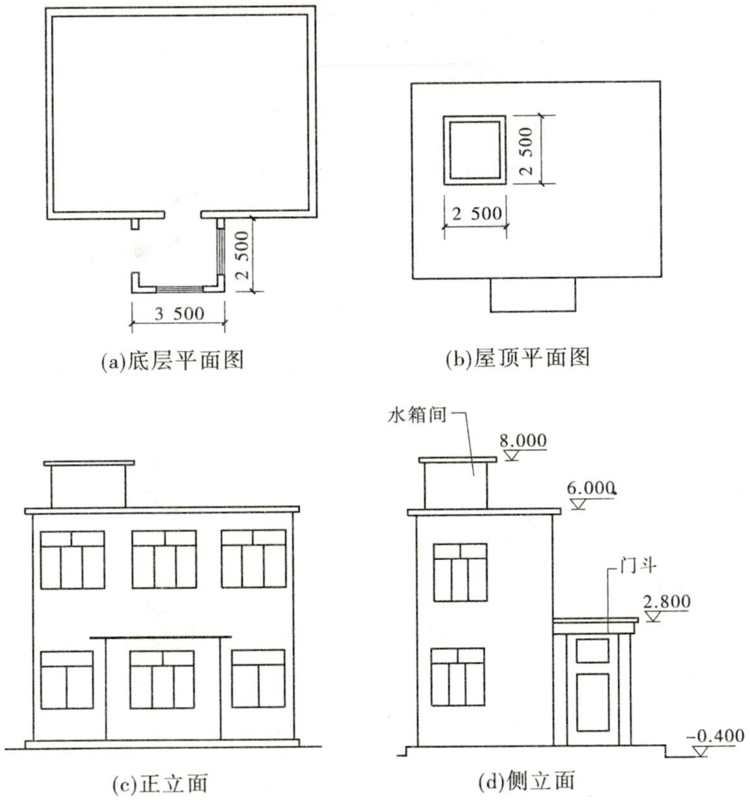

图 3-12　某建筑示意图

影面积的 1/2 计算建筑面积。

2.23　以幕墙作为围护结构的建筑物，应按幕墙外边线计算建筑面积。

2.24　建筑物的外墙外保温层，应按其保温材料的水平截面面积计算，并计入自然层建筑面积。

2.25　与室内相通的变形缝，应按其自然层合并在建筑物建筑面积内计算。对于高低联跨的建筑物，当高低跨内部连通时，其变形缝应计算在低跨面积内。

2.26　对于建筑物内的设备层、管道层、避难层等有结构层的楼层，结构层高在 2.20 m及以上的，应计算全面积；结构层高在 2.20 m 以下的，应计算 1/2 面积。

2.27　下列项目不应计算建筑面积：

1　与建筑物内不相连通的建筑部件；

2　骑楼、过街楼底层的开放公共空间和建筑物通道；

3　舞台及后台悬挂幕布和布景的天桥、挑台等；

4　露台、露天游泳池、花架、屋顶的水箱及装饰性结构构件；

5　建筑物内的操作平台、上料平台、安装箱和罐体的平台；

6　勒脚、附墙柱、垛、台阶、墙面抹灰、装饰面、镶贴块料面层、装饰性幕墙，主体结构外的空调室外机搁板（箱）、构件、配件，挑出宽度在 2.10 m 以下的无柱雨篷和顶盖高度达到或超过两个楼层的无柱雨篷；

7　窗台与室内地面高差在0.45 m以下且结构净高在2.10 m以下的凸(飘)窗,窗台与室内地面高差在0.45 m及以上的凸(飘)窗;

8　室外爬梯、室外专用消防钢楼梯;

9　无围护结构的观光电梯;

10　建筑物以外的地下人防通道,独立的烟囱、烟道、地沟、油(水)罐、气柜、水塔、贮油(水)池、贮仓、栈桥等构筑物。

【例3-8】　如图3-13所示某建筑标准层平面图,已知墙厚240 mm,层高3.0 m,求该建筑物标准层建筑面积。

解　房屋建筑面积

$$S_1 = (3+3.6+3.6+0.12\times2)\times(4.8+4.8+0.12\times2)+(2.4+0.12\times2)\times(1.5-0.12+0.12)$$
$$=102.73+3.96$$
$$=106.69(m^2)$$

阳台建筑面积 $S_2=0.5\times(3.6+3.6)\times1.5=5.4(m^2)$

则 $S=S_1+S_2=112.09\ m^2$

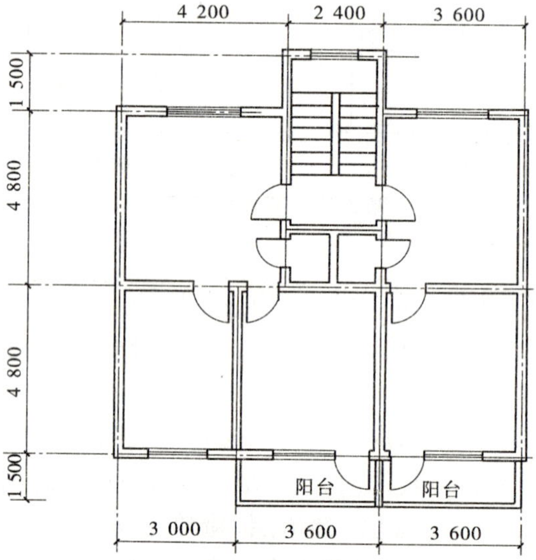

图3-13　某建筑标准层平面图

小　结

(1)工程量是把设计图纸的内容按定额的分项工程或按结构构件项目划分,并按统一的计算规则进行计算,以物理计量单位或自然计量单位表示的实体数量。

(2)计算工程量的顺序一般有如下三种:按施工顺序计算,按计价规范中的分部分项顺序计算,按统筹法原理设计顺序计算。

(3)建筑面积是基本建设投资、建设项目可行性研究、建设项目评估、建设项目勘察设计、建筑工程造价管理过程中一系列工作的重要指标。

习 题

1. 已知二层建筑物底层平面图如图3-14所示，层高4.5 m，求该建筑物的建筑面积。

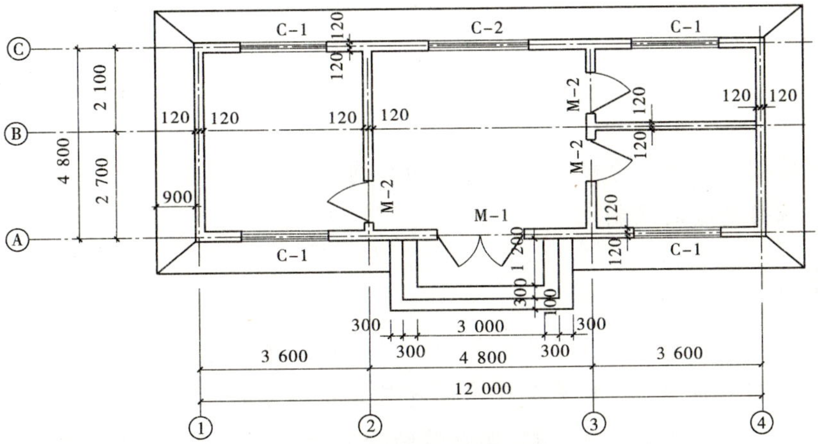

图3-14 建筑物底层平面图

2. 某单层建筑物如图3-15所示，试计算其“三线一面”。

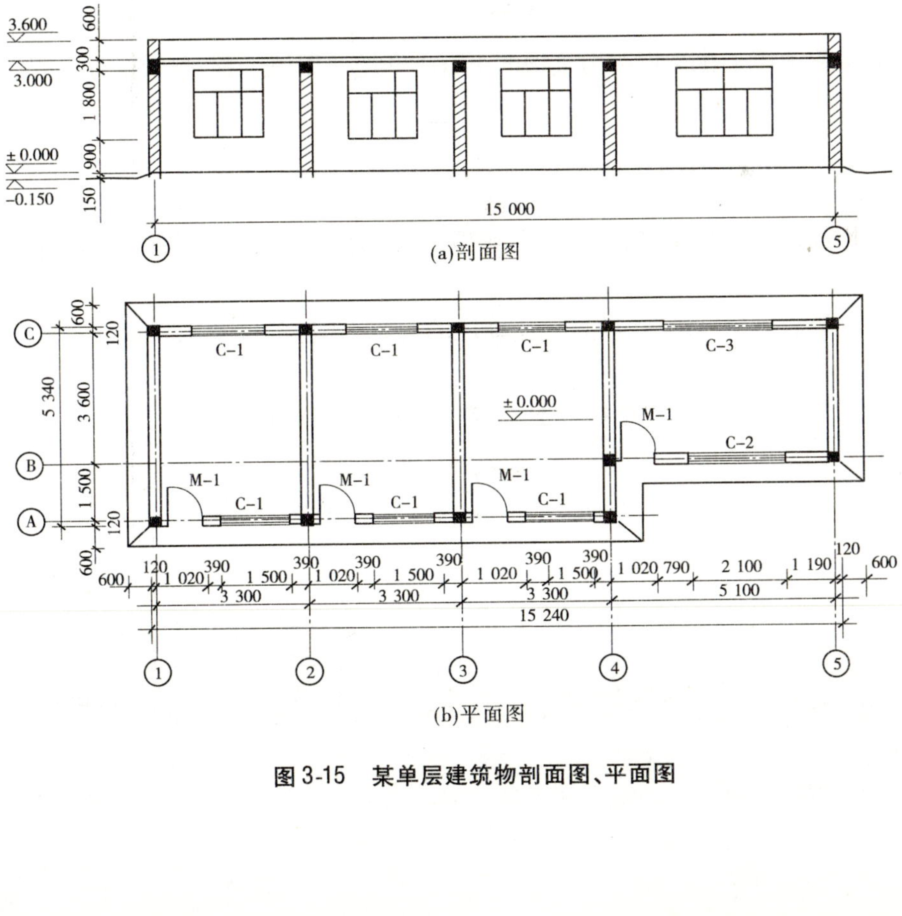

图3-15 某单层建筑物剖面图、平面图

单元4　建筑工程工程量清单编制

【知识点】

1. 房屋建筑工程分部分项工程量清单的编制。
2. 措施项目清单的编制。

【教学目标】

本单元主要学习清单工程量的计算，应理解《房屋建筑与装饰工程工程量计算规范》(GB 50854—2013)附录A～K中关于房屋建筑工程部分的相关内容；掌握附录A～K中各分部分项工程的工程量计算规则，能够编制分部分项工程量清单及措施项目清单。

课题1　土石方工程

土石方工程适用于建筑物和构筑物的土石方开挖及回填工程，包括土方工程、石方工程、回填3个分部工程。

1　土方工程(编号:010101)

土方工程包括平整场地，挖一般土方，挖沟槽土方，挖基坑土方，冻土开挖，挖淤泥、流砂，以及管沟土方等7个分项工程。

土方工程量清单项目设置、项目特征描述的内容、计量单位及工程量计算规则，应按表4-1的规定执行。

表4-1　土方工程(编号:010101)

项目编码	项目名称	项目特征	计量单位	工程量计算规则	工作内容
010101001	平整场地	1. 土壤类别 2. 弃土运距 3. 取土运距	m^2	按设计图示尺寸以建筑物首层建筑面积计算	1. 土方挖填 2. 场地找平 3. 运输

续表 4-1

<table>
<tr><th>项目编码</th><th>项目名称</th><th>项目特征</th><th>计量单位</th><th>工程量计算规则</th><th>工作内容</th></tr>
<tr><td>010101002</td><td>挖一般土方</td><td rowspan="3">1. 土壤类别
2. 挖土深度
3. 弃土运距</td><td rowspan="5">m^3</td><td>按设计图示尺寸以体积计算</td><td rowspan="3">1. 排地表水
2. 土方开挖
3. 围护(挡土板)及支拆
4. 基底钎探
5. 运输</td></tr>
<tr><td>010101003</td><td>挖沟槽土方</td><td rowspan="2">按设计图示尺寸以基础垫层底面积乘以挖土深度计算</td></tr>
<tr><td>010101004</td><td>挖基坑土方</td></tr>
<tr><td>010101005</td><td>冻土开挖</td><td>1. 冻土厚度
2. 弃土运距</td><td>按设计图示尺寸开挖面积乘以厚度以体积计算</td><td>1. 爆破
2. 开挖
3. 清理
4. 运输</td></tr>
<tr><td>010101006</td><td>挖淤泥、流砂</td><td>1. 挖掘深度
2. 弃淤泥、流砂距离</td><td>按设计图示位置、界限以体积计算</td><td>1. 挖淤泥流砂
2. 弃淤泥流砂</td></tr>
<tr><td>010101007</td><td>管沟土方</td><td>1. 土壤类别
2. 管外径
3. 挖沟深度
4. 回填要求</td><td>1. m
2. m^3</td><td>1. 以 m 计量,按设计图示以管道中心线长度计算
2. 以 m^3 计量,按设计图示管底垫层面积乘以挖土深度计算;无管底垫层按管外径的水平投影面积乘以挖土深度计算,不扣除各类井的长度,井的土方并入</td><td>1. 排地表水
2. 土方开挖
3. 挡土板支拆
4. 运输
5. 回填</td></tr>
</table>

1.1 平整场地(编码:010101001)

平整场地项目适用于建筑物场地厚度≤±300 mm 的挖、填、运、找平。

注意:(1)当施工组织设计规定超面积平整场地时,超出部分应折算到综合单价内。

(2)项目特征与工程内容有着对应关系,土壤的类别不同、弃(取)土运距不同,完成该施工过程的工程价格就不同,因而清单编制人在项目名称栏内对项目特征进行详略得当的描述,对于投标人准确进行报价是至关重要的。

【例 4-1】 某建筑平面图、剖面图如图 4-1 所示，土壤类别为二类土，弃土运距为 3 km，试编制其人工平整场地工程量清单。

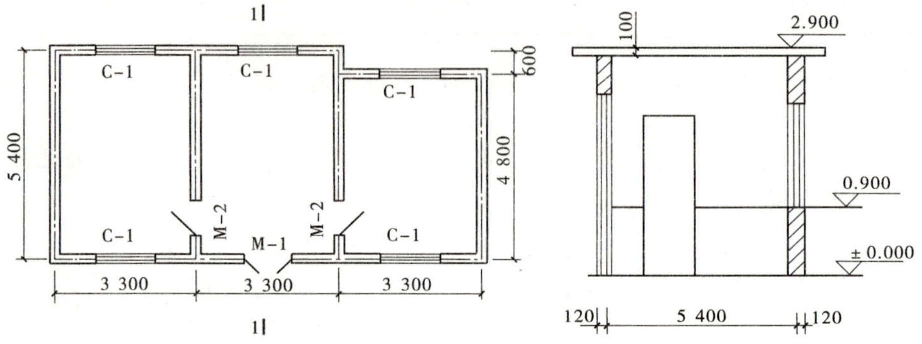

(a)平面图　　(b)1—1剖面图

图 4-1　某建筑平面图、剖面图

解　平整场地工程量 $=(3.3\times2+0.24)\times(5.4+0.24)+(3.3-0.12+0.12)\times(4.8+0.24)=55.21(m^2)$

编制的工程量清单如表 4-2 所示。

表 4-2　分部分项工程量清单

序号	项目编码	项目名称	项目特征	计量单位	工程数量	综合单价	合价
1	010101001001	平整场地	1. 土壤类别：二类土 2. 弃土运距：3 km	m^2	55.21		

1.2　挖一般土方(编号：010101002)

挖一般土方项目适用于厚度 > ±300 mm 的竖向布置挖土或山坡切土。土壤的分类标准见表 4-3。

表 4-3　土壤分类

土壤分类	土壤名称	开挖方法
一、二类土	粉土、砂土(粉砂、细砂、中砂、粗砂、砾砂)、粉质黏土、弱中盐渍土、软土(淤泥质土、泥炭、泥炭质土)、软塑红黏土、冲填土	用锹，少许用镐、条锄开挖。机械能全部直接铲挖满载者
三类土	黏土、碎石土(圆砾、角砾)混合土、可塑红黏土、硬塑红黏土、强盐渍土、素填土、压实填土	主要用镐、条锄，少许用锹开挖。机械需部分刨松方能铲挖满载者或可直接铲挖但不能满载者
四类土	碎石土(卵石、碎石、漂石、块石)、坚硬红黏土、超盐渍土、杂填土	全部用镐、条锄挖掘，少许用撬棍挖掘。机械须普遍刨松方能铲挖满载者

注：本表中土的名称及其含义按国家标准《岩土工程勘察规范》(GB 50021—2001)(2009 年版)定义。

注意:(1)挖土应按自然地面测量标高至设计地坪标高的平均厚度确定。竖向土方、山坡切土开挖深度应按基础垫层底表面标高至交付施工场地标高确定,无交付施工场地标高时,应按自然地面标高确定。

(2)挖土方如需截桩头,应按桩基工程相关项目编码列项。

(3)弃、取土运距可以不描述,但应注明由投标人根据施工现场实际情况自行考虑,决定报价。

(4)土方体积应按挖掘前的天然密实体积计算。如需按天然密实体积折算,应按表4-4系数计算。

表4-4 土方体积折算系数

天然密实度体积	虚方体积	夯实后体积	松填体积
0.77	1.00	0.67	0.83
1.00	1.30	0.87	1.08
1.15	1.50	1.00	1.25
0.92	1.20	0.80	1.00

注:1. 虚方指未经碾压、堆积时间≤1 年的土壤。

2. 本表按《全国统一建筑工程预算工程量计算规则》(GJDGZ—101—95)整理。

3. 设计密实度超过规定的,填方体积按沟槽设计要求执行;无设计要求的,按各省、自治区、直辖市或行业建设行政主管部门规定的系数执行。

1.3 挖沟槽土方(编号:010101003)

挖沟槽土方项目适用于底宽≤7 m,底长>3 倍底宽的土方开挖。

1.4 挖基坑土方(编号:010101004)

注意:(1)沟槽、基坑、一般土方的划分为:底宽≤7 m 且底长>3 倍底宽为沟槽;底长≤3 倍底宽且底面积≤150 m^2 为基坑;超出上述范围则为一般土方。

(2)挖土方如需截桩头,应按桩基工程相关项目编码列项。

1.5 冻土开挖(编号:010101005)

冻土开挖项目适用于土方开挖中的冻土部分开挖。

1.6 挖淤泥、流砂(编号:010101006)

注意:挖方出现淤泥、流砂时,应根据实际情况由发包人与承包人双方现场签证确认工程量。

1.7 管沟土方(编号:010101007)

管沟土方项目适用于管道(给排水、工业、电力、通信)、光(电)缆沟(包括人孔桩、接口坑)及连接井(检查井)等。

挖沟槽、基坑、一般土方因工作面和放坡增加的工程量(管沟工作面增加的工程量)是否并入各土方工程量中,按各省、自治区、直辖市或行业建设主管部门的规定实施,如并入各土方工程量中,办理工程结算时,按经发包人认可的施工组织设计规定计算,编制工程量清单时,可按放坡系数表(见表4-5)、基础施工所需工作面宽度计算表(见表4-6)、管沟施工每侧所需工作面宽度计算表(见表4-7)的规定计算。

表 4-5　放坡系数表

土类别	放坡起点(m)	人工挖土	机械挖土		
			在坑内作业	在坑上作业	顺沟槽在坑上作业
一、二类土	1.20	1:0.5	1:0.33	1:0.75	1:0.5
三类土	1.50	1:0.33	1:0.25	1:0.67	1:0.33
四类土	2.00	1:0.25	1:0.10	1:0.33	1:0.25

注:1. 沟槽、基坑中土类别不同时,分别按其放坡起点、放坡系数,依不同土类别厚度加权平均计算。

2. 计算放坡时,在交接处的重复工程量不予扣除,原槽、坑作基础垫层时,放坡自垫层上表面开始计算。

表 4-6　基础施工所需工作面宽度计算表

基础材料	每边各增加工作面宽度(mm)
砖基础	200
浆砌毛石、条石基础	150
混凝土基础垫层支模板	300
混凝土基础支模板	300
基础垂直面做防水层	1 000(防水层面)

注:本表按《全国统一建筑工程预算工程量计算规则》(GJDGZ—101—95)整理。

表 4-7　管沟施工每侧所需工作面宽度计算表　(单位:mm)

管沟材料	管道结构宽			
	≤500	≤1 000	≤2 500	>2 500
混凝土及钢筋混凝土管道	400	500	600	700
其他材质管道	300	400	500	600

注:1. 本表按《全国统一建筑工程预算工程量计算规则》(GJDGZ—101—95)整理。

2. 管道结构宽:有管座的按基础外缘,无管座的按管道外径。

【例 4-2】　某工程基础平面图和断面图如图 4-2 所示,根据招标人提供的地质资料,土壤类别为三类,查看现场无地面积水,场地已平整,并达到设计地面标高(无需支挡土板,不考虑土方运输),要求:

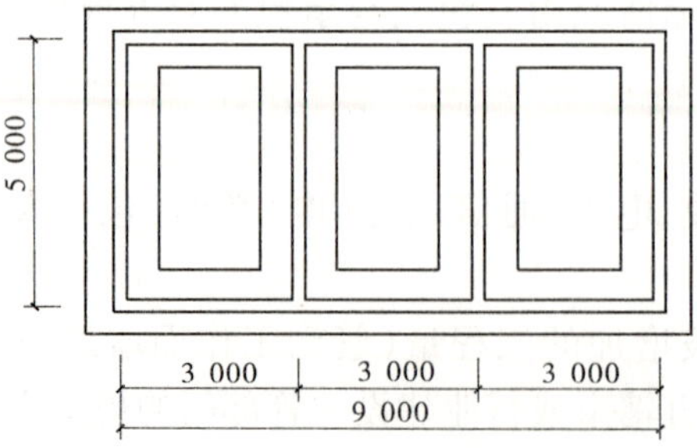

(a)基础平面图

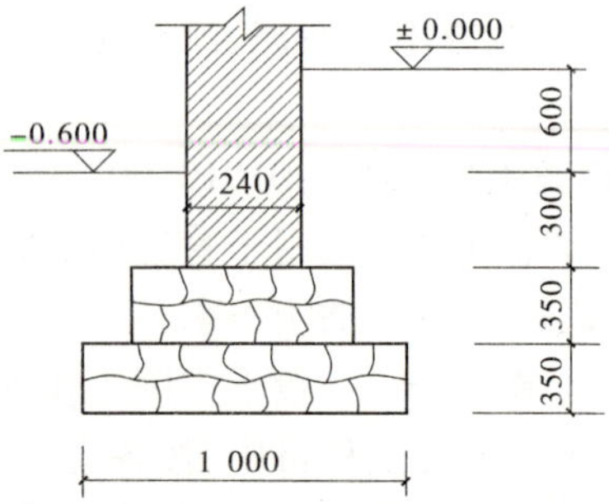

(b)基础断面图

图 4-2　某工程基础平面图、断面图

1. 编制"挖沟槽土方"工程量清单。

2. 编制"挖沟槽土方"工程量清单计价表。

解 1. 编制"挖沟槽土方"分部分项工程量清单

(1)该项目编码为010101003001。

(2)土壤类别为三类土,基础形式为带形,挖土深度为1.0 m。

(3)工程数量 $=(L_{中}+L_{净垫层})\times$垫层宽$\times$挖土深度$=[(9+5)\times2+(5-1)\times2]\times1\times1=36(m^3)$

(4)工程内容为土方开挖和基底钎探。

将上述结果及相关内容填入"分部分项工程量清单"中,如表4-8所示。

表4-8 分部分项工程量清单

序号	项目编码	项目名称	项目特征	计量单位	工程数量	综合单价	合价
1	010101003001	挖沟槽土方	1. 土壤类别:三类土 2. 基础形式:带形 3. 挖土深度:1.0 m	m^3	36.00		

2. 编制"挖沟槽土方"分部分项工程量清单计价表

综合单价计算:

(1)确定工程内容。该项目发生的工程内容为土方开挖和基底钎探。

(2)计算工程数量。根据现行山东省建筑工程量计算规则的规定,分别计算工程量清单项目所包含的每项工程内容的工程数量。

挖土方:$[(9+5)\times2+(5-1)\times2]\times(1+0.15\times2)\times1=46.8(m^3)$

基底钎探:按规范要求,该段基底需打眼 $36\times2=72$(眼)

(3)计算单位含量。分别计算工程量清单项目每计量单位应包含的各项工程内容的工程数量。

挖土方:$46.8\div36=1.3(m^3/m^3)$

基底钎探:$72\div36=2$(眼/m^3)

(4)选择定额。根据定额中"5.1.1 土方工程"选定额,确定人工、材料、机械台班的消耗量。

挖土方:1-2-12。

基底钎探:1-4-4。

(5)选择单价。人工、材料、机械台班单价选用省信息价或市场价。

(6)计算清单项目每计量单位所含各项工程内容的人工、材料、机械台班价款(按省价目表计算)。

挖土方:

人工费:$17.78\times1.3=23.11$(元/m^3)

机械费:$0.05\times1.3=0.07$(元/m^3)

小计:$23.11+0.07=23.18$(元/m^3)

基底钎探：

人工费：3.19×2=6.38(元/m^3)

(7)计算工程量清单项目每计量单位人工、材料、机械台班价款。

23.18+6.38=29.56(元/m^3)

(8)选定费率。根据企业情况确定管理费率和利润率(假定管理费率为5.1%,利润率为3.2%)。

(9)计算综合单价。

建筑工程综合单价=29.56×(1+5.1%+3.2%)=32.01(元/m^3)

(10)合价=综合单价×相应清单项目工程数量=32.01×36=1 152.36(元)

根据清单计价办法的要求,将上述计算结果及相关内容填入"分部分项工程量清单计价表"中,见表4-9。

表4-9　分部分项工程量清单计价表

序号	项目编码	项目名称	项目特征	计量单位	工程数量	综合单价	合价
1	010101003001	挖沟槽土方	1. 土壤类别:三类土 2. 基础形式:带形 3. 挖土深度:1.0 m	m^3	36.00	32.01	1 152.36

2　石方工程(编号:010102)

石方工程包括挖一般石方、挖沟槽石方、挖基坑石方、基底摊座以及挖管沟石方等5个分项工程。

石方工程量清单项目设置、项目特征描述的内容、计量单位及工程量计算规则,应按表4-10的规定执行。

表4-10　石方工程(编号:010102)

项目编码	项目名称	项目特征	计量单位	工程量计算规则	工作内容
010102001	挖一般石方	1. 岩石类别 2. 开凿深度 3. 弃碴运距	m^3	按设计图示尺寸以体积计算	1. 排地表水 2. 凿石 3. 运输
010102002	挖沟槽石方			按设计图示尺寸沟槽底面积乘以挖石深度以体积计算	
010102003	挖基坑石方			按设计图示尺寸基坑底面积乘以挖石深度以体积计算	
010102004	基底摊座		m^2	按设计图示尺寸以展开面积计算	
010102005	挖管沟石方	1. 岩石类别 2. 管外径 3. 挖沟深度	1. m 2. m^3	1. 以m计量,按设计图示以管道中心线长度计算 2. 以m^3计量,按设计图示截面面积乘以长度计算	1. 排地表水 2. 凿石 3. 回填 4. 运输

注意:(1)挖石应按自然地面测量标高至设计地坪标高的平均厚度确定。基础石方开挖深度应按基础垫层底表面标高至交付施工场地标高确定,无交付施工场地标高时,应按自然地面标高确定。

(2)挖一般石方项目适用于厚度超过 ±300 mm 的竖向布置挖石或山坡凿石。

(3)沟槽、基坑、一般石方的划分为:底宽≤7 m 且底长 >3 倍底宽为沟槽;底长≤3 倍底宽且底面积≤150 m^2 为基坑;超出上述范围则为一般石方。

(4)弃碴运距可以不描述,但应注明由投标人根据施工现场实际情况自行考虑,决定报价。

(5)岩石的分类应按表 4-11 确定。

(6)石方体积应按挖掘前的天然密实体积计算。如需按天然密实体积折算,应按表 4-12所列系数计算。

(7)管沟石方项目适用于管道(给排水、工业、电力、通信)、电缆沟及连接井(检查井)等。

表 4-11 岩石分类

<table>
<tr><th colspan="2">岩石分类</th><th>代表性岩石</th><th>开挖方法</th></tr>
<tr><td colspan="2">极软岩</td><td>1. 全风化的各种岩石
2. 各种半成岩</td><td>部分用手凿工具、部分用爆破法开挖</td></tr>
<tr><td rowspan="2">软质岩</td><td>软岩</td><td>1. 强风化的坚硬岩或较硬岩
2. 中等风化—强风化的较软岩
3. 未风化—微风化的页岩、泥岩、泥质砂岩等</td><td>用风镐和爆破法开挖</td></tr>
<tr><td>较软岩</td><td>1. 中等风化—强风化的坚硬岩或较硬岩
2. 未风化—微风化的凝灰岩、千枚岩、泥灰岩、砂质泥岩等</td><td>用爆破法开挖</td></tr>
<tr><td rowspan="2">硬质岩</td><td>较硬岩</td><td>1. 微风化的坚硬岩
2. 未风化—微风化的大理岩、板岩、石灰岩、白云岩、钙质砂岩等</td><td>用爆破法开挖</td></tr>
<tr><td>坚硬岩</td><td>未风化—微风化的花岗岩、闪长岩、辉绿岩、玄武岩、安山岩、片麻岩、石英岩、石英砂岩、硅质砾岩、硅质石灰岩等</td><td>用爆破法开挖</td></tr>
</table>

注:本表依据国家标准《工程岩体分级标准》(GB 50218—94)和《岩土工程勘察规范》(GB 50021—2001)(2009 年版)整理。

表 4-12　石方体积折算系数

石方类别	天然密实度体积	虚方体积	松填体积	码方
石方	1.0	1.54	1.31	
块石	1.0	1.75	1.43	1.67
砂夹石	1.0	1.07	0.94	

注：本表根据《爆破工程消耗量定额》（GYD—102—2008）整理。

3　回填（编号：010103）

回填工程包括回填方以及余方弃置等 2 个分项工程。

回填工程量清单项目设置、项目特征描述的内容、计量单位及工程量计算规则，应按表 4-13 的规定执行。

表 4-13　回填（编号：010103）

项目编码	项目名称	项目特征	计量单位	工程量计算规则	工作内容
010103001	回填方	1. 密实度要求 2. 填方材料品种 3. 填方粒径要求 4. 填方来源、运距	m^3	按设计图示尺寸以体积计算。 1. 场地回填：回填面积乘以平均回填厚度 2. 室内回填：主墙间面积乘以回填厚度 3. 基础回填：挖方体积减去设计室外地坪以下埋设的基础体积（包括基础垫层及其构筑物）	1. 运输 2. 回填 3. 压实
010103002	余方弃置	1. 废弃料品种 2. 运距		按挖方清单项目工程量减利用回填方体积（正数）计算	余方点装料运输至弃置点

注意：（1）填方密实度要求，在无特殊要求情况下，项目特征可描述为满足设计和规范的要求。

（2）填方材料品种可以不描述，但应注明由投标人根据设计要求验收后方可填入，并符合相关工程的质量规范要求。

（3）填方粒径要求，在无特殊要求情况下，项目特征可以不描述。

（4）如需买土回填，应在项目特征填方来源中描述，并注明买土方数量。

回填土是指基础、垫层等隐蔽工程完工后，取土回填的施工过程。基槽、基坑回填是指室外地坪以下的回填，也称为基础回填；房心回填是指室外地坪以上至室内垫层之间的回填,也称为室内回填,如图 4-3 所示。

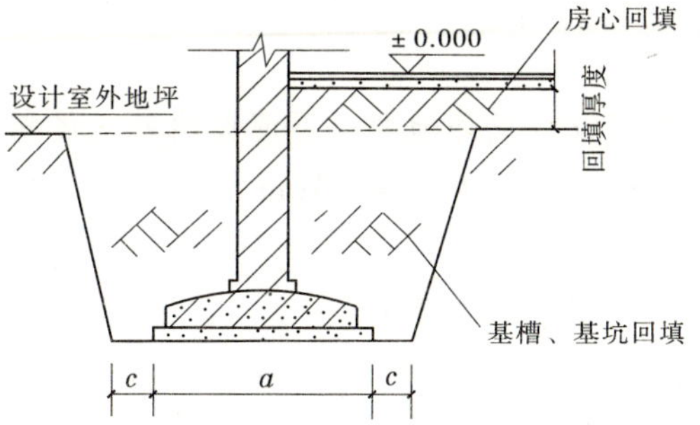

图 4-3 回填土示意图

【例 4-3】 某建筑物基础平面图及剖面图如图 4-4 所示。已知设计室外地坪以下砖基础体积为 15.85 m^3,混凝土垫层体积为 2.86 m^3,室内地面厚度为 200 mm,Ⅱ类土,要求挖出的土堆在槽边,回填土分层夯实,回填后余下的土外运。试对土方工程相关项目进行列项,并计算各分项工程量并编制工程量清单。

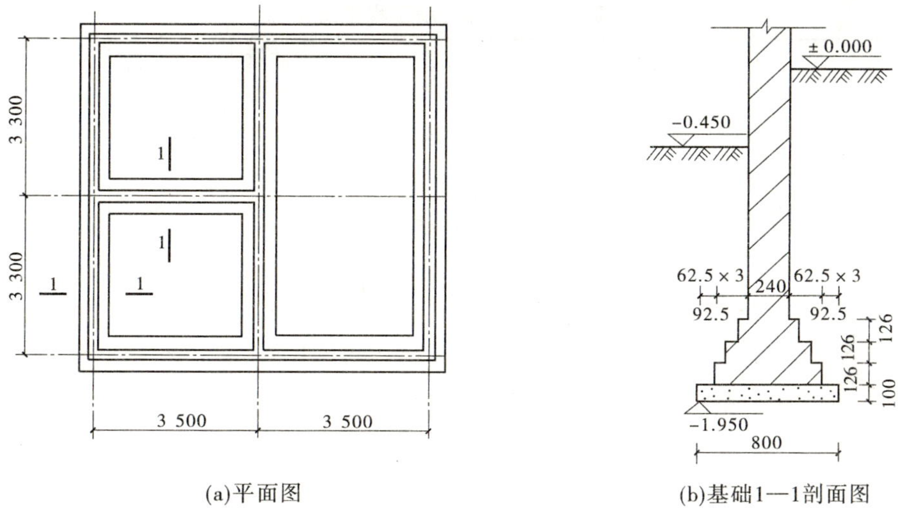

图 4-4 某建筑基础平面图及剖面图

解 本工程完成的与土方工程有关的内容有平整场地、挖土、槽底打夯、回填土、运土。由图可知,垫层宽 $b=0.8\ m<7\ m$,槽长大于 3 倍槽宽,故挖土为挖沟槽。因此,本题与土方工程相关的列项为平整场地、挖沟槽土方、槽底打夯、基础回填土、房心回填土、运土。

1. 平整场地

工程量 $S=(3.5\times2+0.24)\times(3.3\times2+0.24)=49.52(m^2)$

2. 挖沟槽土方

工程量 $V_1=aHL$

$=0.8\times[(-0.45)-(-1.95)]\times[(3.5\times2+3.3\times2)\times2+(3.3\times2-0.8+3.5-0.8)]$

$=0.8\times1.5\times35.7$

$=42.84(m^3)$

3. 基础回填土

工程量 V_2 = 挖方体积 − 设计室外地坪以下埋设的基础体积

$=42.84-15.85-2.86=24.13(m^3)$

4. 房心回填土

工程量 V_3 = 主墙间净面积 × 回填厚度

$=[(3.5-0.24)\times(3.3-0.24)\times2+(3.5-0.24)\times(3.3\times2-0.24)]\times(0.45-0.20)$

$=10.17(m^3)$

5. 运土

工程量 = 挖土总体积 − 回填土总体积

$=42.84-(24.13+10.17)\times1.15=3.40(m^3)$

编制的分部分项工程量清单如表 4-14 所示。

表 4-14　分部分项工程量清单

<table>
<tr><th>序号</th><th>项目编码</th><th>项目名称</th><th>项目特征</th><th>计量单位</th><th>工程数量</th><th>综合单价</th><th>合价</th></tr>
<tr><td>1</td><td>010101001001</td><td>平整场地</td><td>土壤类别:二类土</td><td>m^2</td><td>49.52</td><td></td><td></td></tr>
<tr><td>2</td><td>010101003001</td><td>挖沟槽土方</td><td>1. 土壤类别:二类土
2. 挖土深度:1.5 m</td><td rowspan="3">m^3</td><td>42.84</td><td></td><td></td></tr>
<tr><td>3</td><td>010103001001</td><td>回填方</td><td>密实度要求:满足设计和规范的要求</td><td>34.30</td><td></td><td></td></tr>
<tr><td>4</td><td>010103002001</td><td>余方弃置</td><td>废弃料品种:二类土</td><td>3.40</td><td></td><td></td></tr>
</table>

课题 2　地基处理与边坡支护工程

地基处理与边坡支护工程适用于建筑物和构筑物的地基处理与边坡支护工程，包括地基处理、基坑与边坡支护 2 个分部工程。

1　地基处理(编号:010201)

地基处理包括换填垫层、铺设土工合成材料、预压地基、强夯地基、振冲密实(不填料)、振冲桩(填料)、砂石桩、水泥粉煤灰碎石桩、深层搅拌桩、粉喷桩、夯实水泥土桩、高压喷射注浆桩、石灰桩、灰土挤密桩、柱锤冲扩桩、注浆地基及褥垫层等 17 个分项工程。

地基处理工程量清单项目设置、项目特征描述的内容、计量单位及工程量计算规则，应按表 4-15 的规定执行。

表4-15 地基处理(编号:010201)

项目编码	项目名称	项目特征	计量单位	工程量计算规则	工作内容
010201001	换填垫层	1. 材料种类及配比 2. 压实系数 3. 掺加剂品种	m^3	按设计图示尺寸以体积计算	1. 分层铺填 2. 碾压、振密或夯实 3. 材料运输
010201002	铺设土工合成材料	1. 部位 2. 品种 3. 规格	m^2	按设计图示尺寸以面积计算	1. 挖填锚固沟 2. 铺设 3. 固定 4. 运输
010201003	预压地基	1. 排水竖井种类、断面尺寸、排列方式、间距、深度 2. 预压方法 3. 预压荷载、时间 4. 砂垫层厚度		按设计图示处理范围以面积计算	1. 设置排水竖井、盲沟、滤水管 2. 铺设砂垫层、密封膜 3. 堆载、卸载或抽气设备安拆、抽真空 4. 材料运输
010201004	强夯地基	1. 夯击能量 2. 夯击遍数 3. 夯击点布置形式、间距 4. 地耐力要求 5. 夯填材料种类			1. 铺设夯填材料 2. 强夯 3. 夯填材料运输
010201005	振冲密实(不填料)	1. 地层情况 2. 振密深度 3. 孔距			1. 振冲加密 2. 泥浆运输
010201006	振冲桩(填料)	1. 地层情况 2. 空桩长度、桩长 3. 桩径 4. 填充材料种类	1. m 2. m^3	1. 以m计量,按设计图示尺寸以桩长计算 2. 以m^3计量,按设计桩截面面积乘以桩长以体积计算	1. 振冲成孔、填料、振实 2. 材料运输 3. 泥浆运输
010201007	砂石桩	1. 地层情况 2. 空桩长度、桩长 3. 桩径 4. 成孔方法 5. 材料种类、级配		1. 以m计量,按设计图示尺寸以桩长(包括桩尖)计算 2. 以m^3计量,按设计桩截面面积乘以桩长(包括桩尖)以体积计算	1. 成孔 2. 填充、振实 3. 材料运输

续表 4-15

项目编码	项目名称	项目特征	计量单位	工程量计算规则	工作内容
010201008	水泥粉煤灰碎石桩	1. 地层情况 2. 空桩长度、桩长 3. 桩径 4. 成孔方法 5. 混合料强度等级	m	按设计图示尺寸以桩长（包括桩尖）计算	1. 成孔 2. 混合料制作、灌注、养护 3. 材料运输
010201009	深层搅拌桩	1. 地层情况 2. 空桩长度、桩长 3. 桩截面尺寸 4. 水泥强度等级、掺量		按设计图示尺寸以桩长计算	1. 预搅下钻、水泥浆制作、喷浆搅拌提升成桩 2. 材料运输
010201010	粉喷桩	1. 地层情况 2. 空桩长度、桩长 3. 桩径 4. 粉体种类、掺量 5. 水泥强度等级、石灰粉要求			1. 预搅下钻、喷粉搅拌提升成桩 2. 材料运输
010201011	夯实水泥土桩	1. 地层情况 2. 空桩长度、桩长 3. 桩径 4. 成孔方法 5. 水泥强度等级 6. 混合料配比		按设计图示尺寸以桩长（包括桩尖）计算	1. 成孔、夯底 2. 水泥土拌和、填料、夯实 3. 材料运输
010201012	高压喷射注浆桩	1. 地层情况 2. 空桩长度、桩长 3. 桩截面 4. 注浆类型、方法 5. 水泥强度等级		按设计图示尺寸以桩长计算	1. 成孔 2. 水泥浆制作、高压喷射注浆 3. 材料运输
010201013	石灰桩	1. 地层情况 2. 空桩长度、桩长 3. 桩径 4. 成孔方法 5. 掺和料种类、配合比		按设计图示尺寸以桩长（包括桩尖）计算	1. 成孔 2. 混合料制作、运输、夯填
010201014	灰土挤密桩	1. 地层情况 2. 空桩长度、桩长 3. 桩径 4. 成孔方法 5. 灰土级配			1. 成孔 2. 灰土拌和、运输、填充、夯实

续表 4-15

项目编码	项目名称	项目特征	计量单位	工程量计算规则	工作内容
010201015	柱锤冲扩桩	1. 地层情况 2. 空桩长度、桩长 3. 桩径 4. 成孔方法 5. 桩体材料种类、配合比	m	按设计图示尺寸以桩长计算	1. 安拔套管 2. 冲孔、填料、夯实 3. 桩体材料制作、运输
010201016	注浆地基	1. 地层情况 2. 空钻深度、注浆深度 3. 注浆间距 4. 浆液种类及配比 5. 注浆方法 6. 水泥强度等级	1. m 2. m^3	1. 以 m 计量，按设计图示尺寸以钻孔深度计算 2. 以 m^3 计量，按设计图示尺寸以加固体积计算	1. 成孔 2. 注浆导管制作、安装 3. 浆液制作、压浆 4. 材料运输
010201017	褥垫层	1. 厚度 2. 材料品种及比例	1. m^2 2. m^3	1. 以 m^2 计量，按设计图示尺寸以铺设面积计算 2. 以 m^3 计量，按设计图示尺寸以体积计算	材料拌和、运输、铺设、压实

注意：(1)地层情况按表 4-3 和表 4-11 的规定，并根据岩土工程勘察报告按单位工程各地层所占比例(包括范围值)进行描述。对无法准确描述的地层情况，可注明由投标人根据岩土工程勘察报告自行决定报价。

(2)项目特征中的桩长应包括桩尖，空桩长度 = 孔深 − 桩长，孔深为自然地面至设计桩底的深度。

(3)高压喷射注浆类型包括旋喷、摆喷、定喷，高压喷射注浆方法包括单管法、双重管法、三重管法。

(4)复合地基的检测费用按国家相关取费标准单独计算，不在本清单项目中。

(5)如采用泥浆护壁成孔，工作内容包括土方、废泥浆外运，如采用沉管灌注成孔，工作内容包括桩尖制作、安装。

(6)弃土(不含泥浆)清理、运输按土石方工程中相关项目编码列项。

2 基坑与边坡支护(编号:010202)

基坑与边坡支护包括地下连续墙,咬合灌注桩,圆木桩,预制钢筋混凝土板桩,型钢桩,钢板桩,锚杆、锚索,土钉,喷射混凝土、水泥砂浆,钢筋混凝土支撑及钢支撑等11个分项工程。

基坑与边坡支护工程量清单项目设置、项目特征描述的内容、计量单位及工程量计算规则,应按表4-16的规定执行。

表4-16 基坑与边坡支护(编码:010202)

<table>
<tr><th>项目编码</th><th>项目名称</th><th>项目特征</th><th>计量单位</th><th>工程量计算规则</th><th>工作内容</th></tr>
<tr><td>010202001</td><td>地下连续墙</td><td>1. 地层情况
2. 导墙类型、截面
3. 墙体厚度
4. 成槽深度
5. 混凝土类别、强度等级
6. 接头形式</td><td>m^3</td><td>按设计图示墙中心线长乘以厚度乘以槽深以体积计算</td><td>1. 导墙挖填、制作、安装、拆除
2. 挖土成槽、固壁、清底置换
3. 混凝土制作、运输、灌注、养护
4. 接头处理
5. 土方、废泥浆外运
6. 打桩场地硬化及泥浆池、泥浆沟</td></tr>
<tr><td>010202002</td><td>咬合灌注桩</td><td>1. 地层情况
2. 桩长
3. 桩径
4. 混凝土类别、强度等级
5. 部位</td><td rowspan="3">1. m
2. 根</td><td>1. 以m计量,按设计图示尺寸以桩长计算
2. 以根计量,按设计图示数量计算</td><td>1. 成孔、固壁
2. 混凝土制作、运输、灌注、养护
3. 套管压拔
4. 土方、废泥浆外运
5. 打桩场地硬化及泥浆池、泥浆沟</td></tr>
<tr><td>010202003</td><td>圆木桩</td><td>1. 地层情况
2. 桩长
3. 材质
4. 尾径
5. 桩倾斜度</td><td rowspan="2">1. 以m计量,按设计图示尺寸以桩长(包括桩尖)计算
2. 以根计量,按设计图示数量计算</td><td>1. 工作平台搭拆
2. 桩机竖拆、移位
3. 桩靴安装
4. 沉桩</td></tr>
<tr><td>010202004</td><td>预制钢筋混凝土板桩</td><td>1. 地层情况
2. 送桩深度、桩长
3. 桩截面
4. 沉桩方法
5. 连接方式
6. 混凝土强度等级</td><td>1. 工作平台搭拆
2. 桩机竖拆、移位
3. 沉桩
4. 板桩连接</td></tr>
</table>

续表 4-16

项目编码	项目名称	项目特征	计量单位	工程量计算规则	工作内容
010202005	型钢桩	1. 地层情况或部位 2. 送桩深度、桩长 3. 规格型号 4. 桩倾斜度 5. 防护材料种类 6. 是否拔出	1. t 2. 根	1. 以 t 计量，按设计图示尺寸以质量计算 2. 以根计量，按设计图示数量计算	1. 工作平台搭拆 2. 桩机移位 3. 打(拔)桩 4. 接桩 5. 刷防护材料
010202006	钢板桩	1. 地层情况 2. 桩长 3. 板桩厚度	1. t 2. m^2	1. 以 t 计量，按设计图示尺寸以质量计算 2. 以 m^2 计量，按设计图示墙中心线长乘以桩长以面积计算	1. 工作平台搭拆 2. 桩机竖拆、移位 3. 打(拔)钢板桩
010202007	锚杆、锚索	1. 地层情况 2. 锚杆(索)类型、部位 3. 钻孔深度 4. 钻孔直径 5. 杆体材料品种、规格、数量 6. 浆液种类、强度等级	1. m 2. 根	1. 以 m 计量，按设计图示尺寸以钻孔深度计算 2. 以根计量，按设计图示数量计算	1. 钻孔、浆液制作、运输、压浆 2. 锚杆、锚索制作、安装 3. 张拉锚固 4. 锚杆、锚索施工平台搭设、拆除
010202008	土钉	1. 地层情况 2. 钻孔深度 3. 钻孔直径 4. 置入方法 5. 杆体材料品种、规格、数量 6. 浆液种类、强度等级			1. 钻孔、浆液制作、运输、压浆 2. 锚杆、土钉制作、安装 3. 锚杆、土钉施工平台搭设、拆除
010202009	喷射混凝土、水泥砂浆	1. 部位 2. 厚度 3. 材料种类 4. 混凝土(砂浆)类别、强度等级	m^2	按设计图示尺寸以面积计算	1. 修整边坡 2. 混凝土(砂浆)制作、运输、喷射、养护 3. 钻排水孔、安装排水管 4. 喷射施工平台搭设、拆除

续表 4-16

项目编码	项目名称	项目特征	计量单位	工程量计算规则	工作内容
010202010	钢筋混凝土支撑	1. 部位 2. 厚度 3. 材料种类 4. 混凝土(砂浆)类别、强度等级	m^3	按设计图示尺寸以体积计算	1. 模板(支架或支撑)制作、安装、拆除、堆放、运输及清理模内杂物、刷隔离剂等 2. 混凝土制作、运输、浇筑、振捣、养护
010202011	钢支撑	1. 部位 2. 钢材品种、规格 3. 探伤要求	t	按设计图示尺寸以质量计算。不扣除孔眼质量，焊条、铆钉、螺栓等不另增加质量	1. 支撑、铁件制作(摊销、租赁) 2. 支撑、铁件安装 3. 探伤 4. 刷漆 5. 拆除 6. 运输

注意:(1)地层情况按表 4-3 和表 4-11 的规定,并根据岩土工程勘察报告按单位工程各地层所占比例(包括范围值)进行描述。对无法准确描述的地层情况,可注明由投标人根据岩土工程勘察报告自行决定报价。

(2)其他锚杆是指不施加预应力的土层锚杆和岩石锚杆。置入方法包括钻孔置入、打入或射入等。

(3)基坑与边坡的检测、变形观测等费用按国家相关取费标准单独计算,不在本清单项目中。

(4)地下连续墙和喷射混凝土的钢筋网及咬合灌注桩的钢筋笼制作、安装,按混凝土及钢筋混凝土工程中相关项目编码列项。本分部未列的基坑与边坡支护的排桩按桩基工程中相关项目编码列项。水泥土墙、坑内加固按表 4-15 中相关项目编码列项。砖、石挡土墙、护坡按砌筑工程中相关项目编码列项。混凝土挡土墙按混凝土及钢筋混凝土工程中相关项目编码列项。弃土(不含泥浆)清理、运输按土石方工程中相关项目编码列项。

课题 3　桩基工程

桩基础是由若干根桩和桩顶的承台组成的一种常用的深基础。它具有承载力大、抗震性能好、沉降量小等特点。

根据桩在土中受力情况不同,可分为端承桩和摩擦桩。端承桩是穿过软弱土层而达到硬土层或岩层的一种桩,上部结构荷载主要依靠桩端反力支撑;摩擦桩是完全设置在软弱土层一定深度的一种桩,上部结构荷载主要由桩侧的摩擦力承担,而桩端反力承担的荷载只占很小的部分。

按施工方法的不同,桩可分为预制桩(打入桩、静压桩等)和灌注桩(沉管灌注桩、螺旋钻机钻孔灌注桩、泥浆护壁钻孔灌注桩、人工挖孔桩等)两大类。按桩的作用可分为承受上部结构传递的荷载的桩和起地基加固作用的桩。

桩基工程包括打桩及灌注桩2个分部工程。

1 打桩(编号:010301)

打桩包括预制钢筋混凝土方桩、预制钢筋混凝土管桩、钢管桩及截(凿)桩头等4个分项工程。

打桩工程量清单项目设置、项目特征描述的内容、计量单位及工程量计算规则,应按表4-17的规定执行。

表4-17 打桩(编号:010301)

项目编码	项目名称	项目特征	计量单位	工程量计算规则	工作内容
010301001	预制钢筋混凝土方桩	1. 地层情况 2. 送桩深度、桩长 3. 桩截面 4. 桩倾斜度 5. 沉桩方法 6. 接桩方式 7. 混凝土强度等级	1. m 2. 根 3. m^3	1. 以m计量,按设计图示尺寸以桩长(包括桩尖)计算 2. 以根计量,按设计图示数量计算 3. 以m^3计量,按设计图示截面面积乘以桩长(包括桩尖)以体积计算	1. 工作平台搭拆 2. 桩机竖拆、移位 3. 沉桩 4. 接桩 5. 送桩
010301002	预制钢筋混凝土管桩	1. 地层情况 2. 送桩深度、桩长 3. 桩外径、壁厚 4. 桩倾斜度 5. 沉桩方法 6. 桩尖类型 7. 混凝土强度等级 8. 填充材料种类 9. 防护材料种类			1. 工作平台搭拆 2. 桩机竖拆、移位 3. 沉桩 4. 接桩 5. 送桩 6. 桩尖制作安装 7. 填充材料、刷防护材料
010301003	钢管桩	1. 地层情况 2. 送桩深度、桩长 3. 材质 4. 管径、壁厚 5. 桩倾斜度 6. 沉桩方法 7. 填充材料种类 8. 防护材料种类	1. t 2. 根	1. 以t计量,按设计图示尺寸以质量计算 2. 以根计量,按设计图示数量计算	1. 工作平台搭拆 2. 桩机竖拆、移位 3. 沉桩 4. 接桩 5. 送桩 6. 切割钢管、精割盖帽 7. 管内取土 8. 填充材料、刷防护材料
010301004	截(凿)桩头	1. 桩类型 2. 桩头截面、高度 3. 混凝土强度等级 4. 有无钢筋	1. m^3 2. 根	1. 以m^3计量,按设计桩截面面积乘以桩头长度以体积计算 2. 以根计量,按设计图示数量计算	1. 截桩头 2. 凿平 3. 废料外运

注意:(1)地层情况按表 4-3 和表 4-11 的规定,并根据岩土工程勘察报告按单位工程各地层所占比例(包括范围值)进行描述。对无法准确描述的地层情况,可注明由投标人根据岩土工程勘察报告自行决定报价。

(2)项目特征中的桩截面、混凝土强度等级、桩类型等可直接用标准图代号或设计桩型进行描述。

(3)打桩项目包括成品桩购置费,如果用现场预制桩,应包括现场预制的所有费用。

(4)打试验桩和打斜桩应按相应项目编码单独列项,并应在项目特征中注明试验桩或斜桩(斜率)。

(5)桩基础的承载力检测、桩身完整性检测等费用按国家相关取费标准单独计算,不在本清单项目中。

2　灌注桩(编号:010302)

灌注桩包括泥浆护壁成孔灌注桩、沉管灌注桩、干作业成孔灌注桩、挖孔桩土(石)方、人工挖孔灌注桩、钻孔压浆桩及桩底注浆等 7 个分项工程。

灌注桩工程量清单项目设置、项目特征描述的内容、计量单位及工程量计算规则,应按表 4-18 的规定执行。

表 4-18　灌注桩(编号:010302)

<table>
<tr><th>项目编码</th><th>项目名称</th><th>项目特征</th><th>计量单位</th><th>工程量计算规则</th><th>工作内容</th></tr>
<tr><td>010302001</td><td>泥浆护壁成孔灌注桩</td><td>1. 地层情况
2. 空桩长度、桩长
3. 桩径
4. 成孔方法
5. 护筒类型、长度
6. 混凝土类别、强度等级</td><td rowspan="3">1. m
2. m^3
3. 根</td><td rowspan="3">1. 以 m 计量,按设计图示尺寸以桩长(包括桩尖)计算
2. 以 m^3 计量,按不同截面在桩上范围内以体积计算
3. 以根计量,按设计图示数量计算</td><td>1. 护筒埋设
2. 成孔、固壁
3. 混凝土制作、运输、灌注、养护
4. 土方、废泥浆外运
5. 打桩场地硬化及泥浆池、泥浆沟</td></tr>
<tr><td>010302002</td><td>沉管灌注桩</td><td>1. 地层情况
2. 空桩长度、桩长
3. 复打长度
4. 桩径
5. 沉管方法
6. 桩尖类型
7. 混凝土类别、强度等级</td><td>1. 打(沉)拔钢管
2. 桩尖制作、安装
3. 混凝土制作、运输、灌注、养护</td></tr>
<tr><td>010302003</td><td>干作业成孔灌注桩</td><td>1. 地层情况
2. 空桩长度、桩长
3. 桩径
4. 扩孔直径、高度
5. 成孔方法
6. 混凝土类别、强度等级</td><td>1. 成孔、扩孔
2. 混凝土制作、运输、灌注、振捣、养护</td></tr>
</table>

续表 4-18

项目编码	项目名称	项目特征	计量单位	工程量计算规则	工作内容
010302004	挖孔桩土(石)方	1. 土(石)类别 2. 挖孔深度 3. 弃土(石)运距	m^3	按设计图示尺寸(含护壁)截面面积乘以挖孔深度以 m^3 计算	1. 排地表水 2. 挖土、凿石 3. 基底钎探 4. 运输
010302005	人工挖孔灌注桩	1. 桩芯长度 2. 桩芯直径、扩底直径、扩底高度 3. 护壁厚度、高度 4. 护壁混凝土类别、强度等级 5. 桩芯混凝土类别、强度等级	1. m^3 2. 根	1. 以 m^3 米计量,按桩芯混凝土体积计算 2. 以根计量,按设计图示数量计算	1. 护壁制作 2. 混凝土制作、运输、灌注、振捣、养护
010302006	钻孔压浆桩	1. 地层情况 2. 空钻长度、桩长 3. 钻孔直径 4. 水泥强度等级	1. m 2. 根	1. 以 m 计量,按设计图示尺寸以桩长计算 2. 以根计量,按设计图示数量计算	钻孔、下注浆管、投放骨料、浆液制作、运输、压浆
010302007	桩底注浆	1. 注浆导管材料、规格 2. 注浆导管长度 3. 单孔注浆量 4. 水泥强度等级	孔	按设计图示以注浆孔数计算	1. 注浆导管制作、安装 2. 浆液制作、运输、压浆

注意:(1)地层情况按表4-3 和表4-11 的规定,并根据岩土工程勘察报告按单位工程各地层所占比例(包括范围值)进行描述。对无法准确描述的地层情况,可注明由投标人根据岩土工程勘察报告自行决定报价。

(2)项目特征中的桩长应包括桩尖,空桩长度 = 孔深 - 桩长,孔深为自然地面至设计桩底的深度。

(3)项目特征中的桩截面(桩径)、混凝土强度等级、桩类型等可直接用标准图代号或设计桩型进行描述。

(4)泥浆护壁成孔灌注桩是指在泥浆护壁条件下成孔,采用水下灌注混凝土的桩。其成孔方法包括冲击钻成孔、冲抓锥成孔、回旋钻成孔、潜水钻成孔、泥浆护壁的旋挖成孔等。

(5)沉管灌注桩的沉管方法包括锤击沉管法、振动沉管法、振动冲击沉管法、内夯沉管法等。

(6)干作业成孔灌注桩是指不用泥浆护壁和套管护壁的情况下,用钻机成孔后,下钢筋笼,灌注混凝土的桩,适用于地下水位以上的土层。其成孔方法包括螺旋钻成孔、螺旋钻成孔扩底、干作业的旋挖成孔等。

(7)桩基础的承载力检测、桩身完整性检测等费用按国家相关取费标准单独计算,不在本清单项目中。

(8)混凝土灌注桩的钢筋笼制作、安装,按混凝土及钢筋混凝土工程中相关项目编码列项。

【例4-4】 某工程采用C30混凝土灌注桩(按商品混凝土计价,机械打孔),单根桩设计长度为8.5 m(包括桩尖),桩截面为ϕ800,共10根,要求:

1. 编制"混凝土灌注桩"工程量清单。

2. 编制"混凝土灌注桩"工程量清单计价表。

解 1. 编制"混凝土灌注桩"分部分项工程量清单

(1)该项目编码为010302003001。

(2)桩的种类为混凝土灌注桩,桩长为8.5 m,桩径为ϕ800,混凝土强度等级为C30。

(3)工程数量 $=3.14\times0.4\times0.4\times8.5\times10=42.70(m^3)$。

(4)工程内容为混凝土制作、运输、成孔、灌注。

将上述结果及相关内容填入"分部分项工程量清单",如表4-19所示。

表4-19 分部分项工程量清单

序号	项目编码	项目名称	项目特征	计量单位	工程数量	综合单价	合价
1	010302003001	干作业成孔灌注桩	1. 桩长:8.5 m 2. 桩径:ϕ800 3. 混凝土强度等级:C30	m^3	42.70		

2. 编制"混凝土灌注桩"分部分项工程量清单计价表

综合单价计算:

(1)确定工程内容。该项目发生的工程内容为混凝土制作、运输、成孔、灌注。

(2)计算工程数量。根据现行山东省建筑工程量计算规则的规定,分别计算工程量清单项目所包含的每项工程内容的工程数量。

工程数量 $=3.14\times0.4\times0.4\times8.5\times10=42.70(m^3)$

(3)计算单位含量。分别计算工程量清单项目每计量单位应包含的各项工程内容的工程数量。

单位含量 $=42.70\div42.70=1(m^3/m^3)$

(4)选择定额。根据定额中"5.2.1 混凝土桩"选定额,确定人工、材料、机械台班的消耗量。

C30商品混凝土:230元/ m^3

机械打孔灌注桩(桩长10 m内):2-3-17

(5)选择单价。人工、材料、机械台班单价选用省信息价或市场价。

(6)计算清单项目每计量单位所含各项工程内容的人工、材料、机械台班价款(按省价目表计算)。

混凝土制作、运输：按商品混凝土计价，人工、材料、机械已包含在成品价中。

成孔、灌注：

人工费：$90.64\times1=90.64$（元/m^3）

材料费：$186.18+1.22\times(230-147.3)=287.07$（元/$m^3$）

机械费：184.23 元/m^3

小计：$90.64+287.07+184.23=561.94$（元/$m^3$）

（7）计算工程量清单项目每计量单位人工、材料、机械台班价款，即 561.94 元/m^3。

（8）选定费率。根据企业情况确定管理费率和利润率（假定管理费率为 2.5%，利润率为 1.0%）。

（9）计算综合单价。

建筑工程综合单价 $=561.94\times(1+2.5\%+1.0\%)=581.61$（元/$m^3$）

（10）合价 = 综合单价 × 相应清单项目工程数量 $=581.61\times42.7=24\ 834.75$（元）

根据清单计价办法的要求，将上述计算结果及相关内容填入"分部分项工程量清单与计价表"中，见表 4-20。

表 4-20 分部分项工程量清单与计价表

序号	项目编码	项目名称	项目特征	计量单位	工程数量	综合单价（元）	合价（元）
1	010302003001	干作业成孔灌注桩	1. 桩长：8.5 m 2. 桩径：φ800 3. 混凝土强度等级：C30	m^3	42.70	581.61	24 834.75

课题 4 砌筑工程

砌筑工程是指在建筑工程中使用普通黏土砖、承重黏土空心砖、蒸压灰砂砖、粉煤灰砖、各种中小型砌块和石材等材料进行砌筑的工程。

砌筑工程主要包括砖砌体、砌块砌体、石砌体及垫层等 4 个分部工程。

1 砖砌体（编号：010401）

砖砌体主要由砖和砂浆组成，形成砖墙、砖柱等构件。建筑物的墙体既起围护、分隔作用，又起承重构件作用。按墙体所处平面位置不同，可分为外墙和内墙；按受力情况不同，可分为承重墙和非承重墙；按装修做法不同，可分为清水墙和混水墙；按组砌方法不同，可分为实心砖墙、空斗墙、空花墙、填充墙等。砖柱按材料分为标准砖柱和灰砂砖柱，按形状不同分为砖方柱、砖圆柱。

砖砌体工程包括砖基础，砖砌挖孔桩护壁，实心砖墙，多孔砖墙，空心砖墙，空斗墙，空花墙，填充墙，实心砖柱，多孔砖柱，砖检查井，零星砌砖，砖散水、地坪及砖地沟、明沟共 14 个分项工程。

砖砌体工程量清单项目设置、项目特征描述的内容、计量单位及工程量计算规则，应按表 4-21 的规定执行。

表 4-21　砖砌体（编号:010401）

项目编码	项目名称	项目特征	计量单位	工程量计算规则	工作内容
010401001	砖基础	1. 砖品种、规格、强度等级 2. 基础类型 3. 砂浆强度等级 4. 防潮层材料、种类	m^3	按设计图示尺寸以体积计算。包括附墙垛基础宽出部分体积，扣除地梁（圈梁）、构造柱所占体积，不扣除基础大放脚 T 形接头处的重叠部分及嵌入基础内的钢筋、铁件、管道、基础砂浆防潮层和单个面积≤0.3 m^2 的孔洞所占体积，靠墙暖气沟的挑檐不增加。 基础长度：外墙按外墙中心线，内墙按内墙净长线计算	1. 砂浆制作、运输 2. 砌砖 3. 防潮层铺设 4. 材料运输
010401002	砖砌挖孔桩护壁	1. 砖品种、规格、强度等级 2. 砂浆强度等级		按设计图示尺寸以 m^3 计算	1. 砂浆制作、运输 2. 砌砖 3. 材料运输
010401003	实心砖墙	1. 砖品种、规格、强度等级 2. 墙体类型 3. 砂浆强度等级、配合比	m^3	按设计图示尺寸以体积计算。 扣除门窗、洞口、嵌入墙内的钢筋混凝土柱、梁、圈梁、挑梁、过梁及凹进墙内的壁龛、管槽、暖气槽、消火栓箱所占体积，不扣除梁头、板头、檩头、垫木、木楞头、沿缘木、木砖、门窗走头、砖墙内加固钢筋、木筋、铁件、钢管及单个面积≤0.3 m^2 的孔洞所占的体积。凸出墙面的腰线、挑檐、压顶、窗台线、虎头砖、门窗套的体积亦不增加。凸出墙面的砖垛并入墙体体积内计算。 1. 墙长度：外墙按中心线、内墙按净长计算 2. 墙高度： （1）外墙：斜（坡）屋面无檐口天棚者算至屋面板底；有屋架且室内外均有天棚者算至屋架下弦底另加 200 mm；无天棚者算至屋架下弦底另加 300 mm，出檐宽度超过 600 mm 时按实砌高度计算；与钢筋混凝土楼板隔层者算至板顶。平屋顶算至钢筋混凝土板底 （2）内墙：位于屋架下弦者，算至屋架下弦底；无屋架者算至天棚底另加 100 mm；有钢筋混凝土楼板隔层者算至楼板顶；有框架梁时算至梁底 （3）女儿墙：从屋面板上表面算至女儿墙顶面（当有混凝土压顶时，算至压顶下表面） （4）内、外山墙：按其平均高度计算 3. 框架间墙：不分内外墙按墙体净尺寸以体积计算 4. 围墙：高度算至压顶上表面（当有混凝土压顶时，算至压顶下表面），围墙柱并入围墙体积内	1. 砂浆制作、运输 2. 砌砖 3. 刮缝 4. 砖压顶砌筑 5. 材料运输
010401004	多孔砖墙				
010401005	空心砖墙				

续表 4-21

项目编码	项目名称	项目特征	计量单位	工程量计算规则	工作内容
010401006	空斗墙	1. 砖品种、规格、强度等级 2. 墙体类型 3. 砂浆强度等级、配合比	m^3	按设计图示尺寸以空斗墙外形体积计算。墙角、内外墙交接处、门窗洞口立边、窗台砖、屋檐处的实砌部分体积并入空斗墙体积内	1. 砂浆制作、运输 2. 砌砖 3. 装填充料 4. 刮缝 5. 材料运输
010401007	空花墙			按设计图示尺寸以空花部分外形体积计算，不扣除孔洞部分体积	
010401008	填充墙	1. 砖品种、规格、强度等级 2. 墙体厚度 3. 填充材料种类 4. 勾缝要求 5. 砂浆强度等级		按设计图示尺寸以填充墙外形体积计算	
010401009	实心砖柱	1. 砖品种、规格、强度等级 2. 柱类型 3. 柱截面 4. 柱高 5. 勾缝要求 6. 砂浆强度等级、配合比		按设计图示尺寸以体积计算。扣除混凝土及钢筋混凝土梁垫、梁头、板头所占体积	1. 砂浆制作、运输 2. 砌砖 3. 刮缝 4. 材料运输
010401010	多孔砖柱				
010401011	砖检查井	1. 井截面、深度 2. 砖品种、规格、强度等级 3. 垫层材料种类、厚度 4. 底板厚度 5. 井盖安装 6. 混凝土强度等级 7. 砂浆强度等级 8. 防潮层材料种类	座	按设计图示数量计算	1. 砂浆制作、运输 2. 铺设垫层 3. 底板混凝土制作、运输、浇筑、振捣、养护 4. 砌砖 5. 刮缝 6. 井池底、壁 抹灰 7. 抹防潮层 8. 材料运输
010401012	零星砌砖	1. 零星砌砖名称、部位 2. 砂浆强度等级、配合比 3. 砖品种、规格、强度等级	1. m^3 2. m^2 3. m 4. 个	1. 以 m^3 计量，按设计图示尺寸截面面积乘以长度计算 2. 以 m^2 计量，按设计图示尺寸水平投影面积计算 3. 以 m 计量，按设计图示尺寸长度计算 4. 以个计量，按设计图示数量计算	1. 砂浆制作、运输 2. 砌砖 3. 刮缝 4. 材料运输

续表 4-21

项目编码	项目名称	项目特征	计量单位	工程量计算规则	工作内容
010401013	砖散水、地坪	1. 砖品种、规格、强度等级 2. 垫层材料种类、厚度 3. 散水、地坪厚度 4. 面层种类、厚度 5. 砂浆强度等级	m^2	按设计图示尺寸以面积计算	1. 土方挖、运、填 2. 地基找平、夯实 3. 铺设垫层 4. 砌砖散水、地坪 5. 抹砂浆面层
010401014	砖地沟、明沟	1. 砖品种、规格、强度等级 2. 沟截面尺寸 3. 垫层材料种类、厚度 4. 混凝土强度等级 5. 砂浆强度等级	m	以 m 计量,按设计图示以中心线长度计算	1. 土方挖、运、填 2. 铺设垫层 3. 底板混凝土制作、运输、浇筑、振捣、养护 4. 砌砖 5. 刮缝、抹灰 6. 材料运输

1.1 砖基础

"砖基础"项目适用于各种类型砖基础:柱基础、墙基础、管道基础等。

砖基础由基础墙和大放脚组成,其剖面一般做成阶梯形,这个阶梯形通常被称为大放脚。砖基础具有造价低、施工简便的特点,一般用于荷载不大、基础宽度小、土质较好、地下水位较低的情况。

【特别提示】

在编制砖基础预算前需确定:

(1)砖基础与墙(柱)身的划分界限。

①砖基础与墙(柱)身使用同一种材料时,以设计室内地面为界(有地下室者,以地下室室内设计地面为界),以下为基础,以上为墙(柱)身。

②砖基础与墙(柱)身使用不同材料,位于设计室内地面(或地下室室内地面)±300 mm以内时,以不同材料为界,超过 ±300 mm,应以设计室内地面为界。砖围墙以设计室外地面为界,以下为基础,以上为墙(柱)身。

(2)砖基础断面形式及其标高。

(3)砂浆种类及其强度等级。

1.2 实心砖墙

实心砖墙适用于各种类型实心砖墙，各种建筑砌块按照不同的施工方法、不同规格，可分为外墙、内墙、围墙、双面清水墙、双面混水墙、单面清水墙、直行墙、弧形墙等。砌筑砂浆分为水泥砂浆、混合砂浆。实心砖墙根据所采用材料的不同，分为黏土标准砖和蒸养灰砂砖两种。黏土标准砖中根据墙厚设置了1砖以上、1砖、3/4砖、1/2砖墙的综合单价子目；1砖、1/2砖围墙的综合单价子目；钢筋砖过梁；砖平拱；1/2砖、1/4砖贴砖的综合单价子目。

【特别提示】

(1)不论三皮砖以下还是三皮砖以上的腰线、挑檐，突出墙面部分均不计算体积。

(2)内墙算至楼板隔层板顶。

(3)女儿墙的砖压顶、围墙的砖压顶突出墙面部分不计算体积，压顶顶面凹进墙面的部分也不扣除。

(4)墙内砖平旋、砖过梁的体积不扣除。

1.3 空斗墙

“空斗墙”项目适用于各种砌法的空斗墙，空斗墙工程量以空斗墙外形体积计算，包括墙角、内外墙交接处、门窗洞口立边、窗台砖、屋檐实砌部分的体积。

空斗墙是用标准砖平砌和侧砌结合砌筑的墙体。平砌层称为“眠砖”，侧砌层墙面包括顺砖的“顺斗砖”和侧砖露头的“丁头砖”。顺头砖和丁头砖所形成的孔洞称为“空斗”。空斗墙依其立面砌筑形式不同，分为一眠一斗、一眠二斗、一眠三斗、无眠空斗四种，如图4-5所示。

【特别提示】

窗间墙、窗台下、楼板下、梁头下的实砌部分，应另按“零星砌砖”项目编码列项。

1.4 空花墙

空花墙是指用砖按一定艺术形式组砌而成的带镂空的墙体，一般用于砖砌围墙和女儿墙，如图4-6所示。

“空花墙”项目适用于各种类型的空花墙。

【特别提示】

(1)“空花部分的外形体积”应包括空花的外框。

(2)使用混凝土花格砌筑的空花墙，其实砌墙体与混凝土花格应分别编码列项，混凝土花格按混凝土及钢筋混凝土工程中预制“其他构件”编码列项。

1.5 零星砌砖

“零星砌砖”项目适用于台阶、台阶挡墙、梯带、锅台、炉灶、蹲台、池槽、池槽腿、花台、花池、楼梯栏板、阳台栏板、地垄墙、屋面隔热板下的砖墩、0.3 m^2 以内的孔洞填塞等。

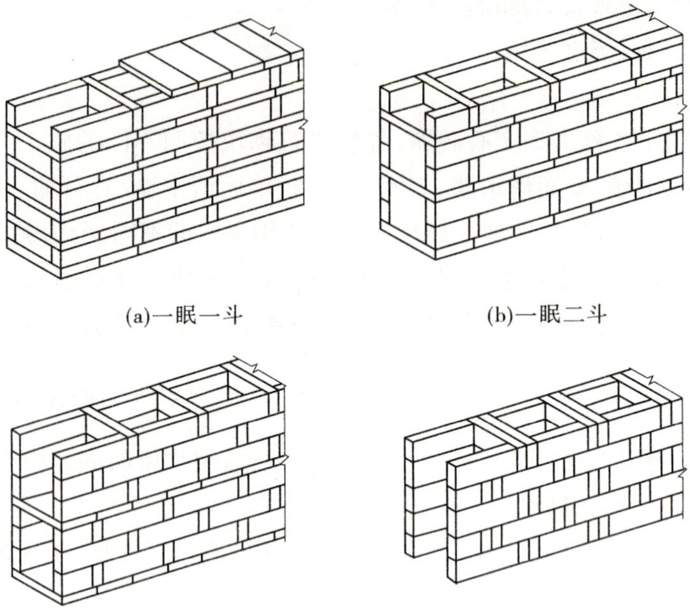

(a)一眠一斗　(b)一眠二斗

(c)一眠三斗　(d)无眠空斗

图 4-5　空斗墙的砌筑形式

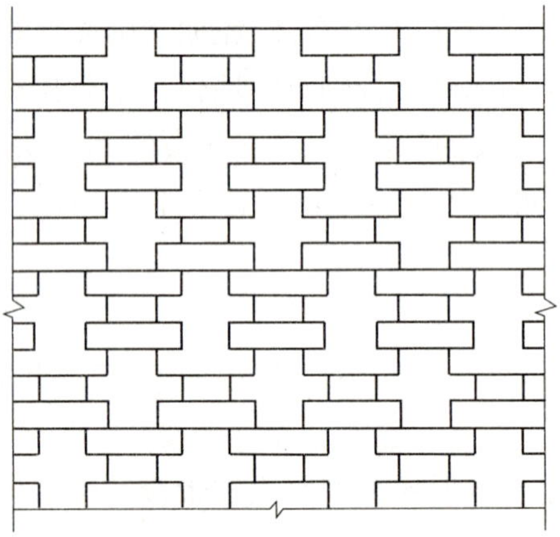

图 4-6　空花墙示意图

2　砌块砌体(编号:010402)

砌块砌体工程包括砌块墙和砌块柱 2 个分项工程。

砌块砌体工程量清单项目设置、项目特征描述的内容、计量单位及工程量计算规则,应按表 4-22 的规定执行。

表 4-22 砌块砌体（编号：010402）

项目编码	项目名称	项目特征	计量单位	工程量计算规则	工作内容
010402001	砌块墙	1. 砌块品种、规格、强度等级 2. 墙体类型 3. 砂浆强度等级	m^3	按设计图示尺寸以体积计算。 扣除门窗、洞口、嵌入墙内的钢筋混凝土柱、梁、圈梁、挑梁、过梁及凹进墙内的壁龛、管槽、暖气槽、消火栓箱所占体积，不扣除梁头、板头、檩头、垫木、木楞头、沿缘木、木砖、门窗走头、砌块墙内加固钢筋、木筋、铁件、钢管及单个面积≤0.3 m^2 的孔洞所占的体积。凸出墙面的腰线、挑檐、压顶、窗台线、虎头砖、门窗套的体积亦不增加。凸出墙面的砖垛并入墙体体积内计算。 1. 墙长度：外墙按中心线、内墙按净长计算 2. 墙高度： （1）外墙：斜（坡）屋面无檐口天棚者算至屋面板底；有屋架且室内外均有天棚者算至屋架下弦底另加 200 mm；无天棚者算至屋架下弦底另加 300 mm，出檐宽度超过 600 mm 时按实砌高度计算；与钢筋混凝土楼板隔层者算至板顶；平屋面算至钢筋混凝土板底 （2）内墙：位于屋架下弦者，算至屋架下弦底；无屋架者算至天棚底另加 100 mm；有钢筋混凝土楼板隔层者算至楼板顶；有框架梁时算至梁底 （3）女儿墙：从屋面板上表面算至女儿墙顶面（如有压顶时算至压顶下表面） （4）内、外山墙：按其平均高度计算 3. 框架间墙：不分内外墙按墙体净尺寸以体积计算 4. 围墙：高度算至压顶上表面（当有混凝土压顶时，算至压顶下表面），围墙柱并入围墙体积内	1. 砂浆制作、运输 2. 砌砖、砌块 3. 勾缝 4. 材料运输
010402002	砌块柱				

注意:(1)砌体内加筋、墙体拉结的制作、安装,应按混凝土及钢筋混凝土工程中相关项目编码列项。

(2)砌块排列应上、下错缝搭砌,如果搭错缝长度满足不了规定的压搭要求,应采取压砌钢筋网片的措施,具体构造要求按设计规定。若设计无规定,应注明由投标人根据工程实际情况自行考虑。

(3)砌体垂直灰缝宽 >30 mm 时,采用 C20 细石混凝土灌实。灌注的混凝土应按混凝土及钢筋混凝土工程相关项目编码列项。

3 石砌体(编号:010403)

石砌体工程包括石基础、石勒脚、石墙、石挡土墙、石柱、石栏杆、石护坡、石台阶、石坡道及石地沟、明沟等 10 个分项工程。

石砌体工程量清单项目设置、项目特征描述的内容、计量单位及工程量计算规则,应按表 4-23 的规定执行。

表 4-23 石砌体(编号:010403)

项目编码	项目名称	项目特征	计量单位	工程量计算规则	工作内容
010403001	石基础	1. 石料种类、规格 2. 基础类型 3. 砂浆强度等级	m^3	按设计图示尺寸以体积计算。 包括附墙垛基础宽出部分体积,不扣除基础砂浆防潮层及单个面积≤0.3 m^2 的孔洞所占体积,靠墙暖气沟的挑檐不增加体积。基础长度:外墙按中心线,内墙按净长计算	1. 砂浆制作、运输 2. 吊装 3. 砌石 4. 防潮层铺设 5. 材料运输
010403002	石勒脚	1. 石料种类、规格 2. 石表面加工要求 3. 勾缝要求 4. 砂浆强度等级、配合比	m^3	按设计图示尺寸以体积计算,扣除单个面积 >0.3 m^2 的孔洞所占的体积	1. 砂浆制作、运输 2. 吊装 3. 砌石 4. 石表面加工 5. 勾缝 6. 材料运输

续表 4-23

项目编码	项目名称	项目特征	计量单位	工程量计算规则	工作内容
010403003	石墙	1. 石料种类、规格 2. 石表面加工要求 3. 勾缝要求 4. 砂浆强度等级、配合比	m^3	按设计图示尺寸以体积计算。 扣除门窗、洞口、嵌入墙内的钢筋混凝土柱、梁、圈梁、挑梁、过梁及凹进墙内的壁龛、管槽、暖气槽、消火栓箱所占体积，不扣除梁头、板头、檩头、垫木、木楞头、沿缘木、木砖、门窗走头、石墙内加固钢筋、木筋、铁件、钢管及单个面积≤0.3 m^2 的孔洞所占的体积。凸出墙面的腰线、挑檐、压顶、窗台线、虎头砖、门窗套的体积亦不增加。凸出墙面的砖垛并入墙体体积内。 1. 墙长度：外墙按中心线计算，内墙按净长计算 2. 墙高度： (1)外墙：斜(坡)屋面无檐口、天棚者算至屋面板底；有屋架且室内外均有天棚者算至屋架下弦底另加 200 mm；无天棚者算至屋架下弦底另加 300 mm，出檐宽度超过 600 mm 时按实砌高度计算；平屋顶算至钢筋混凝土板底 (2)内墙：位于屋架下弦者，算至屋架下弦底；无屋架者算至天棚底另加 100 mm；有钢筋混凝土楼板隔层者算至楼板顶；有框架梁时算至梁底 (3)女儿墙：从屋面板上表面算至女儿墙顶面(当有混凝土压顶时，算至压顶下表面) (4)内、外山墙：按其平均高度计算 3. 围墙：高度算至压顶上表面(当有混凝土压顶时，算至压顶下表面)，围墙柱、砖压顶并入围墙体积内	1. 砂浆制作、运输 2. 吊装 3. 砌石 4. 石表面加工 5. 勾缝 6. 材料运输

续表 4-23

项目编码	项目名称	项目特征	计量单位	工程量计算规则	工作内容
010403004	石挡土墙	1. 石料种类、规格 2. 石表面加工要求 3. 勾缝要求 4. 砂浆强度等级、配合比	m^3	按设计图示尺寸以体积计算	1. 砂浆制作、运输 2. 砌石 3. 压顶抹灰 4. 勾缝 5. 材料运输
010403005	石柱				1. 砂浆制作、运输 2. 砌石 3. 石表面加工 4. 勾缝 5. 材料运输
010403006	石栏杆		m	按设计图示以长度计算	
010403007	石护坡	1. 垫层材料种类、厚度 2. 石料种类、规格 3. 护坡厚度、高度 4. 石表面加工要求 5. 勾缝要求 6. 砂浆强度等级、配合比	m^3	按设计图示尺寸以体积计算	
010403008	石台阶				1. 铺设垫层 2. 石料加工 3. 砂浆制作、运输 4. 砌石 5. 石表面加工 6. 勾缝 7. 材料运输
010403009	石坡道		m^2	按设计图示以水平投影面积计算	
010403010	石地沟、明沟	1. 沟截面尺寸 2. 垫层种类、厚度 3. 石料种类、规格 4. 石表面加工要求 5. 勾缝要求 6. 砂浆强度等级、配合比	m	按设计图示以中心线长度计算	1. 土方挖运 2. 砂浆制作、运输 3. 铺设垫层 4. 砌石 5. 石表面加工 6. 勾缝 7. 材料运输

注意:(1)石基础、石勒脚、石墙的划分:基础与勒脚应以设计室外地坪为界。勒脚与墙身应以设计室内地面为界。石围墙内外地坪标高不同时,应以较低地坪标高为界,以下为基础;内外标高之差为挡土墙时,挡土墙以上为墙身。

(2)"石基础"项目适用于各种规格(粗料石、细料石等)、各种材质(砂石、青石等)和各种类型(柱基、墙基、直形、弧形等)基础。

(3)"石勒脚""石墙"项目适用于各种规格(粗料石、细料石等)、各种材质(砂石、青石、大理石、花岗石等)和各种类型(直形、弧形等)勒脚与墙体。

(4)"石挡土墙"项目适用于各种规格(粗料石、细料石、块石、毛石、卵石等)、各种材质(砂石、青石、石灰石等)和各种类型(直形、弧形、台阶形等)挡土墙。

(5)"石柱"项目适用于各种规格、各种石质、各种类型的石柱。

(6)"石栏杆"项目适用于无雕饰的一般石栏杆。

(7)"石护坡"项目适用于各种石质和各种石料(粗料石、细料石、片石、块石、毛石、卵石等)。

(8)"石台阶"项目包括石梯带(垂带),不包括石梯膀,石梯膀应按桩基工程石挡土墙项目编码列项。

(9)当施工图设计标注"做法见标准图集"时,应注明标注图集的编码、页号及节点大样。

4 垫层(编号:010404)

垫层工程量清单项目设置、项目特征描述的内容、计量单位及工程量计算规则,应按表4-24的规定执行。

表4-24 垫层(编号:010404)

项目编码	项目名称	项目特征	计量单位	工程量计算规则	工作内容
010404001	垫层	垫层材料种类、配合比、厚度	m^3	按设计图示尺寸以 m^3 计算	1. 垫层材料的拌制 2. 垫层铺设 3. 材料运输

注意:除混凝土垫层应按混凝土及钢筋混凝土工程中相关项目编码列项外,没有包括垫层要求的清单项目应按表4-24垫层项目编码列项。

【例4-5】 某工程基础平面图、断面图如图4-7所示,内外墙基础均为砖条形基础,用M5.0水泥砂浆砌筑,基底铺设3:7灰土垫层300 mm厚,基础防潮层采用抹防水砂浆20 mm厚。要求:

1. 编制"砖基础"工程量清单。

2. 编制"砖基础"工程量清单计价表。

解 1. 编制"砖基础"分部分项工程量清单

(1)该项目编码为010401001001。

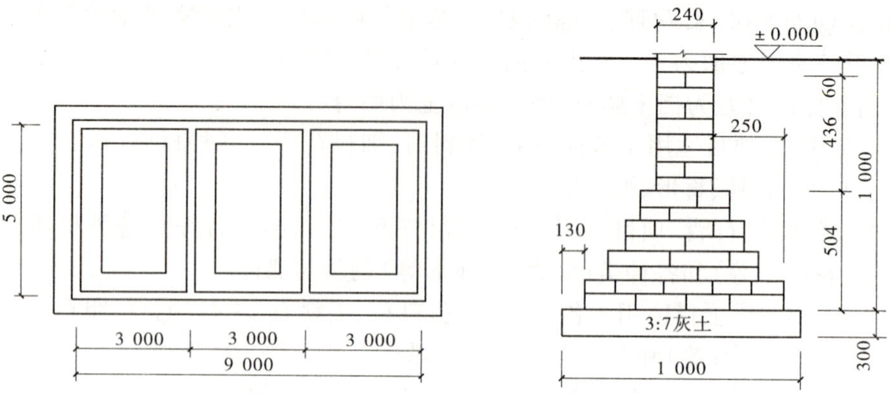

(a)基础平面图　　(b)基础断面图

图 4-7　某工程基础平面图、断面图

(2)基础形式为带形,砖品种、规格为机制标准红砖,砂浆强度等级为 M5.0 水泥砂浆。

(3)工程数量为

$L_{中} = (9+5)\times 2 = 28(\mathrm{m})$,$L_{内} = (5-0.24)\times 2 = 9.52(\mathrm{m})$,$L_{净垫层} = (5-1)\times 2 = 8(\mathrm{m})$

$S_{断} = 1\times 0.24 + 0.25\times(0.504 + 0.504/4) = 0.398(\mathrm{m}^2)$

$V_{砖基础} = (L_{中} + L_{内})\times S_{断} = (28+9.52)\times 0.398 = 14.93(\mathrm{m}^3)$

(4)工程内容为垫层铺设、砌筑、抹防潮层。

将上述结果及相关内容填入"分部分项工程量清单"中,如表 4-25 所示。

表 4-25　分部分项工程量清单

序号	项目编码	项目名称	项目特征	计量单位	工程数量	综合单价	合价
1	010401001001	砖基础	1. 基础形式:带形 2. 砖品种、规格:机制标准红砖 3. 砂浆强度等级:M5.0 水泥砂浆 4. 防潮层:抹防水砂浆 20 mm 厚	m^3	14.93		

2. 编制"砖基础"分部分项工程量清单计价表

综合单价计算:

(1)确定工程内容。该项目发生的工程内容为垫层铺设、砌筑、抹防潮层。

(2)计算工程数量。根据现行山东省建筑工程量计算规则的规定,分别计算工程量清单项目所包含的每项工程内容的工程数量。

铺设 3:7灰土垫层:$(28+8)\times 1\times 0.3 = 10.8(\mathrm{m}^3)$

砌砖基础:$(28+9.52)\times 0.398 = 14.93(\mathrm{m}^3)$

抹防水砂浆防潮层:$(28+9.52)\times 0.24 = 9(\mathrm{m}^2)$

(3)计算单位含量。分别计算工程量清单项目每计量单位应包含的各项工程内容的工程数量。

铺设 3:7灰土垫层:$10.8\div 14.93 = 0.72(\mathrm{m}^3/\mathrm{m}^3)$

砌砖基础：$14.93 \div 14.93 = 1(m^3/m^3)$

抹防水砂浆防潮层：$9 \div 14.93 = 0.6(m^2/m^3)$

(4)选择定额。根据定额中“5.3.1 砖基础”选定额，确定人工、材料、机械台班的消耗量。

铺设3∶7灰土垫层：2－1－1

砌砖基础：3－1－1

抹防水砂浆防潮层：6－2－5

(5)选择单价。人工、材料、机械台班单价选用省信息价或市场价。

(6)计算清单项目每计量单位所含各项工程内容的人工、材料、机械台班价款(按省价目表计算)。

铺设3∶7灰土垫层：

人工费：$23.44 \times 1.05 \times 0.72 = 17.72$(元/$m^3$)

材料费：$66.3 \times 0.72 = 47.74$(元/m^3)

机械费：$1.21 \times 1.05 \times 0.72 = 0.91$(元/$m^3$)

小计：$17.72 + 47.74 + 0.91 = 66.37$(元/$m^3$)

砌砖基础：

人工费：$34.1 \times 1 = 34.1$(元/m^3)

材料费：$132.41 \times 1 = 132.41$(元/m^3)

机械费：$1.73 \times 1 = 1.73$(元/m^3)

小计：$34.1 + 132.41 + 1.73 = 168.24$(元/$m^3$)

抹防水砂浆防潮层：

人工费：$3.02 \times 0.6 = 1.81$(元/m^3)

材料费：$5.73 \times 0.6 = 3.44$(元/m^3)

机械费：$0.21 \times 0.6 = 0.13$(元/m^3)

小计：$1.81 + 3.44 + 0.13 = 5.38$(元/$m^3$)

【特别提示】

根据山东省建筑工程消耗量定额的说明，垫层定额是按地面垫层编制的，对条形基础垫层，其人工费、机械费应乘以系数1.05。

(7)计算工程量清单项目每计量单位人工、材料、机械台班价款。

$66.37 + 168.24 + 5.38 = 239.99$(元/$m^3$)

(8)选定费率。根据企业情况确定管理费率和利润率(假定管理费率为5.1%，利润率为3.2%)。

(9)计算综合单价。

建筑工程综合单价 $= 239.99 \times (1 + 5.1\% + 3.2\%) = 259.91$(元/$m^3$)

(10)合价＝综合单价×相应清单项目工程数量 $= 259.91 \times 14.93 = 3\,880.46$(元)

根据清单计价办法的要求，将上述计算结果及相关内容填入“分部分项工程量清单计价表”中，见表4-26。

表 4-26　分部分项工程量清单计价表

序号	项目编码	项目名称	项目特征	计量单位	工程数量	综合单价	合价
1	010401001001	砖基础	1. 基础形式:带形 2. 砖品种、规格:机制标准红砖 3. 砂浆强度等级:M5.0 水泥砂浆 4. 防潮层:抹防水砂浆 20 mm 厚	m^3	14.93	259.91	3 880.46

课题 5　混凝土及钢筋混凝土工程

混凝土及钢筋混凝土在凝固前具有良好的塑性,可制成工程所需要的各种形状的构件,硬化后又具有较高的强度,所以在建筑工程中应用广泛。混凝土及钢筋混凝土构件,按其施工方法可以分为一般混凝土及钢筋混凝土构件、预应力钢筋混凝土构件两种;按其制作地点,可分为现场浇制、现场预制和外购构件三种。

混凝土及钢筋混凝土工程主要包括现浇混凝土基础、现浇混凝土柱、现浇混凝土梁、现浇混凝土墙、现浇混凝土板、现浇混凝土楼梯、现浇混凝土其他构件、后浇带、预制混凝土柱、预制混凝土梁、预制混凝土屋架、预制混凝土板、预制混凝土楼梯、其他预制构件、钢筋工程,以及螺栓、铁件等 16 个分部工程。

1　现浇混凝土基础(编号:010501)

基础工程由垫层和基础两部分组成。

基础是建筑物地面以下的承重构件,它的作用是承受上部结构传下来的荷载,并把这些荷载连同自重一起传给地基。

地基是承受基础所传荷载的土层。地基不是建筑物的组成部分。

基础垫层设置在基础与地基之间,它的主要作用是使基础与地基有良好的接触面,把基础承受的上部荷载均匀地传给地基。

现浇混凝土基础包括垫层、带形基础、独立基础、满堂基础、桩承台基础及设备基础等 6 个分项工程。

现浇混凝土基础工程量清单项目设置、项目特征描述的内容、计量单位及工程量计算规则,应按表 4-27 的规定执行。

表 4-27　现浇混凝土基础(编号:010501)

<table>
<tr><th>项目编码</th><th>项目名称</th><th>项目特征</th><th>计量单位</th><th>工程量计算规则</th><th>工作内容</th></tr>
<tr><td>010501001</td><td>垫层</td><td rowspan="5">1. 混凝土种类
2. 混凝土强度等级</td><td rowspan="6">m^3</td><td rowspan="6">按设计图示尺寸以体积计算。不扣除伸入承台基础的桩头所占体积</td><td rowspan="6">1. 模板及支撑制作、安装、拆除、堆放、运输及清理模内杂物、刷隔离剂等
2. 混凝土制作、运输、浇筑、振捣、养护</td></tr>
<tr><td>010501002</td><td>带形基础</td></tr>
<tr><td>010501003</td><td>独立基础</td></tr>
<tr><td>010501004</td><td>满堂基础</td></tr>
<tr><td>010501005</td><td>桩承台基础</td></tr>
<tr><td>010501006</td><td>设备基础</td><td>1. 混凝土种类
2. 混凝土强度等级
3. 灌浆材料、灌浆材料强度等级</td></tr>
</table>

注意:(1)有肋带形基础、无肋带形基础应按混凝土及钢筋混凝土中的钢筋混凝土基础中相关项目分别编码列项,并注明肋高。

(2)箱式满堂基础中柱、梁、墙、板按混凝土及钢筋混凝土中的混凝土及钢筋混凝土柱、梁、墙、板中相关项目分别编码列项;箱式满堂基础底板按表 4-27 中的满堂基础项目列项。

(3)框架式设备基础中柱、梁、墙、板分别按混凝土及钢筋混凝土中的混凝土及钢筋混凝土柱、梁、墙、板中相关项目编码列项;基础部分按混凝土及钢筋混凝土中的钢筋混凝土基础中相关项目编码列项。

(4)如为毛石混凝土基础,项目特征应描述毛石所占比例。

1.1　垫层

混凝土基础与垫层的划分,应以图纸说明为准。如图纸不明确,按设计混凝土直接与土体接触的单层长方形断面为垫层,其余为无筋混凝土带形基础或无筋混凝土独立基础。混凝土垫层施工方便、坚固耐久,但造价比较高。

基础垫层工程量,按设计图示尺寸以体积计算。

带形基础垫层工程量按下式计算:

$$工程量 = 垫层长度 \times 垫层断面面积$$

式中,垫层长度,外墙按外墙中心线(注意偏轴线时,应把轴线移至中心线位置)长度计算,内墙按墙基础垫层的净长线计算。凸出部分的体积并入垫层工程量内计算。

在实际工程中,由于土质等因素基础需局部加深时,基础下垫层的底标高不在同一标高处,必然出现垫层搭接,应将由于搭接增加的工程量并入垫层工程量内计算。

1.2　现浇混凝土基础

混凝土及钢筋混凝土基础具有承载力大、整体性好、坚固、耐久、不怕水等优点。一般结构复杂、地下水位高及高层建筑等工程,经常采用这种基础。

常见的混凝土基础形式有带形基础、独立基础、满堂基础、箱形基础、桩承台基础、设备基础等。在混凝土基础中设计配置钢筋时,便成为钢筋混凝土基础。

现浇混凝土基础工程量,均按体积以“m^3”计算。其体积按设计图示尺寸计算,不扣除构件内钢筋、预埋铁件和伸入承台的桩头所占体积。

1.2.1 带形基础

带形基础又称条形基础,其外形呈长条状,断面形式一般有梯形、阶梯形和矩形等,常用于房屋上部荷载较大、地基承载能力较差的混合结构房屋墙下基础。

凡带形基础上部有梁的几何特征,均属于有梁带形基础,如图 4-8 所示。

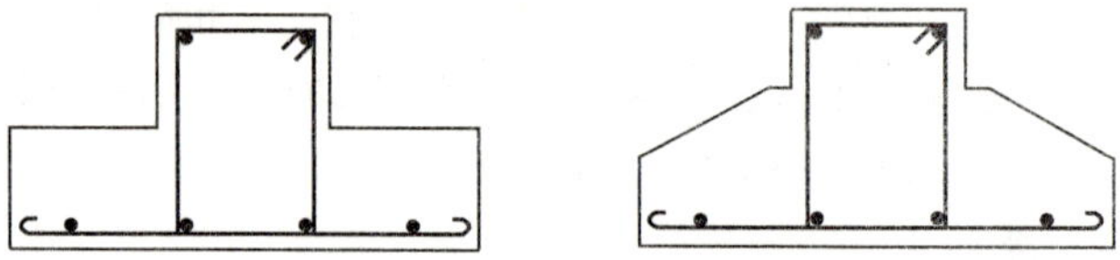

图 4-8 有梁式带形基础断面

凡带形基础上部没有梁的几何特征,均属于无梁带形基础,如图 4-9 所示。

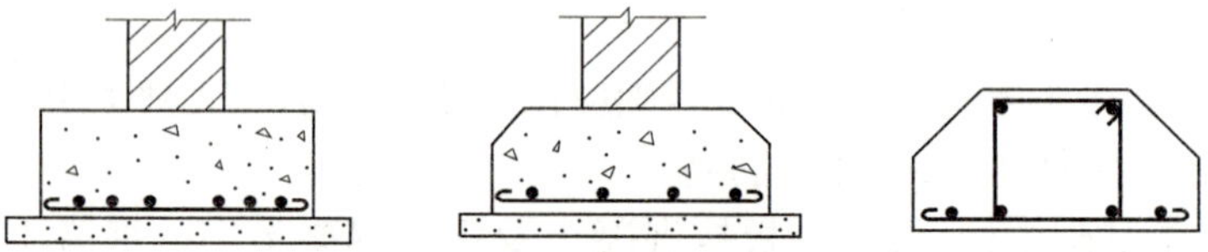

图 4-9 无梁式带形基础断面

凡设计采用毛石混凝土的带形基础,不论其断面形式如何,均属于毛石混凝土带形基础。

有梁式带形基础与无梁式带形基础,主要根据几何形状来区分,不以钢筋的布置不同区分。这主要是因为在有梁式与无梁式混凝土带形基础中,混凝土的综合单价含量基本相等,模板的含量差别较大。

1.2.2 独立基础

独立基础常用于框架柱下,是柱子基础的主要形式,其特点是柱子和基础整浇为一体。常见的形式有阶梯形和四棱锥台形两种,如图 4-10 所示。

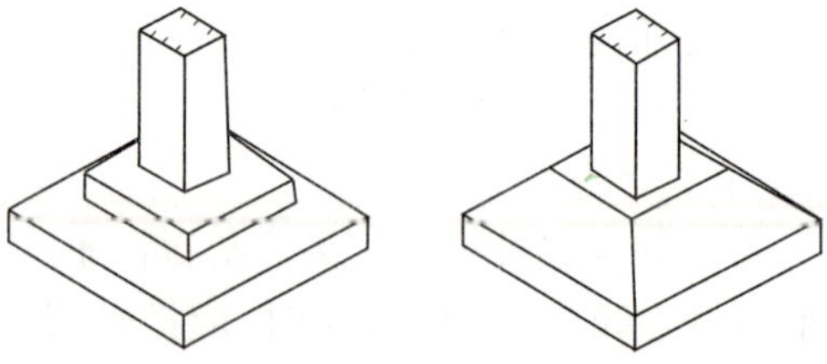

(a)阶梯形 (b)四棱锥台形

图 4-10 独立基础

1.2.2.1 独立基础与柱子的划分

独立基础与柱子以柱基上表面为分界线,以上为柱子,以下为独立基础,如图 4-11 所示。

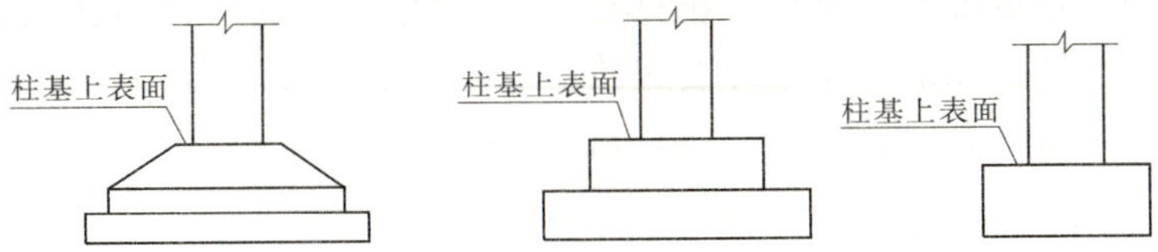

图 4-11 基础与柱子划分示意图

1.2.2.2 独立基础与带形基础的划分

当一个基础上只承受一根柱子的荷载时,按独立基础计算。

当地基条件较差,为提高建筑物的整体性以避免各个柱子之间产生不均匀沉降时,可将相邻柱子的独立基础在一个方向上连接起来形成带形基础。对于这种情况,在编制预算时,相邻两个独立柱之间的带形基础,当宽度小于独立柱基的宽度时,柱基可执行独立基础子目;如柱基与带基等宽,则全部执行独立基础子目;否则,执行带形基础子目。3 根及以上柱与基础连成一整体时,应按带形基础计算。

独立基础的底面积超过 40 m^2 及带形基础宽度超过 3 m 时,执行满堂基础子目。

1.2.3 满堂基础

当独立基础、带形基础不能满足设计要求时,将基础连成一个整体,称为满堂基础(又称筏板基础)。这种基础适用于设有地下室或软弱地基及有特殊要求的建筑,满堂基础分有梁式满堂基础和无梁式满堂基础两种。

1.2.3.1 有梁式满堂基础与无梁式满堂基础的区分

(1)有梁式满堂基础是指带有凸出板面的梁的满堂基础,如图 4-12 所示。若带有镶入板内的暗梁,应按无梁式满堂基础计算。

(2)无梁式满堂基础是指无凸出板面的梁(包括镶入板内的暗梁)的满堂基础,如图 4-13所示。无梁式满堂基础形似倒置的无梁楼盖。

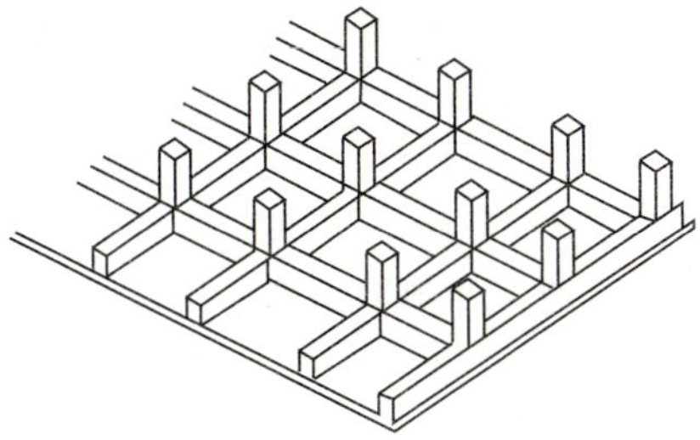

图 4-12 有梁式满堂基础

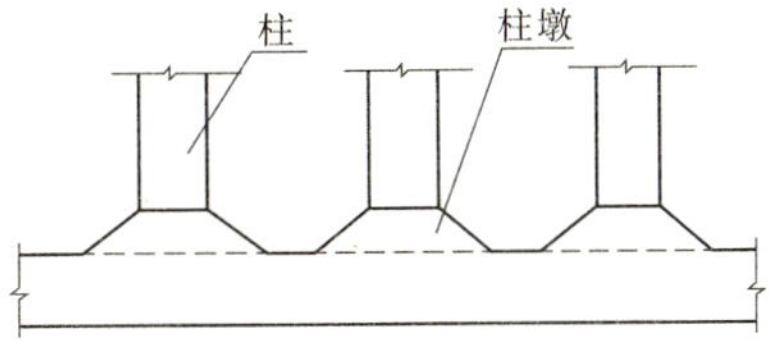

图 4-13 无梁式满堂基础

1.2.3.2 满堂基础工程量计算

(1)有梁式满堂基础工程量按图示尺寸梁板体积之和以“m^3”计算。有梁式满堂基础与柱子的划分:以梁的上表面为界,梁的体积并入有梁式满堂基础计算。

(2)无梁式满堂基础工程量按图示尺寸以“m^3”计算。边肋体积并入基础工程量内计算。无梁式满堂基础与柱子的划分:以板的上表面为界,柱墩体积并入柱内计算。

1.2.4 桩承台基础

桩承台是在已打完的桩顶上,将桩顶部的混凝土剔凿掉,露出钢筋,浇灌混凝土,使之与桩顶连成一体的钢筋混凝土基础。根据桩承台的结构形式分为独立桩承台和带形桩承台两种。满堂桩承台套用满堂基础综合单价。

桩承台工程量,按图示桩承台尺寸以“m^3”计算。

1.2.5　设备基础

为安装锅炉、机械或设备等所做的基础称为设备基础。

设备基础工程量,按设备基础图示尺寸以“m^3”计算,不扣除螺栓套孔洞所占的体积。

2　现浇混凝土柱(编号:010502)

现浇混凝土柱包括矩形柱、构造柱及异形柱等3个分项工程。

现浇混凝土柱工程量清单项目设置、项目特征描述的内容、计量单位及工程量计算规则,应按表4-28的规定执行。

表4-28　现浇混凝土柱(编号:010502)

项目编码	项目名称	项目特征	计量单位	工程量计算规则	工作内容
010502001	矩形柱	1. 混凝土种类 2. 混凝土强度等级	m^3	按设计图示尺寸以体积计算。 柱高: 1. 有梁板的柱高,应以自柱基上表面(或楼板上表面)至上一层楼板上表面之间的高度计算 2. 无梁板的柱高,应以自柱基上表面(或楼板上表面)至柱帽下表面之间的高度计算 3. 框架柱的柱高:应以自柱基上表面至柱顶的高度计算 4. 构造柱按全高计算,嵌接墙体部分(马牙槎)并入柱身体积 5. 依附柱上的牛腿和升板的柱帽,并入柱身体积计算	1. 模板及支架(撑)制作、安装、拆除、堆放、运输及清理模内杂物、刷隔离剂等 2. 混凝土制作、运输、浇筑、振捣、养护
010502002	构造柱				
010502003	异形柱	1. 柱形状 2. 混凝土种类 3. 混凝土强度等级			

注意:混凝土种类指清水混凝土、彩色混凝土等,如在同一地区既使用预拌(商品)混凝土,又允许现场搅拌混凝土,也应注明(下同)。

柱工程量，按设计图示尺寸以体积计算，即按设计柱断面面积乘以柱高计算。依附柱上的牛腿和升板的柱帽的体积并入柱身体积计算。不扣除构件内钢筋、预埋铁件所占体积。

柱工程量 = 设计柱断面面积 × 柱高

2.1　柱高的确定

有梁板的柱高，应自柱基（或楼板）上表面算至上一层楼板上表面，如图 4-14（a）所示。

无梁板的柱高，应自柱基（或楼板）上表面算至柱帽下表面，如图 4-14（b）所示。

框架柱的柱高，应自柱基上表面算至柱顶，如图 4-14（c）所示。

构造柱的柱高，应自柱基（或地圈梁）上表面算至柱顶面；如需分层计算，首层构造柱高应自柱基（或地圈梁）上表面算至上一层圈梁上表面，其他各层为各楼层上、下两道圈梁上表面之间的距离。若构造柱上、下与主、次梁连接，则以上、下主次梁间净高计算柱高，如图 4-14（d）所示。

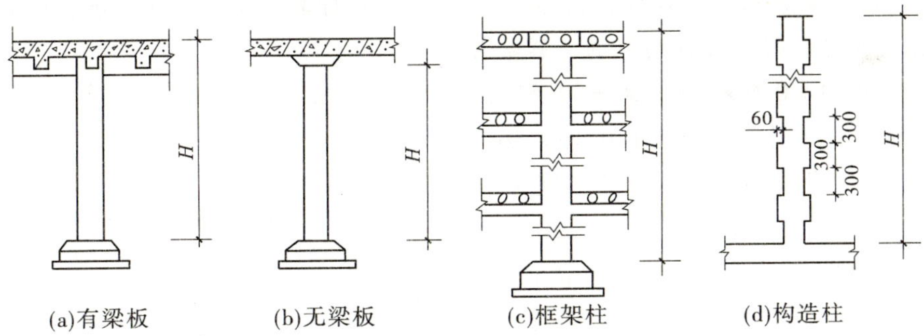

图 4-14　柱高的确定

2.2　断面面积的确定

矩形柱、圆形柱，均以设计图示断面尺寸计算断面面积。

构造柱按设计图示尺寸（包括与砖墙咬接部分在内）计算断面面积。

【例 4-6】　某工程现浇混凝土矩形柱，截面尺寸为 400 mm × 600 mm，柱高为 7.2 m，共 20 根，混凝土强度等级为 C25，全部为搅拌机现场搅拌。要求：

1. 编制“现浇混凝土柱”工程量清单。

2. 编制“现浇混凝土柱”工程量清单计价表。

解　1. 编制“现浇混凝土柱”分部分项工程量清单

（1）该项目编码为 010502001001。

（2）柱种类为矩形柱，断面尺寸为 400 mm × 600 mm，混凝土强度等级为 C25。

（3）工程数量 $=0.4\times0.6\times7.2\times20=34.56(m^3)$。

（4）工程内容为混凝土现场制作、浇筑。

将上述结果及相关内容填入“分部分项工程量清单”中，如表 4-29 所示。

表 4-29　分部分项工程量清单

序号	项目编码	项目名称	项目特征	计量单位	工程数量	综合单价	合价
1	010502001001	矩形柱	1. 柱种类、断面：矩形柱，400 mm×600 mm 2. 混凝土强度等级：C25	m^3	34.56		

2. 编制“现浇混凝土柱”分部分项工程量清单计价表

综合单价计算：

(1)确定工程内容。该项目发生的工程内容为混凝土现场制作、浇筑柱。

(2)计算工程数量。根据现行山东省建筑工程量计算规则的规定，分别计算工程量清单项目所包含的每项工程内容的工程数量。

浇筑柱：$0.4\times0.6\times7.2\times20=34.56(m^3)$

现场制作混凝土：$34.56\times1.0=34.56(m^3)$

(3)计算单位含量。分别计算工程量清单项目每计量单位应包含的各项工程内容的工程数量。

浇筑柱：$34.56\div34.56=1(m^3/m^3)$

现场制作混凝土：$34.56\div34.56=1(m^3/m^3)$

(4)选择定额。根据定额中“5.4.2　现浇混凝土柱”选定额，确定人工、材料、机械台班的消耗量。

浇筑柱：4－2－17

现场制作混凝土：4－4－16

(5)选择单价。人工、材料、机械台班单价选用省信息价或市场价。

(6)计算清单项目每计量单位所含各项工程内容的人工、材料、机械台班价款(按省价目表计算)。

浇筑柱：

人工费：$53.65\times1=53.65$(元/m^3)

材料费：$156.94\times1=156.94$(元/m^3)

机械费：$0.99\times1=0.99$(元/m^3)

小计：$53.65+156.94+0.99=211.58$(元/m^3)

现场制作混凝土：

人工费：$6.41\times1=6.41$(元/m^3)

材料费：$3.11\times1=3.11$(元/m^3)

机械费：$5.97\times1=5.97$(元/m^3)

小计:6.41+3.11+5.97=15.49(元/m^3)

(7)计算工程量清单项目每计量单位人工、材料、机械台班价款。

211.58+15.49=227.07(元/m^3)

(8)选定费率。根据企业情况确定管理费率和利润率(假定管理费率为5.1%,利润率为3.2%)。

(9)计算综合单价。

建筑工程综合单价=227.07×(1+5.1%+3.2%)=245.92(元/m^3)

(10)合价=综合单价×相应清单项目工程数量=245.92×34.56=8 499.00(元)

根据清单计价办法的要求,将上述计算结果及相关内容填入"分部分项工程量清单计价表"中,见表4-30。

表4-30 分部分项工程量清单计价表

序号	项目编码	项目名称	项目特征	计量单位	工程数量	综合单价	合价
1	010502001001	矩形柱	1. 柱种类、断面:矩形柱,400 mm×600 mm 2. 混凝土强度等级:C25	m^3	34.56	245.92	8 499.00

3 现浇混凝土梁(编号:010503)

现浇混凝土梁包括基础梁、矩形梁、异形梁、圈梁、过梁及弧形、拱形梁等6个分项工程。

基础梁,是指直接以独立基础或柱为支点的梁。一般多用于不设条形基础时墙体的承托梁。

异形梁,是指梁截面为T形、十字形、工形,梁上没有现浇板的梁。变截面梁也按异形梁子目执行。

圈梁,是指以墙体为底模板浇筑的梁。包括以墙体为底模浇筑的框架梁、连系梁。

过梁,是指在墙体砌筑过程中,门窗洞口上同步浇筑的梁。

现浇混凝土梁工程量清单项目设置、项目特征描述的内容、计量单位及工程量计算规则,应按表4-31的规定执行。

表 4-31　现浇混凝土梁(编号:010503)

项目编码	项目名称	项目特征	计量单位	工程量计算规则	工作内容
010503001	基础梁	1. 混凝土种类 2. 混凝土强度等级	m^3	按设计图示尺寸以体积计算。伸入墙内的梁头、梁垫并入梁体积内。 梁长: 1. 梁与柱连接时,梁长算至柱侧面 2. 主梁与次梁连接时,次梁长算至主梁侧面	1. 模板及支架(撑)制作、安装、拆除、堆放、运输及清理模内杂物、刷隔离剂等 2. 混凝土制作、运输、浇筑、振捣、养护
010503002	矩形梁				
010503003	异形梁				
010503004	圈梁				
010503005	过梁				
010503006	弧形、拱形梁				

现浇混凝土梁,按设计图示尺寸以体积计算。不扣除构件内钢筋、预埋铁件所占体积。伸入墙内的梁头、梁垫并入梁体积内。

工程量 = 梁长 × 梁设计断面面积

梁长的计算规定:梁与柱连接时,梁长算至柱侧面;主梁与次梁连接时,次梁长算至主梁侧面;圈梁与过梁连接时,过梁应并入圈梁计算;梁与墙交接时,伸入墙内的梁头包括在梁的长度内计算。

4　现浇混凝土墙(编号:010504)

现浇混凝土墙包括直形墙、弧形墙、短肢剪力墙及挡土墙等 4 个分项工程。

现浇混凝土墙工程量清单项目设置、项目特征描述的内容、计量单位及工程量计算规则,应按表 4-32 的规定执行。

表 4-32 现浇混凝土墙(编号:010504)

项目编码	项目名称	项目特征	计量单位	工程量计算规则	工作内容
010504001	直形墙	1. 混凝土类别 2. 混凝土强度等级	m^3	按设计图示尺寸以体积计算。扣除门窗洞口及单个面积＞0.3 m^2 的孔洞所占体积,墙垛及突出墙面部分并入墙体体积计算内	1. 模板及支架(撑)制作、安装、拆除、堆放、运输及清理模内杂物、刷隔离剂等 2. 混凝土制作、运输、浇筑、振捣、养护
010504002	弧形墙				
010504003	短肢剪力墙				
010504004	挡土墙				

注意:(1)墙肢截面的最大长度与厚度之比小于或等于 6 倍的剪力墙,按短肢剪力墙项目列项。

(2)L 形、Y 形、T 形、十字形、Z 形、一字形等短肢剪力墙的单肢中心线长≤0.4 m,按柱项目列项。

5 现浇混凝土板(编号:010505)

现浇混凝土板包括有梁板,无梁板,平板,拱板,薄壳板,栏板,天沟(檐沟)、挑檐板,雨篷、悬挑板、阳台板及其他板等 9 个分项工程。

现浇混凝土板工程量清单项目设置、项目特征描述的内容、计量单位及工程量计算规则,应按表 4-33 的规定执行。

表 4-33 现浇混凝土板(编号:010505)

项目编码	项目名称	项目特征	计量单位	工程量计算规则	工作内容
010505001	有梁板	1. 混凝土种类 2. 混凝土强度等级	m^3	按设计图示尺寸以体积计算。不扣除构件内钢筋、预埋铁件及单个面积≤0.3 m^2 的孔洞所占体积。有梁板(包括主、次梁与板)按梁、板体积之和计算,无梁板按板和柱帽体积之和计算,各类板伸入墙内的板头并入板体积计算,薄壳板的肋、基梁并入薄壳体积内计算	1. 模板及支架(撑)制作、安装、拆除、堆放、运输及清理模内杂物、刷隔离剂等 2. 混凝土制作、运输、浇筑、振捣、养护
010505002	无梁板				
010505003	平板				
010505004	拱板				
010505005	薄壳板				
010505006	栏板				

续表 4-33

项目编码	项目名称	项目特征	计量单位	工程量计算规则	工作内容
010505007	天沟（檐沟）、挑檐板	1. 混凝土种类 2. 混凝土强度等级	m^3	按设计图示尺寸以体积计算	1. 模板及支架（撑）制作、安装、拆除、堆放、运输及清理模内杂物、刷隔离剂等 2. 混凝土制作、运输、浇筑、振捣、养护
010505008	雨篷、悬挑板、阳台板			按设计图示尺寸以墙外部分体积计算。包括伸出墙外的牛腿和雨篷反挑檐的体积	
010505009	其他板			按设计图示尺寸以体积计算	

注意：现浇挑檐、天沟板、雨篷、阳台与板（包括屋面板、楼板）连接时，以外墙外边线为分界线；与圈梁（包括其他梁）连接时，以梁外边线为分界线。外边线以外为挑檐、天沟、雨篷或阳台。

现浇混凝土板工程量按设计图示尺寸以体积计算。不扣除构件内钢筋、预埋铁件及单个面积≤0.3 m^2 的孔洞所占体积。各类板伸入墙内的板头并入板体积内计算。具体规定如下：

（1）有梁板（包括主、次梁与板）按梁、板体积之和计算。

（2）无梁板按板和柱帽体积之和计算，周边带围梁者，并入无梁板工程量内计算。

（3）平板工程量，按板的体积计算。

（4）筒壳、双曲薄壳工程量，按设计图示尺寸计算。薄壳板的肋、基梁并入薄壳体积内计算。

（5）现浇挑檐、天沟板、雨篷、阳台板（包括遮阳板、空调机板）按设计图示尺寸以墙外部分体积计算，包括伸出墙外的牛腿和反挑檐的体积。

（6）预制板间补现浇板缝工程量，按设计板缝宽度乘以板厚计算。

（7）栏板按设计图示尺寸以体积计算，包括伸入墙内部分。楼梯栏板的长度，按设计图示长度。

6 现浇混凝土楼梯（编号：010506）

现浇混凝土楼梯包括直形楼梯及弧形楼梯等 2 个分项工程。

现浇混凝土楼梯工程量清单项目设置、项目特征描述的内容、计量单位及工程量计算规则，应按表 4-34 的规定执行。

表 4-34　现浇混凝土楼梯(编号:010506)

项目编码	项目名称	项目特征	计量单位	工程量计算规则	工作内容
010506001	直形楼梯	1. 混凝土强度等级 2. 混凝土拌和料要求	m^2	按设计图示尺寸以水平投影面积计算。不扣除宽度 < 500 mm 的楼梯井,伸入墙内部分不计算	混凝土制作、运输、浇筑、振捣、养护
010506002	弧形楼梯				

注意:整体楼梯(包括直形楼梯、弧形楼梯)水平投影面积包括休息平台、平台梁、斜梁和楼梯的连接梁。当整体楼梯与现浇楼板无梯梁连接时,以楼梯的最后一个踏步边缘加 300 mm 为界。

7　现浇混凝土其他构件(编号:010507)

现浇混凝土其他构件包括散水、坡道,室外地坪,电缆沟、地沟,台阶,扶手、压顶,化粪池、检查井及其他构件等 7 个分项工程。

现浇混凝土其他构件工程量清单项目设置、项目特征描述的内容、计量单位及工程量计算规则,应按表 4-35 的规定执行。

表 4-35　现浇混凝土其他构件(编号:010507)

项目编码	项目名称	项目特征	计量单位	工程量计算规则	工作内容
010507001	散水、坡道	1. 垫层材料种类、厚度 2. 面层厚度 3. 混凝土种类 4. 混凝土强度等级 5. 变形缝填塞材料种类	m^2	按设计图示尺寸以水平投影面积计算。不扣除单个面积 ≤ 0.3 m^2 的孔洞所占面积	1. 地基夯实 2. 铺设垫层 3. 模板及支撑制作、安装、拆除、堆放、运输及清理模内杂物、刷隔离剂等 4. 混凝土制作、运输、浇筑、振捣、养护 5. 变形缝填塞
010507002	室外地坪	1. 地坪厚度 2. 混凝土强度等级			

续表4-35

<table>
<tr><th>项目编码</th><th>项目名称</th><th>项目特征</th><th>计量单位</th><th>工程量计算规则</th><th>工作内容</th></tr>
<tr><td>010507003</td><td>电缆沟、地沟</td><td>1. 土壤类别
2. 沟截面净空尺寸
3. 垫层材料种类、厚度
4. 混凝土种类
5. 混凝土强度等级
6. 防护材料种类</td><td>m</td><td>按设计图示以中心线长计算</td><td>1. 挖填、运土石方
2. 铺设垫层
3. 模板及支撑制作、安装、拆除、堆放、运输及清理模内杂物、刷隔离剂等
4. 混凝土制作、运输、浇筑、振捣、养护
5. 刷防护材料</td></tr>
<tr><td>010507004</td><td>台阶</td><td>1. 踏步高宽比
2. 混凝土种类
3. 混凝土强度等级</td><td>1. m^2
2. m^3</td><td>1. 以 m^2 计量，按设计图示尺寸水平投影面积计算
2. 以 m^3 计量，按设计图示尺寸以体积计算</td><td rowspan="4">1. 模板及支架（撑）制作、安装、拆除、堆放、运输及清理模内杂物、刷隔离剂等
2. 混凝土制作、运输、浇筑、振捣、养护</td></tr>
<tr><td>010507005</td><td>扶手、压顶</td><td>1. 断面尺寸
2. 混凝土种类
3. 混凝土强度等级</td><td>1. m
2. m^3</td><td>1. 以m计量，按设计图示的延长米计算
2. 以 m^3 计量，按设计图示尺寸以体积计算</td></tr>
<tr><td>010507006</td><td>化粪池、检查井</td><td>1. 部位
2. 混凝土强度等级
3. 防水、抗渗要求</td><td>1. m^3
2. 座</td><td rowspan="2">1. 按设计图示尺寸以体积计算
2. 以座计算，按设计图示数量计算</td></tr>
<tr><td>010507007</td><td>其他构件</td><td>1. 构件的类型
2. 构件规格
3. 部位
4. 混凝土种类
5. 混凝土强度等级</td><td>m^3</td></tr>
</table>

注意：(1)现浇混凝土小型池槽、垫块、门框等，应按现浇混凝土其他构件中的其他构件项目编码列项。

(2)架空式混凝土台阶，按现浇楼梯计算。

现浇混凝土其他构件工程量的计算方法如下：

(1)门框、压顶按设计图示尺寸以体积计算。

(2)栏杆、扶手按设计图示尺寸以净长度计算,伸入墙内的长度已综合在定额内。

(3)台阶按设计图示尺寸以水平投影面积计算,如台阶与平台连接,其分界线应以最上层踏步外沿加 300 mm 计算。

(4)零星构件按设计图示尺寸以实际体积计算。

【例 4-7】 某现浇混凝土台阶平面图如图 4-15 所示,试计算台阶混凝土工程量。

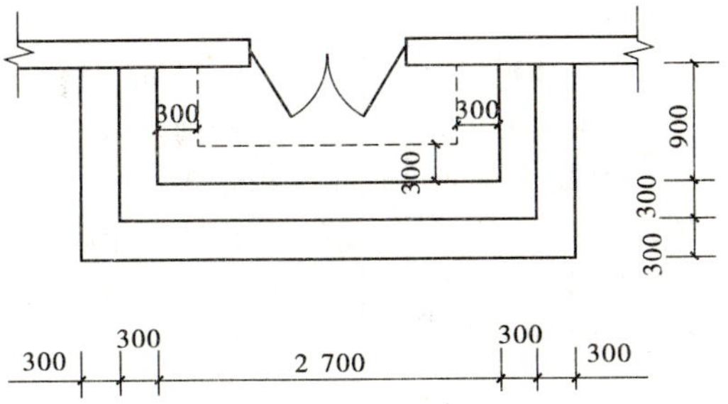

图 4-15 台阶平面

解 由图可知,台阶与平台相连,则台阶应算至最上一层踏步外沿加 300 mm,如图中虚线所示,故台阶工程量为

$$S=(2.7+0.3\times4)\times(0.9+0.3\times2)-(2.7-0.3\times2)\times(0.9-0.3)=4.59(m^2)$$

8 后浇带(编号:010508)

后浇带仅包括后浇带 1 个分项工程。

后浇带工程量清单项目设置、项目特征描述的内容、计量单位及工程量计算规则,应按表 4-36 的规定执行。

表 4-36 后浇带(编号:010508)

项目编码	项目名称	项目特征	计量单位	工程量计算规则	工作内容
010508001	后浇带	1. 混凝土种类 2. 混凝土强度等级	m^3	按设计图示尺寸以体积计算	1. 模板及支架(撑)制作、安装、拆除、堆放、运输及清理模内杂物、刷隔离剂等 2. 混凝土制作、运输、浇筑、振捣、养护及混凝土交接面、钢筋等的清理

9 预制混凝土柱(编号:010509)

预制混凝土柱包括矩形柱及异形柱 2 个分项工程。

预制混凝土柱工程量清单项目设置、项目特征描述的内容、计量单位及工程量计算规则，应按表4-37的规定执行。

表4-37　预制混凝土柱(编号:010509)

项目编码	项目名称	项目特征	计量单位	工程量计算规则	工作内容
010509001	矩形柱	1. 图代号 2. 单件体积 3. 安装高度 4. 混凝土强度等级 5. 砂浆(细石混凝土)强度等级、配合比	1. m^3 2. 根	1. 以 m^3 计量，按设计图示尺寸以体积计算 2. 以根计量，按设计图示尺寸以数量计算	1. 构件安装、运输 2. 砂浆制作、运输 3. 接头灌缝、养护 4. 模板制作、安装、拆除、堆放、运输及清理模内杂物、刷隔离剂等 5. 混凝土制作、运输、浇筑、振捣、养护
010509002	异形柱				

注意：以根计量的预制混凝土柱，必须描述单件体积。

10　预制混凝土梁(编号:010510)

预制混凝土梁包括矩形梁、异形梁、过梁、拱形梁、鱼腹式吊车梁及其他梁等6个分项工程。

预制混凝土梁工程量清单项目设置、项目特征描述的内容、计量单位及工程量计算规则，应按表4-38的规定执行。

表4-38　预制混凝土梁(编号:010510)

项目编码	项目名称	项目特征	计量单位	工程量计算规则	工作内容
010510001	矩形梁	1. 图代号 2. 单件体积 3. 安装高度 4. 混凝土强度等级 5. 砂浆(细石混凝土)强度等级、配合比	1. m^3 2. 根	1. 以 m^3 计量，按设计图示尺寸以体积计算 2. 以根计量，按设计图示尺寸以数量计算	1. 模板制作、安装、拆除、堆放、运输及清理模内杂物、刷隔离剂等 2. 混凝土制作、运输、浇筑、振捣、养护 3. 构件运输、安装 4. 砂浆制作、运输 5. 接头灌缝、养护
010510002	异形梁				
010510003	过梁				
010510004	拱形梁				
010510005	鱼腹式吊车梁				
010510006	其他梁				

注意:以根计量的预制混凝土梁,必须描述单件体积。

11 预制混凝土屋架(编号:010511)

预制混凝土屋架包括折线形屋架、组合屋架、薄腹屋架、门式刚架屋架及天窗架屋架等5个分项工程。

预制混凝土屋架工程量清单项目设置、项目特征描述的内容、计量单位及工程量计算规则,应按表4-39的规定执行。

表4-39 预制混凝土屋架(编号:010511)

项目编码	项目名称	项目特征	计量单位	工程量计算规则	工作内容
010511001	折线形屋架	1.图代号 2.单件体积 3.安装高度 4.混凝土强度等级 5.砂浆(细石混凝土)强度等级、配合比	1. m^3 2.榀	1.以 m^3 计量,按设计图示尺寸以体积计算 2.以榀计量,按设计图示尺寸以数量计算	1.模板制作、安装、拆除、堆放、运输及清理模内杂物、刷隔离剂等 2.混凝土制作、运输、浇筑、振捣、养护 3.构件运输、安装 4.砂浆制作、运输 5.接头灌缝、养护
010511002	组合屋架				
010511003	薄腹屋架				
010511004	门式刚架屋架				
010511005	天窗架屋架				

注意:(1)以榀计量,必须描述单件体积。

(2)三角形屋架应按折线形屋架项目编码列项。

12 预制混凝土板(编号:010512)

预制混凝土板包括平板、空心板、槽形板、网架板、折线板、带肋板、大型板及沟盖板、井盖板、井圈等8个分项工程。

预制混凝土板工程量清单项目设置、项目特征描述的内容、计量单位及工程量计算规则,应按表4-40的规定执行。

表 4-40　预制混凝土板(编号:010512)

项目编码	项目名称	项目特征	计量单位	工程量计算规则	工作内容
010512001	平板	1. 图代号 2. 单件体积 3. 安装高度 4. 混凝土强度等级 5. 砂浆(细石混凝土)强度等级、配合比	1. m^3 2. 块	1. 以 m^3 计量,按设计图示尺寸以体积计算。不扣除单个面积≤300 mm×300 mm 的孔洞所占体积 2. 以块计量,按设计图示尺寸以数量计算	1. 模板制作、安装、拆除、堆放、运输及清理模内杂物、刷隔离剂等 2. 混凝土制作、运输、浇筑、振捣、养护 3. 构件运输、安装 4. 砂浆制作、运输 5. 接头灌缝、养护
010512002	空心板				
010512003	槽形板				
010512004	网架板				
010512005	折线板				
010512006	带肋板				
010512007	大型板				
010512008	沟盖板、井盖板、井圈	1. 单件体积 2. 安装高度 3. 混凝土强度等级 4. 砂浆强度等级、配合比	1. m^3 2. 块(套)	1. 以 m^3 计量,按设计图示尺寸以体积计算 2. 以块(套)计量,按设计图示尺寸以“数量”计算	

注意:(1)以块、套计量的预制混凝土板,必须描述单件体积。

(2)不带肋的预制遮阳板、雨篷板、挑檐板、栏板等,应按平板项目编码列项。

(3)预制 F 形板、双 T 形板、单肋板和带反挑檐的雨篷板、挑檐板、遮阳板等,应按带肋板项目编码列项。

(4)预制大型墙板、大型楼板、大型屋面板等,应按大型板项目编码列项。

13　预制混凝土楼梯(编号:010513)

预制混凝土楼梯仅包括楼梯 1 个分项工程。

预制混凝土楼梯工程量清单项目设置、项目特征描述的内容、计量单位及工程量计算规则,应按表 4-41 的规定执行。

表 4-41 预制混凝土楼梯(编号:010513)

项目编码	项目名称	项目特征	计量单位	工程量计算规则	工作内容
010513001	楼梯	1. 楼梯类型 2. 单件体积 3. 混凝土强度等级 4. 砂浆(细石混凝土)强度等级	1. m^3 2. 段	1. 以 m^3 计量,按设计图示尺寸以体积计算。扣除空心踏步板孔洞体积 2. 以段计量,按设计图示数量计算	1. 模板制作、安装、拆除、堆放、运输及清理模内杂物、刷隔离剂等 2. 混凝土制作、运输、浇筑、振捣、养护 3. 构件运输、安装 4. 砂浆制作、运输 5. 接头灌缝、养护

注意:预制混凝土楼梯以段计量,必须描述单件体积。

14 其他预制构件(编号:010514)

其他预制构件包括垃圾道、通风道、烟道,其他构件等两个分项工程。

其他预制构件工程量清单项目设置、项目特征描述的内容、计量单位及工程量计算规则,应按表 4-42 的规定执行。

表 4-42 其他预制构件(编号:010514)

项目编码	项目名称	项目特征	计量单位	工程量计算规则	工作内容
010514001	垃圾道、通风道、烟道	1. 单件体积 2. 混凝土强度等级 3. 砂浆强度等级	1. m^3 2. m^2 3. 根(块、套)	1. 以 m^3 计量,按设计图示尺寸以体积计算。不扣除单个面积≤300 mm×300 mm 的孔洞所占体积,扣除烟道、垃圾道、通风道的孔洞所占体积 2. 以 m^2 计量,按设计图示尺寸以面积计算。不扣除单个面积≤300 mm×300 mm 的孔洞所占面积 3. 以根计量,按设计图示尺寸以数量计算	1. 模板制作、安装、拆除、堆放、运输及清理模内杂物、刷隔离剂等 2. 混凝土制作、运输、浇筑、振捣、养护 3. 构件运输、安装 4. 砂浆制作、运输 5. 接头灌缝、养护
010514002	其他构件	1. 单件体积 2. 构件的类型 3. 混凝土强度等级 4. 砂浆强度等级			

注意:(1)以块、根计量的其他预制构件,必须描述单件体积。

(2)预制钢筋混凝土小型池槽、压顶、扶手、垫块、隔热板、花格等,按表4-42中其他构件项目编码列项。

15 钢筋工程(编号:010515)

15.1 钢筋的基本知识

15.1.1 混凝土保护层

为了防止钢筋锈蚀,钢筋混凝土中有一定厚度的保护层。混凝土保护层,是指从钢筋外边缘至构件外表面之间的距离。最小保护层应符合设计图纸中的要求。

现行国家标准《混凝土结构设计规范》(GB 50010—2010)规定:纵向受力的普通钢筋及预应力钢筋,其混凝土保护层厚度不应小于受力钢筋直径,并符合表4-43的规定。环境类别划分见表4-44。

表4-43 纵向受力钢筋的混凝土最小保护层厚度 (单位:mm)

环境类别		板、墙、壳			梁			柱		
		≤C20	C25~C45	≥C50	≤C20	C25~C45	≥C50	≤C20	C25~C45	≥C50
一		20	15	15	30	25	25	30	30	30
二	a	—	20	20	—	30	30	—	30	30
	b	—	25	20	—	35	30	—	35	30
三		—	30	25	—	40	35	—	40	35

表4-44 混凝土结构的环境类别

环境类别		条件
一		室内正常环境
二	a	室内潮湿环境;非严寒和非寒冷地区的露天环境;与无侵蚀性的水或土壤直接接触的环境
	b	严寒和寒冷地区的露天环境;与无侵蚀性的水或土壤直接接触的环境
三		使用除冰盐的环境;严寒和寒冷地区冬季水位变动的环境;滨海室外环境

15.1.2 钢筋的锚固

为满足受力需要,钢筋埋入支座必须有足够的长度,此长度称为钢筋的锚固长度,用l_a(l_{aE})表示。锚固长度应按实际设计及表4-45的规定确定。

表 4-45 受拉钢筋最小锚固长度 l_a （单位:mm）

钢筋种类		混凝土强度等级									
		C20		C25		C30		C35		≥C40	
		$d \leq 25$	$d > 25$	$d \leq 25$	$d > 25$	$d \leq 25$	$d > 25$	$d \leq 25$	$d > 25$	$d \leq 25$	$d > 25$
HPB235	普通钢筋	$31d$	$31d$	$27d$	$27d$	$24d$	$24d$	$22d$	$22d$	$20d$	$20d$
HRB335	普通钢筋	$39d$	$42d$	$34d$	$37d$	$30d$	$33d$	$27d$	$30d$	$25d$	$27d$
RRB400	普通钢筋	$46d$	$51d$	$40d$	$44d$	$36d$	$39d$	$33d$	$36d$	$30d$	$33d$

注:d 为钢筋直径。

15.1.3 钢筋的搭接长度

钢筋的接头宜设置在受力较小处。同一纵向受力钢筋不宜设置两个或两个以上接头。

同一连接区段内,纵向受拉钢筋搭接接头面积百分率应符合设计要求;当设计无具体要求时,应符合下列规定:梁类、板类及墙类构件,不宜大于25%;柱类构件,不宜大于50%;当工程中确定有必要增大接头面积百分率时,对梁类构件,不应大于50%;对其他构件,可根据实际情况放宽。

设计规定搭接长度的按设计规定计算,设计未规定的可按表4-46和表4-47取值。

表 4-46 纵向受拉钢筋绑扎搭接长度 l_{lE}、l_l

抗震	非抗震	
$l_{lE} = \zeta l_{aE}$	$l_l = \zeta l_a$	1. 当不同直径的钢筋搭接时,其 l_{lE}、l_l 值按较小直径计算 2. 在任何情况下,l_l 不得小于300 mm 3. 式中 ζ 为搭接长度修正系数

表 4-47 纵向受拉钢筋搭接长度修正系数 ζ

纵向受拉钢筋搭接接头面积百分率(%)	≤25	50	100
ζ	1.2	1.4	1.6

15.1.4 受力钢筋的弯钩

15.1.4.1 直钢筋端部弯钩增加量

直钢筋端部180°弯钩增加量为6.25d(d 为钢筋直径),直钢筋端部135°弯钩增加量为7.89d,直钢筋端部90°弯钩增加量为 $L+3.5d$(L 为弯折平直段长度)。

15.1.4.2 箍筋端部弯钩增加量

箍筋端部180°弯钩(S形单支箍用)增加量为8.25d,箍筋端部135°弯钩增加量为

12.89d,箍筋端部90°弯钩增加量为6.21d。

15.1.5 弯起钢筋增加长度

弯起钢筋主要在梁和板中,其弯起角α由设计确定。当设计无明确规定时,弯起角按以下规定计算:板按30°;梁高800 mm以内者,按45°,梁高大于800 mm者,按60°。

计算弯起钢筋设计长度时,需计算出弯起段长度与其水平投影长度的差额(弯起增加量)ΔL。

当$\alpha=30°$时,$\Delta L=0.268h$;当$\alpha=45°$时,$\Delta L=0.414h$;当$\alpha=60°$时,$\Delta L=0.577h$。其中,h为梁高或板厚扣减混凝土保护层。

15.2 钢筋工程工程量计算

15.2.1 一般钢筋

一般钢筋工程量按设计图示钢筋(网)长度(面积)乘以单位理论质量计算。

根据设计要求和钢筋定尺长度必须计算的搭接用量应合并计算在内。在编制标底或预算时,设计未明确要求钢筋采用机械接头(含其他接头)或对焊时,钢筋的搭接可按以下规定计算:

(1)柱子主筋和剪力墙竖向钢筋按建筑物层数计算搭接。

(2)梁板非盘圆钢筋按每8 m计算一次搭接。

15.2.2 预应力钢筋(钢丝束、钢绞线)

预应力钢筋(钢丝束、钢绞线)工程量按设计图示钢筋(钢丝束、钢绞线)长度乘以单位理论质量计算。应注意:

(1)低合金钢筋两端均采用螺杆锚具时,钢筋长度按孔道长度减去0.35 m计算,螺杆另行计算。

(2)低合金钢筋一端采用墩头插片,另一端采用螺杆锚具时,钢筋长度按孔道尺寸长度计算,螺杆另行计算。

(3)低合金钢筋一端采用墩头插片,另一端采用帮条锚具时,钢筋长度按孔道长度增加0.15 m计算;两端均采用帮条锚具时,钢筋长度按孔道长度增加0.3 m计算。

(4)低合金钢筋采用后张混凝土时,钢筋长度按孔道长度增加0.35 m计算。

(5)低合金钢筋(钢绞线)采用JM、XM、QM型锚具、孔道长度在20 m以内时,钢筋(钢绞线)长度按孔道长度增加1 m计算;孔道长度在20 m以上时,钢筋(钢绞线)长度按孔道长度增加1.8 m计算。

(6)碳素钢丝采用锥形锚具、孔道长度在20 m以内时,钢丝束长度按孔道长度增加1 m计算;孔道长度在20 m以上时,钢丝束长度按孔道长度增加1.8 m计算。

(7)碳素钢丝采用墩头锚具时,钢丝束长度按孔道长度增加0.35 m计算。

15.2.3 钢筋接头

钢筋电渣压力焊接接头、锥螺纹接头、电弧焊焊接接头等均按设计要求需配置的数量计算。计算方法如下:

(1)设计要求柱子主筋、剪力墙竖向钢筋采用机械接头时,可按建筑物层数计算接头数量。

(2)设计要求梁、板水平钢筋采用机械接头的,非盘圆钢筋按每8 m计算1个接头。

(3)凡计算钢筋接头的,均不计算钢筋搭接长度。

(4)焊接封闭箍筋按设计要求需要配置的数量计算。

15.2.4 钢筋工程量计算公式

$$钢筋工程量=\sum 单根钢筋长度\times 根数(或箍数)\times 每米理论质量$$

15.2.4.1 单根直钢筋长度计算公式

$$钢筋长度=构件长度-2\times 端部保护层厚度+2\times 端部弯钩增加长度$$

当端部设计带有弯折时,按设计要求增加弯折长度。

当钢筋中部设计有接头时,还应另外增加搭接长度。

当直钢筋不是沿构件通长布置时,其钢筋长度应按设计图示长度另增加弯钩、搭接等长度计算。

15.2.4.2 单根弯起钢筋长度计算公式

$$钢筋长度=构件长度-2\times 端部保护层厚度+2\times 弯起增加长度$$

弯起钢筋增加长度的计算同直钢筋,当设计带有弯钩时,还应另外增加其增加长度。

15.2.4.3 箍筋计算公式

(1)双肢箍。

$$每箍长度=构件周长-8\times 混凝土保护层厚度+2\times 弯钩增加长度$$

实际工作中,双肢箍长度可按构件周长计算,既不加弯钩长度,也不减混凝土保护层厚度。

(2)S形单肢箍筋。

$$每箍长度=构件厚度-2\times 混凝土保护层厚度+2\times 弯钩增加长度+d$$

构件厚度为S形单肢箍布箍方向的厚度,d为箍筋直径。

(3)箍筋根数。

$$箍筋根数=箍筋设置区域长度/箍筋间距+1$$

15.2.4.4 钢筋质量

钢筋每米长的质量可查表,也可按下式计算:

$$钢筋每米理论质量(kg)=0.006\ 165\times d^2$$

式中:d为以mm为单位的钢筋直径。

钢筋工程包括现浇构件钢筋、钢筋网片、钢筋笼、先张法预应力钢筋、后张法预应力钢筋、预应力钢丝、预应力钢绞线、支撑钢筋(铁马)及声测管等9个分项工程。

钢筋工程工程量清单项目设置、项目特征描述的内容、计量单位及工程量计算规则,应按表4-48的规定执行。

表 4-48　钢筋工程(编号:010515)

<table>
<tr><th>项目编码</th><th>项目名称</th><th>项目特征</th><th>计量单位</th><th>工程量计算规则</th><th>工作内容</th></tr>
<tr><td>010515001</td><td>现浇构件钢筋</td><td rowspan="3">钢筋种类、规格</td><td rowspan="7">t</td><td rowspan="3">按设计图示钢筋(网)长度(面积)乘单位理论质量计算。</td><td>1. 钢筋制作、运输
2. 钢筋安装
3. 焊接(绑扎)</td></tr>
<tr><td>010515002</td><td>钢筋网片</td><td>1. 钢筋网制作、运输
2. 钢筋网安装
3. 焊接(绑扎)</td></tr>
<tr><td>010515003</td><td>钢筋笼</td><td>1. 钢筋笼制作、运输
2. 钢筋笼安装
3. 焊接(绑扎)</td></tr>
<tr><td>010515004</td><td>先张法预应力钢筋</td><td>1. 钢筋种类、规格
2. 锚具种类</td><td>按设计图示钢筋长度乘单位理论质量计算</td><td>1. 钢筋制作、运输
2. 钢筋张拉</td></tr>
<tr><td>010515005</td><td>后张法预应力钢筋</td><td rowspan="3">1. 钢筋种类、规格
2. 钢丝种类、规格
3. 钢铰线种类、规格
4. 锚具种类
5. 砂浆强度等级</td><td rowspan="3">按设计图示钢筋(丝束、绞线)长度乘以单位理论质量计算。
1. 低合金钢筋两端均采用螺杆锚具时,钢筋长度按孔道长度减 0.35 m 计算,螺杆另行计算
2. 低合金钢筋一端采用镦头插片、另一端采用螺杆锚具时,钢筋长度按孔道长度计算,螺杆另行计算
3. 低合金钢筋一端采用镦头插片、另一端采用帮条锚具时,钢筋增加 0.15 m 计算;两端均采用帮条锚具时,钢筋长度按孔道长度增加 0.3 m 计算
4. 低合金钢筋采用后张混凝土自锚时,钢筋长度按孔道长度增加 0.35 m 计算
5. 低合金钢筋(钢铰线)采用 JM、XM、QM 型锚具,孔道长度≤20 m 时,钢筋长度增加 1 m 计算,孔道长度>20 m 时,钢筋长度增加 1.8 m 计算
6. 碳素钢丝采用锥形锚具,孔道长度≤20 m 时,钢丝束长度按孔道长度增加 1 m 计算,孔道长度>20 m 时,钢丝束长度按孔道长度增加 1.8 m 计算
7. 碳素钢丝采用镦头锚具时,钢丝束长度按孔道长度增加 0.35 m 计算</td><td rowspan="3">1. 钢筋、钢丝、钢绞线制作、运输
2. 钢筋、钢丝、钢绞线安装
3. 预埋管孔道铺设
4. 锚具安装
5. 砂浆制作、运输
6. 孔道压浆、养护</td></tr>
<tr><td>010515006</td><td>预应力钢丝</td></tr>
<tr><td>010515007</td><td>预应力钢绞线</td></tr>
</table>

续表 4-48

项目编码	项目名称	项目特征	计量单位	工程量计算规则	工作内容
010515008	支撑钢筋（铁马）	1. 钢筋种类 2. 规格	t	按钢筋长度乘单位理论质量计算	钢筋制作、焊接、安装
010515009	声测管	1. 材质 2. 规格型号		按设计图示尺寸质量计算	1. 检测管截断、封头 2. 套管制作、焊接 3. 定位、固定

注意：(1)现浇构件中伸出构件的锚固钢筋应并入钢筋工程量内。除设计（包括规范规定）标明的搭接外，其他施工搭接不计算工程量，在综合单价中综合考虑。

(2)现浇构件中固定位置的支撑钢筋、双层钢筋用的“铁马”在编制工程量清单时，其工程数量可为暂估量，结算时按现场签证数量计算。

16 螺栓、铁件（编号:010516）

螺栓、铁件包括螺栓、预埋铁件、机械连接等3个分项工程。

螺栓、铁件工程量清单项目设置、项目特征描述的内容、计量单位及工程量计算规则，应按表4-49的规定执行。

表 4-49 螺栓、铁件（编号:010516）

项目编码	项目名称	项目特征	计量单位	工程量计算规则	工作内容
010516001	螺栓	1. 螺栓种类 2. 规格	t	按设计图示尺寸以质量计算	1. 螺栓（铁件）制作、运输 2. 螺栓（铁件）安装
010516002	预埋铁件	1. 钢材种类 2. 规格 3. 铁件尺寸			
010516003	机械连接	1. 连接方式 2. 螺纹套筒种类 3. 规格	个	按数量计算	1. 钢筋套丝 2. 套筒连接

注意：编制工程量清单时，其工程数量可为暂估量，实际工程量按现场签证数量计算。

关于本课题其他相关问题应按下列规定处理：预制混凝土构件或预制钢筋混凝土构件，如施工图设计标注“做法见标准图集”，项目特征注明标准图集的编码、页号及节点大样即可。

课题 6　金属结构工程

金属结构工程适用于建筑物及构筑物的金属结构，包括钢网架，钢屋架、钢托架、钢桁架、钢桥架，钢柱，钢梁，钢板楼板、墙板，钢构件及金属制品等 7 个分部工程。

1　钢网架（编号:010601）

钢网架仅包括钢网架 1 个分项工程。

钢网架工程量清单项目设置、项目特征描述的内容、计量单位及工程量计算规则，应按表 4-50 的规定执行。

表 4-50　钢网架（编码:010601）

项目编码	项目名称	项目特征	计量单位	工程量计算规则	工作内容
010601001	钢网架	1. 钢材品种、规格 2. 网架节点形式、连接方式 3. 网架跨度、安装高度 4. 探伤要求 5. 防火要求	t	按设计图示尺寸以质量计算。不扣除孔眼的质量，焊条、铆钉、螺栓等不另增加质量	1. 拼装 2. 安装 3. 探伤 4. 补刷油漆

2　钢屋架、钢托架、钢桁架、钢桥架（编号:010602）

钢屋架、钢托架、钢桁架、钢桥架包括钢屋架、钢托架、钢桁架、钢桥架等 4 个分项工程。

钢屋架、钢托架、钢桁架、钢桥架工程量清单项目设置、项目特征描述的内容、计量单位及工程量计算规则，应按表 4-51 的规定执行。

表 4-51 钢屋架、钢托架、钢桁架、钢桥架(编码:010602)

<table>
<tr><th>项目编码</th><th>项目名称</th><th>项目特征</th><th>计量单位</th><th>工程量计算规则</th><th>工作内容</th></tr>
<tr><td>010602001</td><td>钢屋架</td><td>1. 钢材品种、规格
2. 单榀质量
3. 屋架跨度、安装高度
4. 螺栓种类
5. 探伤要求
6. 防火要求</td><td>1. 榀
2. t</td><td>1. 以榀计量,按设计图示数量计算
2. 以 t 计量,按设计图示尺寸以质量计算。不扣除孔眼的质量,焊条、铆钉、螺栓等不另增加质量</td><td rowspan="4">1. 拼装
2. 安装
3. 探伤
4. 补刷油漆</td></tr>
<tr><td>010602002</td><td>钢托架</td><td rowspan="2">1. 钢材品种、规格
2. 单榀质量
3. 安装高度
4. 螺栓种类
5. 探伤要求
6. 防火要求</td><td rowspan="3">t</td><td rowspan="3">按设计图示尺寸以质量计算。不扣除孔眼的质量,焊条、铆钉、螺栓等不另增加质量</td></tr>
<tr><td>010602003</td><td>钢桁架</td></tr>
<tr><td>010602004</td><td>钢桥架</td><td>1. 桥架类型
2. 钢材品种、规格
3. 单榀质量
4. 安装高度
5. 螺栓种类
6. 探伤要求</td></tr>
</table>

注意:(1)螺栓种类指普通或高强。

(2)以榀计量,按标准图设计的应注明标准图代号,按非标准图设计的项目特征必须描述单榀屋架的质量。

3 钢柱(编号:010603)

钢柱包括实腹钢柱、空腹钢柱及钢管柱等 3 个分项工程。

钢柱工程量清单项目设置、项目特征描述的内容、计量单位及工程量计算规则,应按表 4-52 的规定执行。

表 4-52　钢柱(编码:010603)

<table>
<tr><th>项目编码</th><th>项目名称</th><th>项目特征</th><th>计量单位</th><th>工程量计算规则</th><th>工作内容</th></tr>
<tr><td>010603001</td><td>实腹钢柱</td><td rowspan="2">1. 柱类型
2. 钢材品种、规格
3. 单根柱质量
4. 螺栓种类
5. 探伤要求
6. 防火要求</td><td rowspan="3">t</td><td rowspan="2">按设计图示尺寸以质量计算。不扣除孔眼的质量,焊条、铆钉、螺栓等不另增加质量,依附在钢柱上的牛腿及悬臂梁等并入钢柱工程量内</td><td rowspan="3">1. 拼装
2. 安装
3. 探伤
4. 补刷油漆</td></tr>
<tr><td>010603002</td><td>空腹钢柱</td></tr>
<tr><td>010603003</td><td>钢管柱</td><td>1. 钢材品种、规格
2. 单根柱质量
3. 螺栓种类
4. 探伤要求
5. 防火要求</td><td>按设计图示尺寸以质量计算。不扣除孔眼的质量,焊条、铆钉、螺栓等不另增加质量,钢管柱上的节点板、加强环、内衬管、牛腿等并入钢管柱工程量内</td></tr>
</table>

注意:(1)螺栓种类指普通或高强。

(2)实腹钢柱类型指十字形、T 形、L 形、H 形等。

(3)空腹钢柱类型指箱形、格构式等。

(4)型钢混凝土柱浇筑钢筋混凝土,其混凝土和钢筋应按混凝土及钢筋混凝土工程中相关项目编码列项。

【例 4-8】 某厂房实腹钢柱(主要以 16 mm 厚钢板制作),共 20 根,每根重 3 t,由附属加工厂制作并运输至安装地点,运距为 3 km。要求:

1. 编制"实腹钢柱"工程量清单。

2. 编制"实腹钢柱"工程量清单计价表。

解　1. 编制"实腹钢柱"分部分项工程量清单

(1)该项目编码为 010603001001。

(2)钢材品种、规格:钢板,厚 16 mm。

(3)工程数量 =3 ×20 =60(t)。

(4)工程内容为制作、运输、安装。

将上述结果及相关内容填入“分部分项工程量清单”中，如表4-53所示。

表4-53 分部分项工程量清单

序号	项目编码	项目名称	项目特征	计量单位	工程数量	综合单价	合价
1	010603001001	实腹钢柱	1. 钢材品种、规格：钢板，厚16 mm 2. 单根质量：3 t	t	60		

2. 编制“实腹钢柱”分部分项工程量清单计价表

综合单价计算：

(1) 确定工程内容。该项目发生的工程内容为制作、运输、安装。

(2) 计算工程数量。根据现行山东省建筑工程量计算规则的规定，分别计算工程量清单项目所包含的每项工程内容的工程数量。

由于现行计算规则与清单计算规则一致，因此根据现行计算规则，其制作、安装工程量均为60 t 。

(3) 计算单位含量。分别计算工程量清单项目每计量单位应包含的各项工程内容的工程数量。

制作：$60 \div 60 = 1$ (t/t)

运输：$60 \div 60 = 1$ (t/t)

安装：$60 \div 60 = 1$ (t/t)

(4) 选择定额。根据“5.6.3 钢柱”选定额，确定人工、材料、机械台班的消耗量。

制作：7－1－1

运输：10－3－26

安装：10－3－203

(5) 选择单价。人工、材料、机械台班单价选用省信息价或市场价。

(6) 计算清单项目每计量单位所含各项工程内容的人工、材料、机械台班价款（按省价目表计算）。

制作：

人工费：$305.8 \times 1 = 305.8$ (元/t)

材料费：$3\,185.07 \times 1 = 3\,185.07$ (元/t)

机械费：$1\,227.23 \times 1 = 1\,227.23$ (元/t)

小计：$305.8 + 3\,185.07 + 1\,227.23 = 4\,718.10$ (元/t)

运输：

人工费:4.09 ×1 =4.09(元/t)

材料费:5.05 ×1 =5.05(元/t)

机械费:63.21 ×1 =63.21(元/t)

小计:4.09 +5.05 +63.21 =72.35(元/t)

安装:

人工费:78.76 ×1 =78.76(元/t)

材料费:128.30 ×1 =128.30(元/t)

机械费:扣除垂直运输机械台班费 717.85 ×0.06 =43.07(元/t),即

(72.57 -43.07) ×1 =29.50(元/t)

小计:78.76 +128.30 +29.50 =236.56(元/t)

(7)计算工程量清单项目每计量单位人工、材料、机械台班价款。

4 718.10 +72.35 +236.56 =5 027.01(元/t)

(8)选定费率。根据企业情况确定管理费率和利润率(假定管理费率为 5.1%,利润率为 3.2%)。

(9)计算综合单价。

建筑工程综合单价 =5 027.01 ×(1 +5.1% +3.2%) =5 444.25(元/t)

(10)合价 = 综合单价 × 相应清单项目工程数量 =5 444.25 ×60 =326 655.00(元)

根据清单计价办法的要求,将上述计算结果及相关内容填入"分部分项工程量清单计价表"中,见表 4-54。

表 4-54 分部分项工程量清单计价表

序号	项目编码	项目名称	项目特征	计量单位	工程数量	综合单价	合价
1	010603001001	实腹钢柱	1. 钢材品种、规格:钢板,厚 16 mm 2. 单根质量:3 t	t	60	5 444.25	326 655.00

4 钢梁(编号:010604)

钢梁包括钢梁及钢吊车梁等 3 个分项工程。

钢梁工程量清单项目设置、项目特征描述的内容、计量单位及工程量计算规则,应按表 4-55 的规定执行。

表4-55 钢梁(编码:010604)

项目编码	项目名称	项目特征	计量单位	工程量计算规则	工作内容
010604001	钢梁	1. 梁类型 2. 钢材品种、规格 3. 单根质量 4. 螺栓种类 5. 安装高度 6. 探伤要求 7. 防火要求	t	按设计图示尺寸以质量计算。不扣除孔眼的质量,焊条、铆钉、螺栓等不另增加质量,制动梁、制动板、制动桁架、车挡并入钢吊车梁工程量内	1. 拼装 2. 安装 3. 探伤 4. 补刷油漆
010604002	钢吊车梁	1. 钢材品种、规格 2. 单根质量 3. 螺栓种类 4. 安装高度 5. 探伤要求 6. 防火要求			

注意:(1)螺栓种类指普通或高强。

(2)梁类型指H形、L形、T形、箱形、格构式等。

(3)型钢混凝土梁浇筑钢筋混凝土,其混凝土和钢筋应按混凝土及钢筋混凝土工程中相关项目编码列项。

5 钢板楼板、墙板(编号:010605)

钢板楼板、墙板包括钢板楼板及钢板墙板等2个分项工程。

钢板楼板、墙板工程量清单项目设置、项目特征描述的内容、计量单位及工程量计算规则,应按表4-56的规定执行。

表4-56 钢板楼板、墙板(编码:010605)

项目编码	项目名称	项目特征	计量单位	工程量计算规则	工作内容
010605001	钢板楼板	1. 钢材品种、规格 2. 钢板厚度 3. 螺栓种类 4. 防火要求	m^2	按设计图示尺寸以铺设水平投影面积计算。不扣除单个面积≤0.3 m^2 的柱、垛及孔洞所占面积	1. 拼装 2. 安装 3. 探伤 4. 补刷油漆
010605002	钢板墙板	1. 钢材品种、规格 2. 钢板厚度、复合板厚度 3. 螺栓种类 4. 复合板夹芯材料种类、层数、型号、规格 5. 防火要求		按设计图示尺寸以铺挂展开面积计算。不扣除单个面积≤0.3 m^2 的梁、孔洞所占面积,包角、包边、窗台泛水等不另加面积	

注意:(1)螺栓种类指普通或高强。

(2)钢板楼板上浇筑钢筋混凝土,其混凝土和钢筋应按混凝土及钢筋混凝土工程中相关项目编码列项。

(3)压型钢楼板按钢楼板项目编码列项。

6 钢构件(编号:010606)

钢构件包括钢支撑、钢拉条,钢檩条,钢天窗架,钢挡风架,钢墙架,钢平台,钢走道,钢梯,钢护栏,钢漏斗,钢板天沟,钢支架及零星钢构件等13个分项工程。

钢构件工程量清单项目设置、项目特征描述的内容、计量单位及工程量计算规则,应按表4-57的规定执行。

表4-57 钢构件(编码:010606)

项目编码	项目名称	项目特征	计量单位	工程量计算规则	工作内容
010606001	钢支撑、钢拉条	1. 钢材品种、规格 2. 构件类型 3. 安装高度 4. 螺栓种类 5. 探伤要求 6. 防火要求	t	按设计图示尺寸以质量计算。不扣除孔眼的质量,焊条、铆钉、螺栓等不另增加质量	1. 拼装 2. 安装 3. 探伤 4. 补刷油漆
010606002	钢檩条	1. 钢材品种、规格 2. 构件类型 3. 单根质量 4. 安装高度 5. 螺栓种类 6. 探伤要求 7. 防火要求			
010606003	钢天窗架	1. 钢材品种、规格 2. 单榀质量 3. 安装高度 4. 螺栓种类 5. 探伤要求 6. 防火要求			
010606004	钢挡风架	1. 钢材品种、规格 2. 单榀质量 3. 螺栓种类 4. 探伤要求 5. 防火要求			
010606005	钢墙架				

续表 4-57

<table>
<tr><th>项目编码</th><th>项目名称</th><th>项目特征</th><th>计量单位</th><th>工程量计算规则</th><th>工作内容</th></tr>
<tr><td>010606006</td><td>钢平台</td><td rowspan="2">1. 钢材品种、规格
2. 螺栓种类
3. 防火要求</td><td rowspan="8">t</td><td rowspan="4">按设计图示尺寸以质量计算。不扣除孔眼的质量,焊条、铆钉、螺栓等不另增加质量</td><td rowspan="8">1. 拼装
2. 安装
3. 探伤
4. 补刷油漆</td></tr>
<tr><td>010606007</td><td>钢走道</td></tr>
<tr><td>010606008</td><td>钢梯</td><td>1. 钢材品种、规格
2. 钢梯形式
3. 螺栓种类
4. 防火要求</td></tr>
<tr><td>010606009</td><td>钢护栏</td><td>1. 钢材品种、规格
2. 防火要求</td></tr>
<tr><td>010606010</td><td>钢漏斗</td><td rowspan="2">1. 钢材品种、规格
2. 漏斗、天沟形式
3. 安装高度
4. 探伤要求</td><td rowspan="2">按设计图示尺寸以质量计算,不扣除孔眼的质量,焊条、铆钉、螺栓等不另增加质量,依附漏斗或天沟的型钢并入漏斗或天沟工程量内</td></tr>
<tr><td>010606011</td><td>钢板天沟</td></tr>
<tr><td>010606012</td><td>钢支架</td><td>1. 钢材品种、规格
2. 安装高度
3. 防火要求</td><td rowspan="2">按设计图示尺寸以质量计算,不扣除孔眼的质量,焊条、铆钉、螺栓等不另增加质量</td></tr>
<tr><td>010606013</td><td>零星钢构件</td><td>1. 构件名称
2. 钢材品种、规格</td></tr>
</table>

注意:(1)螺栓种类指普通或高强。

(2)钢墙架项目包括墙架柱、墙架梁和连接杆件。

(3)钢支撑、钢拉条类型指单式、复式,钢檩条类型指型钢式、格构式,钢漏斗形式指方形、圆形,天沟形式指矩形沟或半圆形沟。

(4)加工铁件等小型构件,按表 4-57 中零星钢构件项目编码列项。

7 金属制品(编号:010607)

金属制品包括成品空调金属百叶护栏、成品栅栏、成品雨篷、金属网栏、砌块墙钢丝网加固及后浇带金属网等 6 个分项工程。

金属制品工程量清单项目设置、项目特征描述的内容、计量单位及工程量计算规则,应按表 4-58 的规定执行。

表 4-58　金属制品(编码:010607)

<table>
<tr><th>项目编码</th><th>项目名称</th><th>项目特征</th><th>计量单位</th><th>工程量计算规则</th><th>工作内容</th></tr>
<tr><td>010607001</td><td>成品空调金属百叶护栏</td><td>1. 材料品种、规格
2. 边框材质</td><td rowspan="2">m^2</td><td rowspan="2">按设计图示尺寸以框外围展开面积计算</td><td>1. 安装
2. 校正
3. 预埋铁件及安螺栓</td></tr>
<tr><td>010607002</td><td>成品栅栏</td><td>1. 材料品种、规格
2. 边框及立柱型钢品种、规格</td><td>1. 安装
2. 校正
3. 预埋铁件
4. 安螺栓及金属立柱</td></tr>
<tr><td>010607003</td><td>成品雨篷</td><td>1. 材料品种、规格
2. 雨篷宽度
3. 晾衣杆品种、规格</td><td>1. m
2. m^2</td><td>1. 以 m 计量,按设计图示接触边以米计算
2. 以 m^2 计量,按设计图示尺寸以展开面积计算</td><td>1. 安装
2. 校正
3. 预埋铁件及安螺栓</td></tr>
<tr><td>010607004</td><td>金属网栏</td><td>1. 材料品种、规格
2. 边框及立柱型钢品种、规格</td><td rowspan="3">m^2</td><td>按设计图示尺寸以框外围展开面积计算</td><td>1. 安装
2. 校正
3. 安螺栓及金属立柱</td></tr>
<tr><td>010607005</td><td>砌块墙钢丝网加固</td><td rowspan="2">1. 材料品种、规格
2. 加固方式</td><td rowspan="2">按设计图示尺寸以面积计算</td><td rowspan="2">1. 铺贴
2. 铆固</td></tr>
<tr><td>010607006</td><td>后浇带金属网</td></tr>
</table>

关于金属结构工程其他相关问题按下列规定处理:

(1)金属构件的切边,不规则及多边形钢板发生的损耗在综合单价中考虑。

(2)防火要求指耐火极限。

课题 7　木结构工程

木结构工程用于建筑物及构筑物的木结构,包括木屋架、木构件及屋面木基层等 3 个分部工程。

1　木屋架(编号:010701)

木屋架包括木屋架及钢木屋架2个分项工程。

木屋架工程量清单项目设置、项目特征描述的内容、计量单位及工程量计算规则,应按表4-59的规定执行。

表4-59　木屋架(编码:010701)

项目编码	项目名称	项目特征	计量单位	工程量计算规则	工作内容
010701001	木屋架	1. 跨度 2. 材料品种、规格 3. 刨光要求 4. 拉杆及夹板种类 5. 防护材料种类	1. 榀 2. m^3	1. 以榀计量,按设计图示数量计算 2. 以 m^3 计量,按设计图示的规格尺寸以体积计算	1. 制作 2. 运输 3. 安装 4. 刷防护材料
010701002	钢木屋架	1. 跨度 2. 木材品种、规格 3. 刨光要求 4. 钢材品种、规格 5. 防护材料种类	榀	以榀计量,按设计图示数量计算	

注意:(1)屋架的跨度应以上、下弦中心线两交点之间的距离计算。

(2)带气楼的屋架和马尾、折角以及正交部分的半屋架,按相关屋架项目编码列项。

(3)以榀计量,按标准图设计,项目特征必须标注标准图代号。

2　木构件(编号:010702)

木构件包括木柱、木梁、木檩、木楼梯及其他木构件等5个分项工程。

木构件工程量清单项目设置、项目特征描述的内容、计量单位及工程量计算规则,应按表4-60的规定执行。

表4-60　木构件(编码:010702)

项目编码	项目名称	项目特征	计量单位	工程量计算规则	工作内容
010702001	木柱	1. 构件规格尺寸 2. 木材种类 3. 刨光要求 4. 防护材料种类	m^3	按设计图示尺寸以体积计算	1. 制作 2. 运输 3. 安装 4. 刷防护材料
010702002	木梁				
010702003	木檩		1. m^3 2. m	1. 以 m^3 计量,按设计图示尺寸以体积计算 2. 以m计量,按设计图示尺寸以长度计算	

续表 4-60

项目编码	项目名称	项目特征	计量单位	工程量计算规则	工作内容
010702004	木楼梯	1. 楼梯形式 2. 木材种类 3. 刨光要求 4. 防护材料种类	m^2	按设计图示尺寸以水平投影面积计算。不扣除宽度≤300 mm 的楼梯井，伸入墙内部分不计算	1. 制作 2. 运输 3. 安装 4. 刷防护材料
010702005	其他木构件	1. 构件名称 2. 构件规格尺寸 3. 木材种类 4. 刨光要求 5. 防护材料种类	1. m^3 2. m	1. 以 m^3 计量，按设计图示尺寸以体积计算 2. 以 m 计量，按设计图示尺寸以长度计算	

注意：(1)木楼梯的栏杆(栏板)、扶手，应按其他装饰工程中的相关项目编码列项。
(2)以 m 计量，项目特征必须描述构件规格尺寸。

3 屋面木基层(编号:010703)

屋面木基层仅有屋面木基层 1 个分项工程。

屋面木基层工程量清单项目设置、项目特征描述的内容、计量单位及工程量计算规则，应按表 4-61 的规定执行。

表 4-61 屋面木基层(编码:010703)

项目编码	项目名称	项目特征	计量单位	工程量计算规则	工作内容
010703001	屋面木基层	1. 椽子断面尺寸及椽距 2. 望板材料种类、厚度 3. 防护材料种类	m^2	按设计图示尺寸以斜面面积计算。不扣除房上烟囱、风帽底座、风道、小气窗、斜沟等所占面积。小气窗的出檐部分不增加面积	1. 椽子制作、安装 2. 望板制作、安装 3. 顺水条和挂瓦条制作、安装 4. 刷防护材料

课题8 门窗工程

门窗属于房屋建筑中的维护及分隔构件，不承重。其中，门的主要功能是供交通出入及分隔、联系建筑空间，带玻璃或亮子的门也可起通风、采光的作用；窗的主要功能是通风、采光及观望。

门窗工程适用于建筑物及构筑物的门和窗，包括木门，金属门，金属卷帘（闸）门，厂库房大门、特种门，其他门，木窗，金属窗，门窗套，窗台板及窗帘、窗帘盒、轨等10个分部工程。

1 木门（编号：010801）

木门包括木质门、木质门带套、木质连窗门、木质防火门、木门框及门锁安装等6个分项工程。

木门工程量清单项目设置、项目特征描述的内容、计量单位及工程量计算规则，应按表4-62的规定执行。

表4-62 木门（编码：010801）

项目编码	项目名称	项目特征	计量单位	工程量计算规则	工作内容
010801001	木质门	1. 门代号及洞口尺寸 2. 镶嵌玻璃品种、厚度	1. 樘 2. m^2	1. 以樘计量，按设计图示数量计算 2. 以 m^2 计量，按设计图示洞口尺寸以面积计算	1. 门安装 2. 玻璃安装 3. 五金安装
010801002	木质门带套				
010801003	木质连窗门				
010801004	木质防火门				
010801005	木门框	1. 门代号及洞口尺寸 2. 框截面尺寸 3. 防护材料种类	1. 樘 2. m	1. 以樘计量，按设计图示数量计算 2. 以m计量，按设计图示框的中心线以延长米计算	1. 木门框制作、安装 2. 运输 3. 刷防护材料
010801006	门锁安装	1. 锁品种 2. 锁规格	个（套）	按设计图示数量计算	安装

注意：(1)木质门应区分镶板木门、企口木板门、实木装饰门、胶合板门、夹板装饰门、木纱门、全玻门（带木质扇框）、木质半玻门（带木质扇框）等项目，分别编码列项。

(2)木门五金应包括折页、插销、门碰珠、弓背拉手、搭机、木螺丝、弹簧折页（自动门）、管子拉手（自由门、地弹门）、地弹簧（地弹门）、角铁、门轧头（地弹门、自由门）等。

(3)木质门带套计量按洞口尺寸以面积计算，不包括门套的面积。

(4)以樘计量，项目特征必须描述洞口尺寸；以 m^2 计量，项目特征可不描述洞口尺寸。

(5)单独制作安装木门框按木门框项目编码列项。

2　金属门(编号:010802)

金属门包括金属(塑钢)门、彩板门、钢质防火门及防盗门等4个分项工程。

金属门工程量清单项目设置、项目特征描述的内容、计量单位及工程量计算规则,应按表4-63的规定执行。

表4-63　金属门(编码:010802)

<table>
<tr><th>项目编码</th><th>项目名称</th><th>项目特征</th><th>计量单位</th><th>工程量计算规则</th><th>工作内容</th></tr>
<tr><td>010802001</td><td>金属(塑钢)门</td><td>1.门代号及洞口尺寸
2.门框或扇外围尺寸
3.门框、扇材质
4.玻璃品种、厚度</td><td rowspan="4">1.樘
2.m^2</td><td rowspan="4">1.以樘计量,按设计图示数量计算
2.以m^2计量,按设计图示洞口尺寸以面积计算</td><td rowspan="3">1.门安装
2.五金安装
3.玻璃安装</td></tr>
<tr><td>010802002</td><td>彩板门</td><td>1.门代号及洞口尺寸
2.门框或扇外围尺寸</td></tr>
<tr><td>010802003</td><td>钢质防火门</td><td rowspan="2">1.门代号及洞口尺寸
2.门框或扇外围尺寸
3.门框、扇材质</td></tr>
<tr><td>010802004</td><td>防盗门</td><td>1.门安装
2.五金安装</td></tr>
</table>

注意:(1)金属门应区分金属平开门、金属推拉门、金属地弹门、全玻门(带金属扇框)、金属半玻门(带扇框)等项目,分别编码列项。

(2)铝合金门五金包括地弹簧、门锁、拉手、门插、门铰、螺丝等。

(3)其他金属门五金包括L形执手插锁(双舌)、执手锁(单舌)、门轨头、地锁、防盗门机、门眼(猫眼)、门碰珠、电子锁(磁卡锁)、闭门器、装饰拉手等。

(4)以樘计量,项目特征必须描述洞口尺寸,没有洞口尺寸必须描述门框或扇外围尺寸;以m^2计量,项目特征可不描述洞口尺寸及框、扇的外围尺寸。

(5)以m^2计量,无设计图示洞口尺寸,按门框、扇外围以面积计算。

3　金属卷帘(闸)门(编号:010803)

金属卷帘(闸)门包括金属卷帘(闸)门及防火卷帘(闸)门等2个分项工程。

金属卷帘(闸)门工程量清单项目设置、项目特征描述的内容、计量单位及工程量计算规则,应按表4-64的规定执行。

表 4-64　金属卷帘(闸)门(编码:010803)

项目编码	项目名称	项目特征	计量单位	工程量计算规则	工作内容
010803001	金属卷帘(闸)门	1. 门代号及洞口尺寸 2. 门材质 3. 启动装置品种、规格	1. 樘 2. m^2	1. 以樘计量,按设计图示数量计算 2. 以 m^2 计量,按设计图示洞口尺寸以面积计算	1. 门运输、安装 2. 启动装置、活动小门、五金安装
010803002	防火卷帘(闸)门				

注意:以樘计量,项目特征必须描述洞口尺寸;以 m^2 计量,项目特征可不描述洞口尺寸。

4　厂库房大门、特种门(编号:010804)

厂库房大门、特种门包括木板大门、钢木大门、全钢板大门、防护铁丝门、金属格栅门、钢质花饰大门及特种门等 7 个分项工程。

厂库房大门、特种门工程量清单项目设置、项目特征描述的内容、计量单位及工程量计算规则,应按表 4-65 的规定执行。

表 4-65　厂库房大门、特种门(编码:010804)

项目编码	项目名称	项目特征	计量单位	工程量计算规则	工作内容
010804001	木板大门	1. 门代号及洞口尺寸 2. 门框或扇外围尺寸 3. 门框、扇材质 4. 五金种类、规格 5. 防护材料种类	1. 樘 2. m^2	1. 以樘计量,按设计图示数量计算 2. 以 m^2 计量,按设计图示洞口尺寸以面积计算	1. 门(骨架)制作、运输 2. 门、五金配件安装 3. 刷防护材料
010804002	钢木大门				
010804003	全钢板大门				
010804004	防护铁丝门			1. 以樘计量,按设计图示数量计算 2. 以 m^2 计量,按设计图示门框或扇以面积计算	

续表 4-65

项目编码	项目名称	项目特征	计量单位	工程量计算规则	工作内容
010804005	金属格栅门	1. 门代号及洞口尺寸 2. 门框或扇外围尺寸 3. 门框、扇材质 4. 启动装置的品种、规格	1. 樘 2. m^2	1. 以樘计量，按设计图示数量计算 2. 以 m^2 计量，按设计图示洞口尺寸以面积计算	1. 门安装 2. 启动装置、五金配件安装
010804006	钢质花饰大门	1. 门代号及洞口尺寸 2. 门框或扇外围尺寸 3. 门框、扇材质		1. 以樘计量，按设计图示数量计算 2. 以 m^2 计量，按设计图示门框或扇以面积计算	1. 门安装 2. 五金配件安装
010804007	特种门			1. 以樘计量，按设计图示数量计算 2. 以 m^2 计量，按设计图示洞口尺寸以面积计算	

注意：(1)特种门应区分冷藏门、冷冻间门、保温门、变电室门、隔音门、防射电门、人防门、金库门等项目，分别编码列项。

(2)以樘计量，项目特征必须描述洞口尺寸，没有洞口尺寸必须描述门框或扇外围尺寸；以 m^2 计量，项目特征可不描述洞口尺寸及框、扇的外围尺寸。

(3)以 m^2 计量，无设计图示洞口尺寸，按门框、扇外围以面积计算。

(4)门开启方式指推拉或平开。

5　其他门(编号:010805)

其他门包括平开电子感应门、旋转门、电子对讲门、电动伸缩门、全玻自由门及镜面不锈钢饰面门等 6 个分项工程。

其他门工程量清单项目设置、项目特征描述的内容、计量单位及工程量计算规则，应按表 4-66 的规定执行。

表 4-66　其他门(编码:010805)

项目编码	项目名称	项目特征	计量单位	工程量计算规则	工作内容
010805001	平开电子感应门	1. 门代号及洞口尺寸 2. 门框或扇外围尺寸 3. 门框、扇材质 4. 玻璃品种、厚度 5. 启动装置的品种、规格 6. 电子配件品种、规格	1. 樘 2. m^2	1. 以樘计量,按设计图示数量计算 2. 以 m^2 计量,按设计图示洞口尺寸以面积计算	1. 门安装 2. 启动装置、五金、电子配件安装
010805002	旋转门				
010805003	电子对讲门	1. 门代号及洞口尺寸 2. 门框或扇外围尺寸 3. 门材质 4. 玻璃品种、厚度 5. 启动装置的品种、规格 6. 电子配件品种、规格			
010805004	电动伸缩门				
010805005	全玻自由门	1. 门代号及洞口尺寸 2. 门框或扇外围尺寸 3. 框材质 4. 玻璃品种、厚度			1. 门安装 2. 五金安装
010805006	镜面不锈钢饰面门	1. 门代号及洞口尺寸 2. 门框或扇外围尺寸 3. 门框、扇材质 4. 玻璃品种、厚度			

注意:(1)以樘计量,项目特征必须描述洞口尺寸,没有洞口尺寸必须描述门框或扇外围尺寸;以 m^2 计量,项目特征可不描述洞口尺寸及框、扇的外围尺寸。

(2)以 m^2 计量,无设计图示洞口尺寸,按门框、扇外围以面积计算。

6　木窗(编号:010806)

木窗包括木质窗、木橱窗、木飘(凸)窗及木纱等 4 个分项工程。

木窗工程量清单项目设置、项目特征描述的内容、计量单位及工程量计算规则,应按表 4-67 的规定执行。

表 4-67 木窗(编码:010806)

项目编码	项目名称	项目特征	计量单位	工程量计算规则	工作内容
010806001	木质窗	1. 窗代号及洞口尺寸 2. 玻璃品种、厚度		1. 以樘计量,按设计图示数量计算 2. 以 m^2 计量,按设计图示洞口尺寸以面积计算	1. 窗安装 2. 五金、玻璃安装
010806002	木橱窗	1. 窗代号 2. 框截面及外围展开面积 3. 玻璃品种、厚度 4. 防护材料种类	1. 樘 2. m^2	1. 以樘计量,按设计图示数量计算 2. 以 m^2 计量,按设计图示尺寸以框外围展开面积计算	1. 窗制作、运输、安装 2. 五金、玻璃安装 3. 刷防护材料
010806003	木飘(凸)窗	1. 窗代号及洞口尺寸 2. 玻璃品种、厚度		1. 以樘计量,按设计图示数量计算 2. 以 m^2 计量,按设计图示洞口尺寸以面积计算	1. 窗安装 2. 五金、玻璃安装
010806004	木纱	1. 窗代号及框的外围尺寸 2. 窗纱材料品种、规格	1. 樘 2. m^2	1. 以樘计量,按设计图示数量计算 2. 以 m^2 计量,按框外围图示尺寸以面积计算	1. 窗安装 2. 五金安装

注意:(1)木质窗应区分木百叶窗、木组合窗、木天窗、木固定窗、木装饰空花窗等项目,分别编码列项。

(2)以樘计量,项目特征必须描述洞口尺寸,没有洞口尺寸必须描述窗框外围尺寸;以 m^2 计量,项目特征可不描述洞口尺寸及框的外围尺寸。

(3)以 m^2 计量,无设计图示洞口尺寸,按窗框外围以面积计算。

(4)木橱窗、木飘(凸)窗以樘计量,项目特征必须描述框截面及外围展开面积。

(5)木窗五金包括折页、插销、风钩、木螺丝、滑轮滑轨(推拉窗)等。

(6)窗开启方式指平开、推拉、上或中悬。

(7)窗形状指矩形或异形。

7 金属窗(编号:010807)

金属窗包括金属(塑钢、断桥)窗、金属防火窗、金属百叶窗、金属纱窗、金属格栅窗、金属(塑钢、断桥)橱窗、金属(塑钢、断桥)飘(凸)窗及彩板窗等 8 个分项工程。

金属窗工程量清单项目设置、项目特征描述的内容、计量单位及工程量计算规则,应按表 4-68 的规定执行。

表 4-68　金属窗(编码:010807)

项目编码	项目名称	项目特征	计量单位	工程量计算规则	工作内容
010807001	金属(塑钢、断桥)窗	1. 窗代号及洞口尺寸 2. 框、扇材质 3. 玻璃品种、厚度	1. 樘 2. m^2	1. 以樘计量,按设计图示数量计算 2. 以 m^2 计量,按设计图示洞口尺寸以面积计算	1. 窗安装 2. 五金、玻璃安装
010807002	金属防火窗				
010807003	金属百叶窗				1. 窗安装 2. 五金安装
010807004	金属纱窗	1. 窗代号及洞口尺寸 2. 框材质 3. 窗纱材料品种、规格		1. 以樘计量,按设计图示数量计算 2. 以 m^2 计量,按框的外围尺寸以面积计算	
010807005	金属格栅窗	1. 窗代号及洞口尺寸 2. 框外围尺寸 3. 框、扇材质		1. 以樘计量,按设计图示数量计算 2. 以 m^2 计量,按设计图示洞口尺寸以面积计算	
010807006	金属(塑钢、断桥)橱窗	1. 窗代号 2. 框外围展开面积 3. 框、扇材质 4. 玻璃品种、厚度 5. 防护材料种类		1. 以樘计量,按设计图示数量计算 2. 以 m^2 计量,按设计图示尺寸以框外围展开面积计算	1. 窗制作、运输、安装 2. 五金、玻璃安装 3. 刷防护材料
010807007	金属(塑钢、断桥)飘(凸)窗	1. 窗代号 2. 框外围展开面积 3. 框、扇材质 4. 玻璃品种、厚度			1. 窗安装 2. 五金、玻璃安装
010807008	彩板窗	1. 窗代号及洞口尺寸 2. 框外围尺寸 3. 框、扇材质 4. 玻璃品种、厚度		1. 以樘计量,按设计图示数量计算 2. 以 m^2 计量,按设计图示洞口尺寸或框外围以面积计算	

注意:(1)金属窗应区分金属组合窗、防盗窗等项目,分别编码列项。

(2)以樘计量,项目特征必须描述洞口尺寸,没有洞口尺寸必须描述窗框外围尺寸;以 m^2 计量,项目特征可不描述洞口尺寸及框的外围尺寸。

(3)以 m^2 计量，无设计图示洞口尺寸，按窗框外围以面积计算。

(4)金属橱窗、飘(凸)窗以樘计量，项目特征必须描述框外围展开面积。

(5)金属窗中铝合金窗五金应包括卡锁、滑轮、铰拉、执手、拉把、拉手、风撑、角码、牛角制等。

(6)其他金属窗五金包括折页、螺丝、执手、卡锁、风撑、滑轮滑轨(推拉窗)等。

8　门窗套(编号:010808)

门窗套包括木门窗套、木筒子板、饰面夹板筒子板、金属门窗套、石材门窗套、门窗木贴脸及成品木门窗套等 7 个分项工程。

门窗套工程量清单项目设置、项目特征描述的内容、计量单位及工程量计算规则，应按表 4-69 的规定执行。

表 4-69　门窗套(编码:010808)

<table>
<tr><th>项目编码</th><th>项目名称</th><th>项目特征</th><th>计量单位</th><th>工程量计算规则</th><th>工作内容</th></tr>
<tr><td>010808001</td><td>木门窗套</td><td>1. 窗代号及洞口尺寸
2. 门窗套展开宽度
3. 基层材料种类
4. 面层材料品种、规格
5. 线条品种、规格
6. 防护材料种类</td><td rowspan="4">1. 樘
2. m²
3. m</td><td rowspan="4">1. 以樘计量，按设计图示数量计算
2. 以 m² 计量，按设计图示尺寸以展开面积计算
3. 以 m 计量，按设计图示中心以延长米计算</td><td rowspan="3">1. 清理基层
2. 立筋制作、安装
3. 基层板安装
4. 面层铺贴
5. 线条安装
6. 刷防护材料</td></tr>
<tr><td>010808002</td><td>木筒子板</td><td>1. 筒子板宽度
2. 基层材料种类
3. 面层材料品种、规格
4. 线条品种、规格
5. 防护材料种类</td></tr>
<tr><td>010808003</td><td>饰面夹板筒子板</td><td>1. 筒子板宽度
2. 基层材料种类
3. 面层材料品种、规格
4. 线条品种、规格
5. 防护材料种类</td></tr>
<tr><td>010808004</td><td>金属门窗套</td><td>1. 窗代号及洞口尺寸
2. 门窗套展开宽度
3. 基层材料种类
4. 面层材料品种、规格
5. 防护材料种类</td><td>1. 清理基层
2. 立筋制作、安装
3. 基层板安装
4. 面层铺贴
5. 刷防护材料</td></tr>
</table>

续表 4-69

项目编码	项目名称	项目特征	计量单位	工程量计算规则	工作内容
010808005	石材门窗套	1. 窗代号及洞口尺寸 2. 门窗套展开宽度 3. 底层厚度、砂浆配合比 4. 面层材料品种、规格 5. 线条品种、规格	1. 樘 2. m^2 3. m	1. 以樘计量，按设计图示数量计算 2. 以 m^2 计量，按设计图示尺寸以展开面积计算 3. 以 m 计量，按设计图示中心以延长米计算	1. 清理基层 2. 立筋制作、安装 3. 基层抹灰 4. 面层铺贴 5. 线条安装
010808006	门窗木贴脸	1. 门窗代号及洞口尺寸 2. 贴脸板宽度 3. 防护材料种类	1. 樘 2. m	1. 以樘计量，按设计图示数量计算 2. 以 m 计量，按设计图示尺寸以延长米计算	贴脸板安装
010808007	成品木门窗套	1. 窗代号及洞口尺寸 2. 门窗套展开宽度 3. 门窗套材料品种、规格	1. 樘 2. m^2 3. m	1. 以樘计量，按设计图示数量计算 2. 以 m^2 计量，按设计图示尺寸以展开面积计算 3. 以 m 计量，按设计图示中心以延长米计算	1. 清理基层 2. 立筋制作、安装 3. 板安装

注意：(1) 以樘计量，项目特征必须描述洞口尺寸、门窗套展开宽度。

(2) 以 m^2 计量，项目特征可不描述洞口尺寸、门窗套展开宽度。

(3) 以 m 计量，项目特征必须描述门窗套展开宽度、筒子板及贴脸板宽度。

9 窗台板(编号:010809)

窗台板包括木窗台板、铝塑窗台板、金属窗台板及石材窗台板等 4 个分项工程。

窗台板工程量清单项目设置、项目特征描述的内容、计量单位及工程量计算规则，应按表 4-70 的规定执行。

表 4-70 窗台板(编码:010809)

项目编码	项目名称	项目特征	计量单位	工程量计算规则	工作内容
010809001	木窗台板	1. 基层材料种类 2. 窗台面板材质、规格、颜色 3. 防护材料种类	m^2	按设计图示尺寸以展开面积计算	1. 基层清理 2. 基层制作、安装 3. 窗台板制作、安装 4. 刷防护材料
010809002	铝塑窗台板				
010809003	金属窗台板				
010809004	石材窗台板	1. 黏结层厚度、砂浆配合比 2. 窗台板材质、规格、颜色			1. 基层清理 2. 抹找平层 3. 窗台板制作、安装

10 窗帘、窗帘盒、轨(编号:010810)

窗帘、窗帘盒、轨包括窗帘,木窗帘盒,饰面夹板、塑料窗帘盒,铝合金窗帘盒及窗帘轨等 5 个分项工程。

窗帘、窗帘盒、轨工程量清单项目设置、项目特征描述的内容、计量单位及工程量计算规则,应按表 4-71 的规定执行。

表 4-71 窗帘、窗帘盒、轨(编码:010810)

项目编码	项目名称	项目特征	计量单位	工程量计算规则	工作内容
010810001	窗帘	1. 窗帘材质 2. 窗帘高度、宽度 3. 窗帘层数 4. 带幔要求	1. m 2. m^2	1. 以 m 计量,按设计图示尺寸以长度计算 2. 以 m^2 计量,按设计图示尺寸以展开面积计算	1. 制作、运输 2. 安装
010810002	木窗帘盒	1. 窗帘盒材质、规格 2. 防护材料种类	m	按设计图示尺寸以长度计算	1. 制作、运输、安装 2. 刷防护材料
010810003	饰面夹板、塑料窗帘盒				
010810004	铝合金窗帘盒				
010810005	窗帘轨	1. 窗帘轨材质、规格 2. 轨的数量 3. 防护材料种类			

注意:(1)窗帘若是双层,项目特征必须描述每层材质。

(2)窗帘以 m 计量,项目特征必须描述窗帘高度和宽。

课题9 屋面及防水工程

屋面工程根据屋面坡度大小，分为平屋面和坡屋面；按屋面所用材料不同，分为刚性防水屋面和柔性防水屋面。

屋面及防水工程适用于建筑物和构筑物的屋面及防水，包括瓦、型材及其他屋面，屋面防水及其他，墙面防水、防潮，楼（地）面防水、防潮等4个分部工程。

1 瓦、型材及其他屋面（编号:010901）

瓦、型材及其他屋面包括瓦屋面、型材屋面、阳光板屋面、玻璃钢屋面、膜结构屋面等5个分项工程。

瓦、型材及其他屋面工程量清单项目设置、项目特征描述的内容、计量单位及工程量计算规则，应按表4-72的规定执行。

表4-72 瓦、型材及其他屋面（编码:010901）

项目编码	项目名称	项目特征	计量单位	工程量计算规则	工作内容
010901001	瓦屋面	1. 瓦品种、规格 2. 黏结层砂浆的配合比	m^2	按设计图示尺寸以斜面积计算。不扣除房上烟囱、风帽底座、风道、小气窗、斜沟等所占面积。小气窗的出檐部分不增加面积	1. 砂浆制作、运输、摊铺、养护 2. 安瓦、作瓦脊
010901002	型材屋面	1. 型材品种、规格 2. 金属檩条材料品种、规格 3. 接缝、嵌缝材料种类			1. 檩条制作、颜色、安装 2. 屋面型材安装 3. 接缝、嵌缝
010901003	阳光板屋面	1. 阳光板品种、规格 2. 骨架材料品种、规格 3. 接缝、嵌缝材料种类 4. 油漆品种、刷漆遍数		按设计图示尺寸以斜面积计算。不扣除屋面面积≤0.3 m^2 的孔洞所占面积	1. 骨架制作、运输、安装，刷防护材料、油漆 2. 阳光板安装 3. 接缝、嵌缝
010901004	玻璃钢屋面	1. 玻璃钢品种、规格 2. 骨架材料品种、规格 3. 玻璃钢固定方式 4. 接缝、嵌缝材料种类 5. 油漆品种、刷漆遍数			1. 骨架制作、运输、安装，刷防护材料、油漆 2. 玻璃钢制作、安装 3. 接缝、嵌缝
010901005	膜结构屋面	1. 膜布品种、规格 2. 支柱（网架）钢材品种、规格 3. 钢丝绳品种、规格 4. 锚固基座做法 5. 油漆品种、刷漆遍数		按设计图示尺寸以需要覆盖的水平投影面积计算	1. 膜布热压胶接 2. 支柱（网架）制作、安装 3. 膜布安装 4. 穿钢丝绳、锚头锚固 5. 锚固基座挖土、回填 6. 刷防护材料，油漆

注意：(1)瓦屋面，若是在木基层上铺瓦，项目特征不必描述黏结层砂浆的配合比，瓦屋面铺防水层，按屋面防水及其他中相关项目编码列项。

(2)型材屋面、阳光板屋面、玻璃钢屋面的柱、梁、屋架，按金属结构工程、木结构工程中相关项目编码列项。

2　屋面防水及其他（编号:010902）

屋面防水及其他包括屋面卷材防水，屋面涂膜防水，屋面刚性防水，屋面排水管，屋面排(透)气管，屋面(廊、阳台)吐水管，屋面天沟、檐沟及屋面变形缝等8个分项工程。

屋面防水及其他工程量清单项目设置、项目特征描述的内容、计量单位及工程量计算规则，应按表4-73的规定执行。

表4-73　屋面防水及其他（编码:010902）

项目编码	项目名称	项目特征	计量单位	工程量计算规则	工作内容
010902001	屋面卷材防水	1. 卷材品种、规格、厚度 2. 防水层数 3. 防水层做法	m^2	按设计图示尺寸以面积计算。 1. 斜屋顶(不包括平屋顶找坡)按斜面积计算，平屋顶按水平投影面积计算 2. 不扣除房上烟囱、风帽底座、风道、屋面小气窗和斜沟所占面积 3. 屋面的女儿墙、伸缩缝和天窗等处的弯起部分，并入屋面工程量内	1. 基层处理 2. 刷底油 3. 铺油毡卷材、接缝
010902002	屋面涂膜防水	1. 防水膜品种 2. 涂膜厚度、遍数 3. 增强材料种类			1. 基层处理 2. 刷基层处理剂 3. 铺布、喷涂防水层
010902003	屋面刚性防水	1. 刚性层厚度 2. 混凝土种类 3. 混凝土强度等级 4. 嵌缝材料种类 5. 钢筋规格、型号		按设计图示尺寸以面积计算。不扣除房上烟囱、风帽底座、风道等所占面积	1. 基层处理 2. 混凝土制作、运输、铺筑、养护 3. 钢筋制安
010902004	屋面排水管	1. 排水管品种、规格 2. 雨水斗、山墙出水口品种、规格 3. 接缝、嵌缝材料种类 4. 油漆品种、刷漆遍数	m	按设计图示尺寸以长度计算。如设计未标注尺寸，以檐口至设计室外散水上表面垂直距离计算	1. 排水管及配件安装、固定 2. 雨水斗、山墙出水口、雨水篦子安装 3. 接缝、嵌缝 4. 刷漆
010902005	屋面排(透)气管	1. 排(透)气管品种、规格 2. 接缝、嵌缝材料种类 3. 油漆品种、刷漆遍数		按设计图示尺寸以长度计算	1. 排(透)气管及配件安装、固定 2. 铁件制作、安装 3. 接缝、嵌缝 4. 刷漆

续表 4-73

项目编码	项目名称	项目特征	计量单位	工程量计算规则	工作内容
010902006	屋面(廊、阳台)吐水管	1. 吐水管品种、规格 2. 接缝、嵌缝材料种类 3. 吐水管长度 4. 油漆品种、刷漆遍数	根(个)	按设计图示数量计算	1. 水管及配件安装、固定 2. 接缝、嵌缝 3. 刷漆
010902007	屋面天沟、檐沟	1. 材料品种 2. 接缝、嵌缝材料种类	m^2	按设计图示尺寸以展开面积计算	1. 天沟材料铺设 2. 天沟配件安装 3. 接缝、嵌缝 4. 刷防护材料
010902008	屋面变形缝	1. 嵌缝材料种类 2. 止水带材料种类 3. 盖缝材料 4. 防护材料种类	m	按设计图示以长度计算	1. 清缝 2. 填塞防水材料 3. 止水带安装 4. 盖缝制作、安装 5. 刷防护材料

注意:(1)屋面刚性层防水,按屋面卷材防水、屋面涂膜防水项目编码列项;屋面刚性层无钢筋,其钢筋项目特征不必描述。

(2)屋面找平层按楼地面装饰工程“平面砂浆找平层”项目编码列项。

(3)屋面防水搭接及附加层用量不另行计算,在综合单价中考虑。

【例 4-9】 某工程屋面为卷材防水、膨胀珍珠岩保温,轴线尺寸为 30 m×12 m,墙厚 240 mm,四周女儿墙,防水卷材上卷 250 mm。屋面做法如下:预制钢筋混凝土屋面板;1:10水泥膨胀珍珠岩找坡 2%,最薄处 40 mm 厚(平均厚 100 mm);100 mm 厚憎水珍珠岩块保温层;20 mm 厚水泥砂浆找平;SBS 改性沥青防水卷材二层;20 mm 厚 1:2水泥砂浆抹光压平,6 m×6 m 分格,油膏嵌缝。要求:

1. 编制“屋面卷材防水”工程量清单。

2. 编制“屋面卷材防水”工程量清单计价表。

解 1. 编制“屋面卷材防水”分部分项工程量清单

(1)该项目编码为 010902001001。

(2)卷材品种、防水层做法:SBS 改性沥青卷材,二层。

(3)工程数量 $=(30-0.24)\times(12-0.24)+(30+12-0.48)\times2\times0.25=370.74$ (m^2)。

(4)工程内容为抹找平层、卷材铺贴、保护层。

将上述结果及相关内容填入“分部分项工程量清单”中，如表 4-74 所示。

表 4-74　分部分项工程量清单

序号	项目编码	项目名称	项目特征	计量单位	工程数量	综合单价	合价
1	010902001001	屋面卷材防水	1. 卷材品种：SBS 改性沥青卷材 2. 防水层做法：二层	m^2	370.74		

2. 编制“屋面卷材防水”分部分项工程量清单计价表

综合单价计算：

(1)确定工程内容。该项目发生的工程内容为抹找平层、卷材铺贴、保护层。

(2)计算工程数量。根据现行山东省建筑工程量计算规则的规定，分别计算工程量清单项目所包含的每项工程内容的工程数量。

抹找平层：按卷材铺贴面积为 370.74 m^2

卷材铺贴：由于现行计算规则与清单计算规则一致，因此铺贴面积为 370.74 m^2

保护层：按卷材铺贴面积为 370.74 m^2

(3)计算单位含量。分别计算工程量清单项目每计量单位应包含的各项工程内容的工程数量。

抹找平层：$370.74 \div 370.74 = 1(m^2/m^2)$

卷材铺贴：$370.74 \div 370.74 = 1(m^2/m^2)$

保护层：$370.74 \div 370.74 = 1(m^2/m^2)$

(4)选择定额。根据“5.7.2　屋面防水”选定额，确定人工、材料、机械台班的消耗量。

抹找平层：9－1－2

卷材铺贴：6－2－32

保护层：6－2－3

(5)选择单价。人工、材料、机械台班单价选用省信息价或市场价。

(6)计算清单项目每计量单位所含各项工程内容的人工、材料、机械台班价款（按省价目表计算）。

抹找平层（20 mm 厚）：

人工费：$1.76 \times 1 = 1.76$（元/m^2）

材料费：$4.00 \times 1 = 4.00$（元/m^2）

机械费：$0.21 \times 1 = 0.21$（元/m^2）

小计:1.76+4.00+0.21=5.97(元/m^2)

卷材铺贴:

人工费:1.34×1=1.34(元/m^2)

材料费:69.72×1=69.72(元/m^2)

小计:1.34+69.72=71.06(元/m^2)

保护层:

人工费:3.43×1=3.43(元/m^2)

材料费:7.28×1=7.28(元/m^2)

机械费:0.16×1=0.16(元/m^2)

小计:3.43+7.28+0.16=10.87(元/m^2)

(7)计算工程量清单项目每计量单位人工、材料、机械台班价款。

5.97+71.06+10.87=87.90(元/m^2)

(8)选定费率。根据企业情况确定管理费率和利润率(假定管理费率为5.1%,利润率为3.2%)。

(9)计算综合单价。

建筑工程综合单价=87.90×(1+5.1%+3.2%)=95.20(元/m^2)

(10)合价=综合单价×相应清单项目工程数量=95.20×370.74=35 294.45(元)

根据清单计价办法的要求,将上述计算结果及相关内容填入"分部分项工程量清单计价表"中,见表4-75。

表4-75 分部分项工程量清单计价表

序号	项目编码	项目名称	项目特征	计量单位	工程数量	综合单价	合价
1	010902001001	屋面卷材防水	1. 卷材品种:SBS改性沥青卷材 2. 防水层做法:二层	m^2	370.74	95.20	35 294.45

3 墙面防水、防潮(编号:010903)

墙面防水、防潮包括墙面卷材防水、墙面涂膜防水、墙面砂浆防水(防潮)及墙面变形缝等4个分项工程。

墙面防水、防潮工程量清单项目设置、项目特征描述的内容、计量单位及工程量计算规则,应按表4-76的规定执行。

表 4-76 墙面防水、防潮(编码:010903)

项目编码	项目名称	项目特征	计量单位	工程量计算规则	工作内容
010903001	墙面卷材防水	1. 卷材品种、规格、厚度 2. 防水层数 3. 防水层做法	m^2	按设计图示尺寸以面积计算	1. 基层处理 2. 刷黏结剂 3. 铺防水卷材 4. 接缝、嵌缝
010903002	墙面涂膜防水	1. 卷材、涂膜品种 2. 涂膜厚度、遍数 3. 增强材料种类			1. 基层处理 2. 刷基层处理剂 3. 铺布、喷涂防水层
010903003	墙面砂浆防水(防潮)	1. 防水层做法 2. 砂浆厚度、配合比 3. 钢丝网规格			1. 基层处理 2. 挂钢丝网片 3. 设置分格缝 4. 砂浆制作、运输、摊铺、养护
010903004	墙面变形缝	1. 嵌缝材料种类 2. 止水带材料种类 3. 盖缝材料 4. 防护材料种类	m	按设计图示以长度计算	1. 清缝 2. 填塞防水材料 3. 止水带安装 4. 盖缝制作、安装 5. 刷防护材料

注意:(1)墙面防水搭接及附加层用量不另行计算,在综合单价中考虑。

(2)墙面变形缝,若做双面,工程量乘以系数2。

(3)墙面找平层按墙、柱面装饰与隔断、幕墙工程“立面砂浆找平层”项目编码列项。

4 楼(地)面防水、防潮(编号:010904)

楼(地)面防水、防潮包括楼(地)面卷材防水、楼(地)面涂膜防水、楼(地)面砂浆防水(防潮)及楼(地)面变形缝等4个分项工程。

楼(地)面防水、防潮工程量清单项目设置、项目特征描述的内容、计量单位及工程量计算规则,应按表4-77的规定执行。

表 4-77 楼(地)面防水、防潮(编码:010904)

项目编码	项目名称	项目特征	计量单位	工程量计算规则	工作内容
010904001	楼(地)面卷材防水	1. 卷材品种、规格、厚度 2. 防水层数 3. 防水层做法 4. 反边高度	m^2	按设计图示尺寸以面积计算	1. 基层处理 2. 刷黏结剂 3. 铺防水卷材 4. 接缝、嵌缝
010904002	楼(地)面涂膜防水	1. 防水膜品种 2. 涂膜厚度、遍数 3. 增强材料种类			1. 基层处理 2. 刷基层处理剂 3. 铺布、喷涂防水层
010904003	楼(地)面砂浆防水(防潮)	1. 防水层做法 2. 砂浆厚度、配合比 3. 钢丝网规格			1. 基层处理 2. 挂钢丝网片 3. 设置分格缝 4. 砂浆制作、运输、摊铺、养护
010904004	楼(地)面变形缝	1. 嵌缝材料种类 2. 止水带材料种类 3. 盖缝材料 4. 防护材料种类	m	按设计图示以长度计算	1. 清缝 2. 填塞防水材料 3. 止水带安装 4. 盖缝制作、安装 5. 刷防护材料

注意:(1)楼(地)面防水找平层按楼地面装饰工程"平面砂浆找平层"项目编码列项。

(2)楼(地)面防水搭接及附加层用量不另行计算,在综合单价中考虑。

课题 10 防腐、隔热、保温工程

防腐、隔热、保温工程适用于建筑物和构筑物的防腐、隔热及保温,包括保温、隔热,防腐面层,其他防腐 3 个分部工程。

1 保温、隔热(编号:011001)

保温、隔热包括保温隔热屋面,保温隔热天棚,保温隔热墙面,保温柱、梁,保温隔热楼地面及其他保温隔热等 6 个分项工程。

保温、隔热工程量清单项目设置、项目特征描述的内容、计量单位及工程量计算规则,应按表 4-78 的规定执行。

表 4-78　保温、隔热（编码:011001）

<table>
<tr><th>项目编码</th><th>项目名称</th><th>项目特征</th><th>计量单位</th><th>工程量计算规则</th><th>工作内容</th></tr>
<tr><td>011001001</td><td>保温隔热屋面</td><td>1. 保温隔热材料品种、规格、厚度
2. 隔气层材料品种、厚度
3. 黏结材料种类、做法
4. 防护材料种类、做法</td><td rowspan="4">m^2</td><td>按设计图示尺寸以面积计算。扣除面积 >0.3 m^2 孔洞及占位面积</td><td rowspan="2">1. 基层清理
2. 刷黏结材料
3. 铺粘保温层
4. 铺、刷(喷)防护材料</td></tr>
<tr><td>011001002</td><td>保温隔热天棚</td><td>1. 保温隔热面层材料品种、规格、性能
2. 保温隔热材料品种、规格及厚度
3. 黏结材料种类及做法
4. 防护材料种类及做法</td><td>按设计图示尺寸以面积计算。扣除面积 >0.3 m^2 柱、垛、孔洞所占面积，与天棚相连的梁按展开面积计算并入天棚工程量内</td></tr>
<tr><td>011001003</td><td>保温隔热墙面</td><td rowspan="2">1. 保温隔热部位
2. 保温隔热方式
3. 踢脚线、勒脚线保温做法
4. 龙骨材料品种、规格
5. 保温隔热面层材料品种、规格、性能
6. 保温隔热材料品种、规格及厚度
7. 增强网及抗裂防水砂浆种类
8. 黏结材料种类及做法
9. 防护材料种类及做法</td><td>按设计图示尺寸以面积计算。扣除门窗洞口以及面积 >0.3 m^2 梁、孔洞所占面积;门窗洞口侧壁以及与墙相连的柱，并入保温墙体工程量内</td><td rowspan="2">1. 基层清理
2. 刷界面剂
3. 安装龙骨
4. 填贴保温材料
5. 保温板安装
6. 粘贴面层
7. 铺设增强格网，抹抗裂、防水砂浆面层
8. 嵌缝
9. 铺、刷(喷)防护材料</td></tr>
<tr><td>011001004</td><td>保温柱、梁</td><td>按设计图示尺寸以面积计算。
1. 柱按设计图示柱断面保温层中心线展开长度乘保温层高度以面积计算，扣除面积 >0.3 m^2 梁所占面积
2. 梁按设计图示梁断面保温层中心线展开长度乘保温层长度以面积计算</td></tr>
</table>

续表 4-78

项目编码	项目名称	项目特征	计量单位	工程量计算规则	工作内容
011001005	保温隔热楼地面	1. 保温隔热部位 2. 保温隔热材料品种、厚度 3. 隔气层材料品种、厚度 4. 黏结材料种类、做法 5. 防护材料种类、做法	m^2	按设计图示尺寸以面积计算。扣除面积 >0.3 m^2 柱、垛、孔洞所占面积，门窗、空圈、暖气包槽、壁龛的开口部分亦不增加面积	1. 基层清理 2. 刷黏结材料 3. 铺粘保温层 4. 铺、刷(喷)防护材料
011001006	其他保温隔热	1. 保温隔热部位 2. 保温隔热方式 3. 隔气层材料品种、厚度 4. 保温隔热面层材料品种、规格、性能 5. 保温隔热材料品种、规格及厚度 6. 黏结材料种类及做法 7. 增强网及抗裂防水砂浆种类 8. 防护材料种类及做法		按设计图示尺寸以面积计算。扣除面积 >0.3 m^2 孔洞及占位面积	1. 基层清理 2. 刷界面剂 3. 安装龙骨 4. 填贴保温材料 5. 保温板安装 6. 粘贴面层 7. 铺设增强格网，抹抗裂、防水砂浆面层 8. 嵌缝 9. 铺、刷(喷)防护材料

注意：(1)柱帽保温隔热应并入天棚保温隔热工程量内。

(2)池槽保温隔热应按其他保温隔热项目编码列项。

(3)保温隔热方式指内保温、外保温、夹心保温。

屋面保温隔热的找坡、找平层应包括在报价内，如果屋面防水层项目包括了找平层和找坡，保温隔热项目内不再计算。屋面保温隔热层上的防水层应按屋面的防水项目单独列项；预制隔热板屋面的隔热板与砖墩分别按混凝土工程和砌筑工程相应项目编码列项。

【例 4-10】 某工程屋面为卷材防水、膨胀珍珠岩保温，轴线尺寸为 30 m×12 m，墙厚 240 mm，四周女儿墙，防水卷材上卷 250 mm。屋面做法如下：预制钢筋混凝土屋面板；1:10水泥膨胀珍珠岩找坡 2%，最薄处 40 mm 厚(平均 100 mm 厚)；100 mm 厚憎水珍珠岩块保温层；20 mm 厚水泥砂浆找平；SBS 改性沥青防水卷材二层；20 mm 厚 1:2水泥砂浆

抹光压平,6 m×6 m分格,油膏嵌缝。要求:

1.编制"保温隔热屋面"工程量清单。

2.编制"保温隔热屋面"工程量清单计价表。

解 1.编制"保温隔热屋面"分部分项工程量清单

(30-0.24)×(12-0.24) =349.98(m^2)。

将上述结果及相关内容填入"分部分项工程量清单"中,如表4-79所示。

表4-79 分部分项工程量清单

序号	项目编码	项目名称	项目特征	计量单位	工程数量	综合单价	合价
1	011001001001	保温隔热屋面	1.保温隔热材料品种、规格、厚度:憎水珍珠岩100 mm厚	m^2	349.98		

2.编制"保温隔热屋面"分部分项工程量清单计价表

综合单价计算:

(1)确定工程内容。该项目发生的工程内容为找坡、保温层铺贴。

(2)计算工程数量。根据现行山东省建筑工程量计算规则的规定,分别计算工程量清单项目所包含的每项工程内容的工程数量。

找坡:(30-0.24)×(12-0.24)×0.1=35.00(m^3)

保温层铺贴:(30-0.24)×(12-0.24)×0.1=35.00(m^3)

(3)计算单位含量。分别计算工程量清单项目每计量单位应包含的各项工程内容的工程数量。

找坡:35.00÷349.98=0.1(m^3/m^2)

保温层铺贴:35.00÷349.98=0.1(m^3/m^2)

(4)选择定额。根据"5.8.3 隔热、保温"选定额,确定人工、材料、机械台班的消耗量。

找坡:6-3-15

保温层铺贴:6-3-5

(5)选择单价。人工、材料、机械台班单价选用省信息价或市场价。

(6)计算清单项目每计量单位所含各项工程内容的人工、材料、机械台班价款(按省价目表计算)。

找坡:

人工费:15.82×0.1=1.58(元/m^2)

材料费:133.74×0.1=13.37(元/m^2)

小计:1.58+13.37=14.95(元/m^2)

保温层铺贴:

人工费:33.44×0.1=3.34(元/m^2)

材料费：411.14×0.1=41.11（元/m^2）

小计：3.34+41.11=44.45（元/m^2）

（7）计算工程量清单项目每计量单位人工、材料、机械台班价款。

14.95+44.45=59.40（元/m^2）

（8）选定费率。根据企业情况确定管理费率和利润率（假定管理费率为5.1%，利润率为3.2%）。

（9）计算综合单价。

建筑工程综合单价=59.40×（1+5.1%+3.2%）=64.33（元/m^2）

（10）合价=综合单价×相应清单项目工程数量=64.33×349.98=22 514.21（元）

根据清单计价办法的要求，将上述计算结果及相关内容填入“分部分项工程量清单计价表”中，见表4-80。

表4-80 分部分项工程量清单计价表

序号	项目编码	项目名称	项目特征	计量单位	工程数量	综合单价	合价
1	011001001001	保温隔热屋面	1. 保温隔热材料品种、规格、厚度：憎水珍珠岩100 mm厚	m^2	349.98	64.33	22 514.21

2 防腐面层（编号：011002）

防腐面层包括防腐混凝土面层、防腐砂浆面层、防腐胶泥面层、玻璃钢防腐面层、聚氯乙烯板面层、块料防腐面层及池、槽块料防腐面层等7个分项工程。

防腐面层工程量清单项目设置、项目特征描述的内容、计量单位及工程量计算规则，应按表4-81的规定执行。

表4-81 防腐面层（编码：011002）

项目编码	项目名称	项目特征	计量单位	工程量计算规则	工作内容
011002001	防腐混凝土面层	1. 防腐部位 2. 面层厚度 3. 混凝土种类 4. 胶泥种类、配合比	m^2	按设计图示尺寸以面积计算。 1. 平面防腐：扣除凸出地面的构筑物、设备基础等以及面积>0.3 m^2孔洞、柱、垛所占面积，门洞、空圈、暖气包槽、壁龛的开口部分不增加面积 2. 立面防腐：扣除门、窗、洞口以及面积>0.3 m^2孔洞、梁所占面积，门、窗、洞口侧壁、垛突出部分按展开面积并入墙面积内	1. 基层清理 2. 基层刷稀胶泥 3. 混凝土制作、运输、摊铺、养护

续表 4-81

项目编码	项目名称	项目特征	计量单位	工程量计算规则	工作内容
011002002	防腐砂浆面层	1. 防腐部位 2. 面层厚度 3. 砂浆、胶泥种类、配合比	m^2	按设计图示尺寸以面积计算。 1. 平面防腐：扣除凸出地面的构筑物、设备基础等以及面积 > 0.3 m^2 孔洞、柱、垛所占面积，门洞、空圈、暖气包槽、壁龛的开口部分不增加面积 2. 立面防腐：扣除门、窗、洞口以及面积 > 0.3 m^2 孔洞、梁所占面积，门、窗、洞口侧壁、垛突出部分按展开面积并入墙面积内	1. 基层清理 2. 基层刷稀胶泥 3. 砂浆制作、运输、摊铺、养护
011002003	防腐胶泥面层	1. 防腐部位 2. 面层厚度 3. 胶泥种类、配合比			1. 基层清理 2. 胶泥调制、摊铺
011002004	玻璃钢防腐面层	1. 防腐部位 2. 玻璃钢种类 3. 贴布材料的种类、层数 4. 面层材料品种			1. 基层清理 2. 刷底漆、刮腻子 3. 胶浆配制、涂刷 4. 粘布、涂刷面层
011002005	聚氯乙烯板面层	1. 防腐部位 2. 面层材料品种、厚度 3. 黏结材料种类			1. 基层清理 2. 配料、涂胶 3. 聚氯乙烯板铺设
011002006	块料防腐面层	1. 防腐部位 2. 块料品种、规格 3. 黏结材料种类 4. 勾缝材料种类			1. 基层清理 2. 铺贴块料 3. 胶泥调制、勾缝
011002007	池、槽块料防腐面层	1. 防腐池、槽名称、代号 2. 块料品种、规格 3. 黏结材料种类 4. 勾缝材料种类		按设计图示尺寸以展开面积计算	1. 基层清理 2. 铺贴块料 3. 胶泥调制、勾缝

各项目需按防腐部位分平、立面，面层材料品种、厚度（或层数），黏结材料种类等进行第五级编码列项，每个项目的综合单价中应包括基层处理，底层、中间层次及面层的涂、刷、铺、贴等的费用。

工程量均按设计图示尺寸以面积计算，在平面防腐工程量中，应扣除凸出地面的构筑物、设备基础等所占面积；在立面防腐工程量中，应将凸出墙面的砖垛等按展开面积并入墙面积内。

3 其他防腐(编号:011003)

其他防腐包括隔离层、砌筑沥青浸渍砖及防腐涂料等3个分项工程。

其他防腐工程量清单项目设置、项目特征描述的内容、计量单位及工程量计算规则,应按表4-82的规定执行。

表4-82 其他防腐(编码:011003)

项目编码	项目名称	项目特征	计量单位	工程量计算规则	工作内容
011003001	隔离层	1. 隔离层部位 2. 隔离层材料品种 3. 隔离层做法 4. 粘贴材料种类	m^2	按设计图示尺寸以面积计算。 1. 平面防腐:扣除凸出地面的构筑物、设备基础等以及面积 > 0.3 m^2 孔洞、柱、垛所占面积,门洞、空圈、暖气包槽、壁龛的开口部分不增加面积 2. 立面防腐:扣除门、窗、洞口以及面积 > 0.3 m^2 孔洞、梁所占面积,门、窗、洞口侧壁、垛突出部分按展开面积并入墙面积内	1. 基层清理、刷油 2. 煮沥青 3. 胶泥调制 4. 隔离层铺设
011003002	砌筑沥青浸渍砖	1. 砌筑部位 2. 浸渍砖规格 3. 胶泥种类 4. 浸渍砖砌法	m^3	按设计图示尺寸以体积计算	1. 基层清理 2. 胶泥调制 3. 浸渍砖铺砌
011003003	防腐涂料	1. 涂刷部位 2. 基层材料类型 3. 刮腻子的种类、遍数 4. 涂料品种、刷涂遍数	m^2	按设计图示尺寸以面积计算。 1. 平面防腐:扣除凸出地面的构筑物、设备基础等以及面积 > 0.3 m^2 孔洞、柱、垛所占面积,门洞、空圈、暖气包槽、壁龛的开口部分不增加面积 2. 立面防腐:扣除门、窗、洞口以及面积 > 0.3 m^2 孔洞、梁所占面积,门、窗、洞口侧壁、垛突出部分按展开面积并入墙面积内	1. 基层清理 2. 刮腻子 3. 刷涂料

注意:浸渍砖砌法指平砌、立砌。

课题11　措施项目清单编制

措施项目清单是指为完成工程项目施工，发生于该工程施工前和施工过程中的非工程实体项目的明细清单，包括技术、安全、生活等方面的相关非实体项目。措施项目清单是招标人编制措施项目清单的依据，是投标人报价的参考。

措施项目包括脚手架工程、混凝土模板及支架（撑）、垂直运输、超高施工增加、大型机械设备进出场及安拆、施工排水降水、安全文明施工及其他措施项目等7个部分。

1　脚手架工程（编号：011701）

脚手架工程工程量清单项目设置、计量单位、工作内容及包含范围应按表4-83的规定执行。

表4-83　脚手架工程（编码：011701）

<table>
<tr><th>项目编码</th><th>项目名称</th><th>项目特征</th><th>计量单位</th><th>工程量计算规则</th><th>工作内容</th></tr>
<tr><td>011701001</td><td>综合脚手架</td><td>1. 建筑结构形式
2. 檐口高度</td><td>m^2</td><td>按建筑面积计算</td><td>1. 场内、场外材料搬运
2. 搭、拆脚手架、斜道、上料平台
3. 安全网的铺设
4. 选择附墙点与主体连接
5. 测试电动装置、安全锁等
6. 拆除脚手架后材料的堆放</td></tr>
<tr><td>011701002</td><td>外脚手架</td><td rowspan="2">1. 搭设方式
2. 搭设高度
3. 脚手架材质</td><td rowspan="3">m^2</td><td rowspan="2">按所服务对象的垂直投影面积计算</td><td rowspan="4">1. 场内、场外材料搬运
2. 搭、拆脚手架、斜道、上料平台
3. 安全网的铺设
4. 拆除脚手架后材料的堆放</td></tr>
<tr><td>011701003</td><td>里脚手架</td></tr>
<tr><td>011701004</td><td>悬空脚手架</td><td rowspan="2">1. 搭设方式
2. 悬挑宽度
3. 脚手架材质</td><td>按搭设的水平投影面积计算</td></tr>
<tr><td>011701005</td><td>挑脚手架</td><td>m</td><td>按搭设长度乘以搭设层数以延长米计算</td></tr>
</table>

续表 4-83

项目编码	项目名称	项目特征	计量单位	工程量计算规则	工作内容
011701006	满堂脚手架	1. 搭设方式 2. 搭设高度 3. 脚手架材质	m^2	按搭设的水平投影面积计算	1. 场内、场外材料搬运 2. 搭、拆脚手架、斜道、上料平台 3. 安全网的铺设 4. 拆除脚手架后材料的堆放
011701007	整体提升架	1. 搭设方式及启动装置 2. 搭设高度		按所服务对象的垂直投影面积计算	1. 场内、场外材料搬运 2. 选择附墙点与主体连接 3. 搭、拆脚手架、斜道、上料平台 4. 安全网的铺设 5. 测试电动装置、安全锁等 6. 拆除脚手架后材料的堆放
011701008	外装饰吊篮	1. 升降方式及启动装置 2. 搭设高度及吊篮型号		按所服务对象的垂直投影面积计算	1. 场内、场外材料搬运 2. 吊篮的安装 3. 测试电动装置、安全锁、平衡控制器等 4. 吊篮的拆卸

注意:(1)使用综合脚手架时,不再使用外脚手架、里脚手架等单项脚手架;综合脚手架适用于能够按"建筑面积计算规则"计算建筑面积的建筑工程脚手架,不适用于房屋加层、构筑物及附属工程脚手架。

(2)同一建筑物有不同檐高时,按建筑物竖向切面分别按不同檐高编列清单项目。

(3)整体提升架已包括 2 m 高的防护架体设施。

(4)脚手架材质可以不描述,但应注明由投标人根据工程实际情况按照《建筑施工扣件式钢管脚手架安全技术规范》(JGJ130)、《建筑施工附着升降脚手架管理规定》(建建〔2000〕230 号)等规范自行确定。

2 混凝土模板及支架(撑)(编号:011702)

混凝土模板及支架(撑)工程量清单项目设置、计量单位、工作内容及包含范围应按表 4-84 的规定执行。

表 4-84 混凝土模板及支架(撑)(编码:011702)

<table>
<tr><th>项目编码</th><th>项目名称</th><th>项目特征</th><th>计量单位</th><th>工程量计算规则</th><th>工作内容</th></tr>
<tr><td>011702001</td><td>基础</td><td>基础类型</td><td rowspan="21">m²</td><td rowspan="21">按模板与现浇混凝土构件的接触面积计算。
1. 现浇钢筋混凝土墙、板单孔面积≤0.3 m² 的孔洞不予扣除,洞侧壁模板亦不增加;单孔面积>0.3 m² 时应予扣除,洞侧壁模板面积并入墙、板工程量内计算
2. 现浇框架分别按梁、板、柱有关规定计算;附墙柱、暗梁、暗柱并入墙内工程量内计算
3. 柱、梁、墙、板相互连接的重叠部分,均不计算模板面积
4. 构造柱按图示外露部分计算模板面积</td><td rowspan="21">1. 模板制作
2. 模板安装、拆除、整理堆放及场内外运输
3. 清理模板黏结物及模内杂物、刷隔离剂等</td></tr>
<tr><td>011702002</td><td>矩形柱</td><td rowspan="2"></td></tr>
<tr><td>011702003</td><td>构造柱</td></tr>
<tr><td>011702004</td><td>异形柱</td><td>柱截面尺寸</td></tr>
<tr><td>011702005</td><td>基础梁</td><td>梁截面尺寸</td></tr>
<tr><td>011702006</td><td>矩形梁</td><td>支撑高度</td></tr>
<tr><td>011702007</td><td>异形梁</td><td>1. 梁截面尺寸
2. 支撑高度</td></tr>
<tr><td>011702008</td><td>圈梁</td><td rowspan="2"></td></tr>
<tr><td>011702009</td><td>过梁</td></tr>
<tr><td>011702010</td><td>弧形、拱形梁</td><td>1. 梁截面尺寸
2. 支撑高度</td></tr>
<tr><td>011702011</td><td>直形墙</td><td rowspan="3"></td></tr>
<tr><td>011702012</td><td>弧形墙</td></tr>
<tr><td>011702013</td><td>短肢剪力墙、电梯井壁</td></tr>
<tr><td>011702014</td><td>有梁板</td><td rowspan="7">支撑高度</td></tr>
<tr><td>011702015</td><td>无梁板</td></tr>
<tr><td>011702016</td><td>平板</td></tr>
<tr><td>011702017</td><td>拱板</td></tr>
<tr><td>011702018</td><td>薄壳板</td></tr>
<tr><td>011702019</td><td>空心板</td></tr>
<tr><td>011702020</td><td>其他板</td></tr>
<tr><td>011702021</td><td>栏板</td><td></td></tr>
</table>

续表 4-84

项目编码	项目名称	项目特征	计量单位	工程量计算规则	工作内容
011702022	天沟、檐沟	构件类型	m^2	按模板与现浇混凝土构件的接触面积计算。 按图示外挑部分尺寸的水平投影面积计算，挑出墙外的悬臂梁及板边不另计算	1. 模板制作 2. 模板安装、拆除、整理堆放及场内外运输 3. 清理模板黏结物及模内杂物、刷隔离剂等
011702023	雨篷、悬挑板、阳台板	1. 构件类型 2. 板厚度			
011702024	楼梯	类型		按楼梯(包括休息平台、平台梁、斜梁和楼层板的连接梁)的水平投影面积计算，不扣除宽度≤500 mm的楼梯井所占面积，楼梯踏步、踏步板、平台梁等侧面模板不另计算，伸入墙内部分亦不增加	
011702025	其他现浇构件	构件类型		按模板与现浇混凝土构件的接触面积计算	
011702026	电缆沟、地沟	1. 沟类型 2. 沟截面		按模板与电缆沟、地沟接触的面积计算	
011702027	台阶	台阶踏步宽		按图示台阶水平投影面积计算，台阶端头两侧不另计算模板面积。架空式混凝土台阶，按现浇楼梯计算	
011702028	扶手	扶手断面尺寸		按模板与扶手的接触面积计算	
011702029	散水	坡度		按模板与散水的接触面积计算	
011702030	后浇带	后浇带部位		按模板与后浇带的接触面积计算	
011702031	化粪池	1. 化粪池部位 2. 化粪池规格		按模板与混凝土接触面积计算	
011702032	检查井	1. 检查井部位 2. 检查井规格			

注意:(1)原槽浇灌的混凝土基础、垫层,不计算模板。

(2)此混凝土模板及支撑(架)项目,只适用于以 m^2 计量,按模板与混凝土构件的接触面积计算。以 m^3 计量,模板及支撑(支架)不再单列,按混凝土及钢筋混凝土实体项目执行,综合单价中应包含模板及支架。

(3)采用清水模板时,应在特征中注明。

(4)若现浇混凝土梁、板支撑高度超过 3.6 m,项目特征应描述支撑高度。

3　垂直运输(编号:011703)

垂直运输工程量清单项目设置、计量单位、工作内容及包含范围应按表 4-85 的规定执行。

表 4-85　垂直运输(编号:011703)

项目编码	项目名称	项目特征	计量单位	工程量计算规则	工作内容
011703001	垂直运输	1. 建筑物建筑类型及结构形式 2. 地下室建筑面积 3. 建筑物檐口高度、层数	1. m^2 2. d	1. 按建筑面积计算 2. 按施工工期日历天数	1. 垂直运输机械的固定装置、基础制作、安装 2. 行走式垂直运输机械轨道的铺设、拆除、摊销

注意:(1)建筑物的檐口高度是指设计室外地坪至檐口滴水的高度(平屋顶系指屋面板底高度),突出主体建筑物屋顶的电梯机房、楼梯出口间、水箱间、瞭望塔、排烟机房等不计入檐口高度。

(2)垂直运输机械指施工工程在合理工期内所需垂直运输机械。

(3)同一建筑物有不同檐高时,按建筑物的不同檐高做纵向分割;分别计算建筑面积,以不同檐高分别编码列项。

4　超高施工增加(编号:011704)

超高施工增加工程量清单项目设置、计量单位、工作内容及包含范围应按表 4-86 的规定执行。

表 4-86 超高施工增加（编号:011704）

项目编码	项目名称	项目特征	计量单位	工程量计算规则	工作内容
011704001	超高施工增加	1. 建筑物建筑类型及结构形式 2. 建筑物檐口高度、层数 3. 单层建筑物檐口高度超过 20 m，多层建筑物超过 6 层部分的建筑面积	m^2	按建筑物超高部分的建筑面积计算	1. 建筑物超高引起的人工工效降低以及由于人工工效降低引起的机械降效 2. 高层施工用水加压水泵的安装、拆除及工作台班 3. 通信联络设备的使用及摊销

注意：(1)单层建筑物檐口高度超过 20 m，多层建筑物超过 6 层时，可按超高部分的建筑面积计算超高施工增加。计算层数时，地下室不计入层数。

(2)同一建筑物有不同檐高时，可按不同高度的建筑面积分别计算建筑面积，以不同檐高分别编码列项。

5 大型机械设备进出场及安拆（编号:011705）

大型机械设备进出场及安拆工程量清单项目设置、计量单位、工作内容及包含范围应按表 4-87 的规定执行。

表 4-87 大型机械设备进出场及安拆（编号:011705）

项目编码	项目名称	项目特征	计量单位	工程量计算规则	工作内容
011705001	大型机械设备进出场及安拆	1. 机械设备名称 2. 机械设备规格型号	台次	按使用机械设备的数量计算	1. 安拆费包括施工机械在施工现场进行安装、拆卸所需的人工费、材料费、机械费、试运转费以及机械辅助设施的折旧、搭设、拆除等费用 2. 进出场费包括施工机械、设备整体或分体自停放场地运至施工现场，或由一个施工地点运至另一个施工地点所发生的运输、装卸辅助材料等费用

6 施工排水降水(编号:011706)

施工排水降水工程量清单项目设置、计量单位、工作内容及包含范围应按表 4-88 的规定执行。

表 4-88 施工排水降水(编号:011706)

项目编码	项目名称	项目特征	计量单位	工程量计算规则	工作内容
011706001	成井	1. 成井方式 2. 地层情况 3. 成井直径 4. 井(滤)管类型、直径	m	按设计图示尺寸以钻孔深度计算	1. 准备钻孔机械、埋设护筒、钻机就位;泥浆制作、固壁;成孔、出渣、清孔等 2. 对接上、下井管(滤管),焊接,安放,下滤料,洗井,连接试抽等
011706002	排水、降水	1. 机械规格型号 2. 降排水管规格	昼夜	按降、排水日历天数计算	1. 管道安装、拆除,场内搬运等 2. 抽水、值班、降水设备维修等

注意:相应专项设计不具备时,可按暂估量计算。

7 安全文明施工及其他措施项目(编号:011707)

安全文明施工及其他措施项目工程量清单项目设置、计量单位、工作内容及包含范围应按表 4-89 的规定执行。

表 4-89 安全文明施工及其他措施项目(编号:011707)

项目编码	项目名称	工作内容及包含范围
011707001	安全文明施工	1. 环境保护:现场施工机械设备降低噪声、防扰民措施费用;水泥和其他易飞扬细颗粒建筑材料密闭存放或采取覆盖措施等费用;工程防扬尘洒水费用;土石方、建渣外运车辆防护措施等费用;现场污染源的控制、生活垃圾清理外运、场地排水排污措施的费用;其他环境保护措施费用 2. 文明施工:"五牌一图"的费用;现场围挡的墙面美化(包括内外粉刷、刷白、标语等)、压顶装饰费用;现场厕所便槽刷白、贴面砖,水泥砂浆地面或地砖费用,建筑物内临时便溺设施费用;其他施工现场临时设施的装饰装修、美化措施费用;现场生活卫生设施费用;符合卫生要求的饮水设备、淋浴、消毒等设施费用;生活用洁净燃料费用;防煤气中毒、防蚊虫叮咬等措施费用;施工现场操作场地的硬化费用;现场绿化费用、治安综合治理费用;现场配备医药保健器材、物品费用和急救人员培训费用;用于现场工人的防暑降温费、电风扇、空调等设备及用电费用;其他文明施工措施费用 3. 安全施工:安全资料、特殊作业专项方案的编制,安全施工标志的购置及安全宣传的费用;"三宝"(安全帽、安全带、安全网)、"四口"(楼梯口、电梯井口、通道口、预留洞口)、"五临边"(阳台围边、楼板围边、屋面围边、槽坑围边、卸料平台两侧),水平防护架、垂直防护架、外架封闭等防护的费用;施工安全用电的费用,包括配电箱三级配电、两级保护装置要求、外电防护措施;起重机、塔吊等起重设备(含井架、门架)及外用电梯的安全防护措施(含警示标志)费用,以及卸料平台的临边防护、层间安全门、防护棚等设施费用;建筑工地起重机械的检验检测费用;施工机具防护棚及其围栏的安全保护设施费用;施工安全防护通道的费用;工人的安全防护用品、用具购置费用;消防设施与消防器材的配置费用;电气保护、安全照明设施费;其他安全防护措施费用 4. 临时设施:施工现场采用彩色、定型钢板,砖、混凝土砌块等围挡的安砌、维修、拆除费或摊销费;施工现场临时建筑物、构筑物的搭设、维修、拆除或摊销的费用;如临时宿舍、办公室,食堂、厨房、厕所、诊疗所、临时文化福利用房、临时仓库、加工场、搅拌台、临时简易水塔、水池等。施工现场临时设施的搭设、维修、拆除或摊销的费用。如临时供水管道、临时供电管线、小型临时设施等;施工现场规定范围内临时简易道路铺设,临时排水沟、排水设施安砌、维修、拆除的费用;其他临时设施费搭设、维修、拆除或摊销的费用
011707002	夜间施工	1. 夜间固定照明灯具和临时可移动照明灯具的设置、拆除 2. 夜间施工时,施工现场交通标志、安全标牌、警示灯等的设置、移动、拆除 3. 包括夜间照明设备摊销及照明用电、施工人员夜班补助、夜间施工劳动效率降低等

续表 4-89

项目编码	项目名称	工作内容及包含范围
011707003	非夜间施工照明	为保证工程施工正常进行,在如地下室等特殊施工部位施工时所采用的照明设备的安拆、维护、摊销及照明用电等费用
011707004	二次搬运	包括由于施工场地条件限制而发生的材料、成品、半成品等一次运输不能到达堆放地点,必须进行二次或多次搬运
011707005	冬雨季(风)施工	1. 冬雨(风)季施工时增加的临时设施(防寒保温、防雨、防风设施)的搭设、拆除 2. 冬雨(风)季施工时,对砌体、混凝土等采用的特殊加温、保温和养护措施 3. 冬雨(风)季施工时,施工现场的防滑处理、对影响施工的雨雪的清除 4. 包括冬雨(风)季施工时增加的临时设施的摊销、施工人员的劳动保护用品、冬雨(风)季施工劳动效率降低等
011707006	地上、地下设施、建筑物的临时保护设施	在工程施工过程中,对已建成的地上、地下设施和建筑物进行的遮盖、封闭、隔离等必要保护措施所发生的费用
011701007	已完工程及设备保护	对已完工程及设备采取的覆盖、包裹、封闭、隔离等必要保护措施所发生的费用

注意:表 4-89 中所列项目应根据工程实际情况计算措施项目费用,需分摊的应合理计算分摊费用。

【例 4-11】 某工程为二层框架结构,一层层高为 4.8 m,二层层高为 3.9 m,建筑面积为 1 578 m^2,基础为筏板基础,施工工期为 4 个月。施工现场场地交通方便,拟建建筑物东 30 m 为原有建筑物,西 70 m 为城市交通道路,南 10 m 处有围墙,北 20 m 为原有建筑物。试列出该工程措施项目。

解 根据工程特点,考虑现场施工的实际情况,措施项目在通常情况下所列的项目有:

(1)临时设施、文明施工、安全施工三项是必需的措施项目。

(2)因该工程为框架结构,柱、梁、板是现浇混凝土,应列混凝土、钢筋混凝土模板及支架项目。

(3)为保证施工质量,浇筑混凝土时会有夜间施工现象,故应列夜间施工项目。

(4)该工程为二层框架结构,一层层高为 4.8 m,二层层高为 3.9 m,施工时需要搭设脚手架,为解决垂直运输问题需要垂直运输机械,因此应列脚手架、垂直运输机械项目。

(5)该工程为筏板基础,基坑开挖时需采用机械大开挖的方式,选用履带式反铲挖掘机,因而应列大型机械设备进出场及安拆项目。

(6)考虑到室内地面、墙面的装饰等,需对室内进行空气污染测试,应列室内空气污染测试费项目。

小 结

(1)了解各分部工程的适用范围及包含的内容。

(2)掌握工程量清单计价办法中各分项工程工程量的计算规则,并注意与定额计价办法中工程量计算规则的异同。

(3)掌握各分部工程"注意事项"中应计入清单报价内的各项内容。

(4)熟练掌握分部分项工程量清单的编制,其编制内容包括确定项目编码、项目名称、计量单位、工程数量及工程内容等五项。

(5)熟练掌握分部分项工程量清单计价表的编制,其编制重点是综合单价的确定。

(6)熟练掌握措施项目清单的编制。

习 题

一、单项选择题

1. 土壤岩石分类,按土壤及岩石(普氏)分类表综合取定,表中的Ⅳ类土为定额中的( )。

A. 砂砾坚土　　B. 次坚石　　C. 一般土　　D. 松石

2. 土方体积均按( )计算。

A. 挖掘前天然密实体积　　B. 松填土体积

C. 夯实土体积　　D. 虚土体积

3. 土(石)方工程量清单项目中挖基础土方的计算是( )。

A. 按设计图示尺寸以体积计算

B. 按设计图示尺寸以面积计算

C. 按基础垫层底面积乘以挖土深度以体积计算

D. 按基础垫层底面积加工作面乘以挖土深度以体积计算

4. 平整场地按设计图示尺寸以建筑物( )计算。

A. 首层面积　　B. 使用面积　　C. 建筑面积　　D. 内围面积

5. 施工组织要求增加工作面和放坡时,( )。

A. 工程量和单价均不调整　　B. 工程量和单价均调整

C. 只调整工程量　　D. 增加土方量考虑在综合单价内

6. 下列各项中,属于挖沟槽的是( )。

A. 槽底宽 3.5 m,槽长 8 m　　B. 槽底宽 2.8 m,槽长 7 m

C. 槽底宽 3.0 m,槽长 10 m　　D. 槽底宽 3.3 m,槽长 12 m

7. 根据《建设工程工程量清单计价规范》(GB 50500—2013),地下连续墙的工程量应( )。

A. 按设计图示槽横断面面积乘以槽深以体积计算

B. 按设计图示尺寸以支护面积计算

C. 按设计图示以墙中心线长度计算

D. 按设计图示墙中心线长乘以厚度乘以槽深，以体积计算

8. 根据《建设工程工程量清单计价规范》(GB 50500—2013)，下列工程量计算的说法正确的是(　　)。

A. 混凝土桩只能按根数计算

B. 喷粉桩按设计图示尺寸以桩长(包括桩尖)计算

C. 地下连续墙按长度计算

D. 锚杆支护按支护土体体积计算

9. 送桩长度即打桩架底至桩顶面高度或自桩顶面至自然地坪面另加(　　)m。

A. 1.0　　B. 0.8　　C. 0.6　　D. 0.5

10. 以体积计算的边坡处理方式是(　　)。

A. 土钉支护　　B. 地基强夯　　C. 锚杆支护　　D. 地下连续墙

11. 工程量清单项目中填充墙长度的计算方式为(　　)。

A. 外墙按净长线，内墙按中心线计算

B. 外墙按图示尺寸，内墙按净长线计算

C. 外墙按中心线，内墙按设计尺寸计算

D. 外墙按中心线，内墙按净长线计算

12. 屋面卷材防水按照(　　)计算其工程量。

A. 长度　　B. 面积　　C. 体积　　D. 质量

13. 屋面的女儿墙、伸缩缝和天窗等处的弯起部分，按图示尺寸计算并入屋面工程量。如图纸无规定，伸缩缝、女儿墙的弯起部分可按(　　)mm 计算，天窗弯起部分可按(　　)mm 计算。

A. 100　　B. 50　　C. 500　　D. 250

14. 变形缝(伸缩缝)按设计图示尺寸以(　　)计算。

A. 长度　　B. 面积　　C. 体积　　D. 质量

二、多项选择题

1. 土壤岩石分类，按土壤及岩石(普氏)分类表综合取定，以下说法正确的有(　　)。

A. Ⅰ~Ⅲ类土为定额中的一般土　　B. Ⅱ类为定额中的松石

C. Ⅲ类为定额中的普坚石　　D. Ⅳ类土为定额中的砂砾坚土

E. Ⅴ类及Ⅴ类以上为定额中的石方工程

2. 以下项目中，计算平整场地面积的有(　　)。

A. 围墙　　B. 下水道　　C. 水塔　　D. 烟囱　　E. 化粪池

3. 混凝土灌注桩清单项目的组成项目包括(　　)等。

A. 成孔　　B. 混凝土制作　　C. 运输和灌注　　D. 空桩费　　E. 泥浆外运

4. 计算墙体工程量时应扣除(　　)体积。

A. 门窗洞口　B. 圈梁　C. 梁头　D. 板头　E. 檩头

5. 墙长计算的规定是(　　)长度计算。

A. 外墙中心线　B. 内墙净长线　C. 隔墙实际长　D. 山墙按外边线

E. 内墙中心线

6. 零星砌砖项目包括(　　)。

A. 厕所蹲位　B. 垃圾箱　C. 花池　D. 台阶　E. 小便池

7. 计算墙体工程量时应不增加(　　)体积。

A. 腰线　B. 挑檐　C. 窗台线　D. 门窗套　E. 墙头

三、计算题

1. 某建筑平、剖面如图4-16所示，计算其人工平整场地工程量。

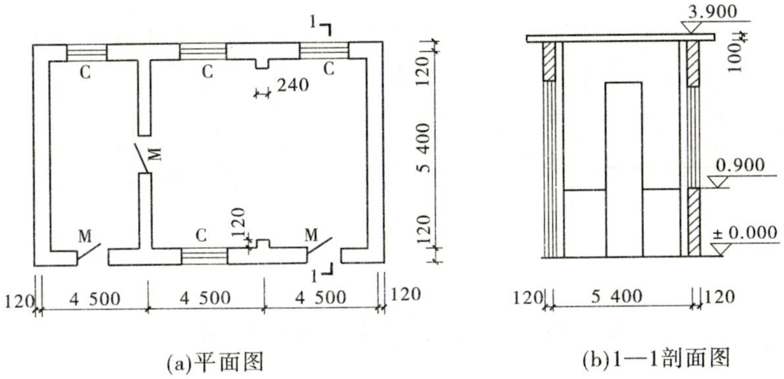

图4-16　某建筑平面图、剖面图

2. 某建筑物基础平面图及剖面图如图4-17所示。已知设计室外地坪标高 −0.3 m，垫层底标高 −1.8 m，室外地坪以下砖基础体积为5.83 m^3，混凝土条形基础体积为9.95 m^3，混凝土垫层厚100 mm，体积为3.31 m^3，室内地面厚度为150 mm，Ⅰ类土，要求挖出的

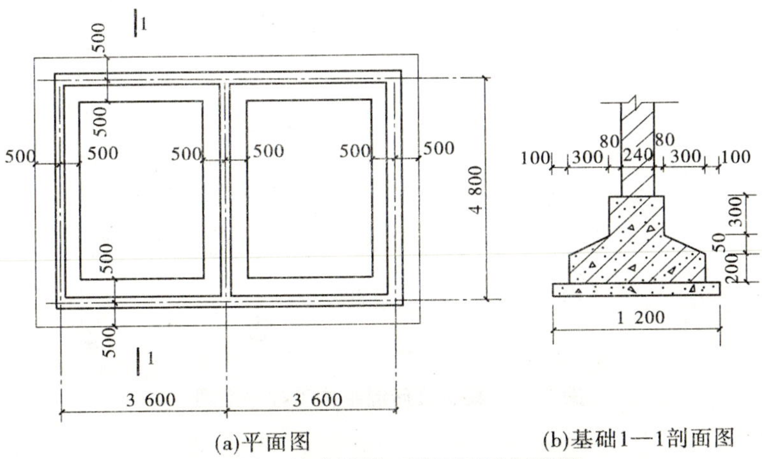

图4-17　某建筑基础平面图及剖面图

土堆在槽边，回填土分层夯实，回填后余下的土外运。试计算平整场地、挖沟槽、槽底打夯、基础回填土、房心回填土、运土的工程量。

3. 某工程预制C30钢筋混凝土方桩共40根，已知土壤为一级土，设计桩长共16 m（两段，包括桩尖，焊接接桩），截面面积为100 mm×100 mm，设计桩顶标高距自然地面0.60 m，试编制预制钢筋混凝土方桩的工程量清单。

4. 某工程灌注桩土壤级别为二级土，单根桩设计长度为8 m，总根数为127根，桩直径为800 mm，灌注混凝土强度等级为C30。试编制灌注桩的工程量清单。

5. 本工程为某单位砖混结构工程，如图4-18～图4-20所示，室内地坪标高为±0.00，室外地坪标高为-0.30，门窗系列见表4-90，求其砖墙工程量。

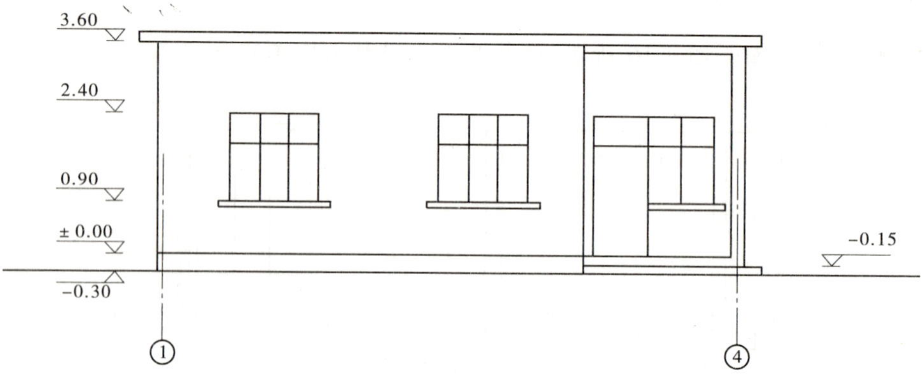

图4-18　某单位砖混结构工程正立面图

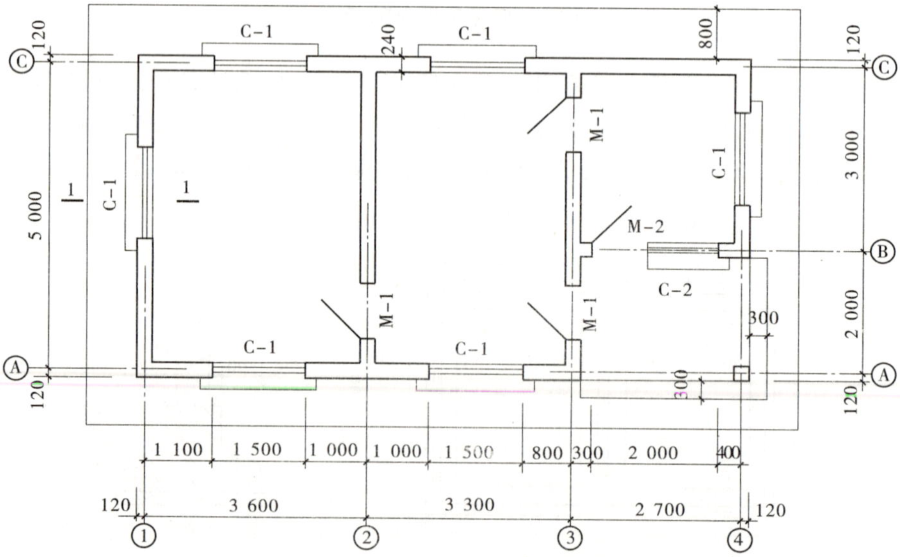

图4-19　某单位砖混结构工程平面图

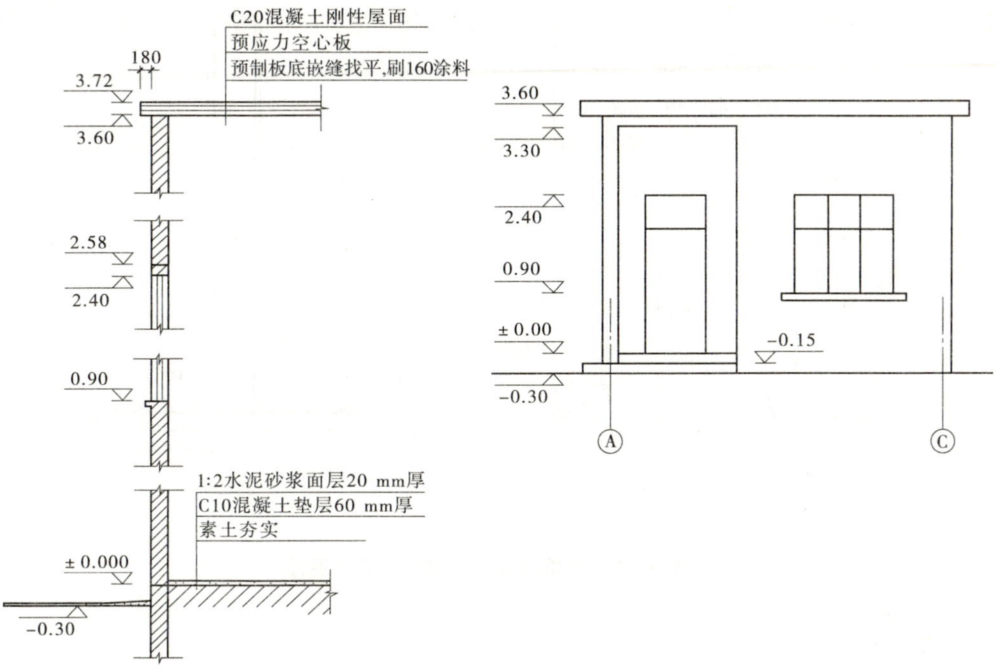

图 4-20　某单位砖混结构工程剖面图及侧立面图

表 4-90　门窗系列表

名称	编号	洞口尺寸(mm)		框外围尺寸(mm)		数量
		宽	高	宽	高	
门	M-1	900	2 400	880	2 390	3
	M-2	2 000	2 400	1 980	2 390	1
窗	C-1	1 500	1 500	1 480	1 480	6
	C-2	1 100	1 500	1 080	1 480	1

6. 某框架结构工业厂房,有40根框架柱,柱下采用独立基础,下设100 mm厚素混凝土垫层,尺寸和配筋如图4-21所示,柱用C25(40)现浇碎石混凝土浇筑,垫层用C10(40)现浇碎石混凝土浇筑。试计算:

(1)垫层、独立基础、柱子混凝土的综合单价费。

(2)基础和柱子钢筋的综合单价费。

7. 如图4-22所示,某单层现浇混凝土框架结构房屋,楼板厚100 mm。采用C20(40)现浇碎石混凝土浇筑。柱截面尺寸:$Z_1 = 300\text{ mm} \times 500\text{ mm}$,$Z_2 = 400\text{ mm} \times 500\text{ mm}$,$Z_3 = 300\text{ mm} \times 5\ 400\text{ mm}$,柱高4.2 m,试计算框架柱和有梁板的综合单价费。

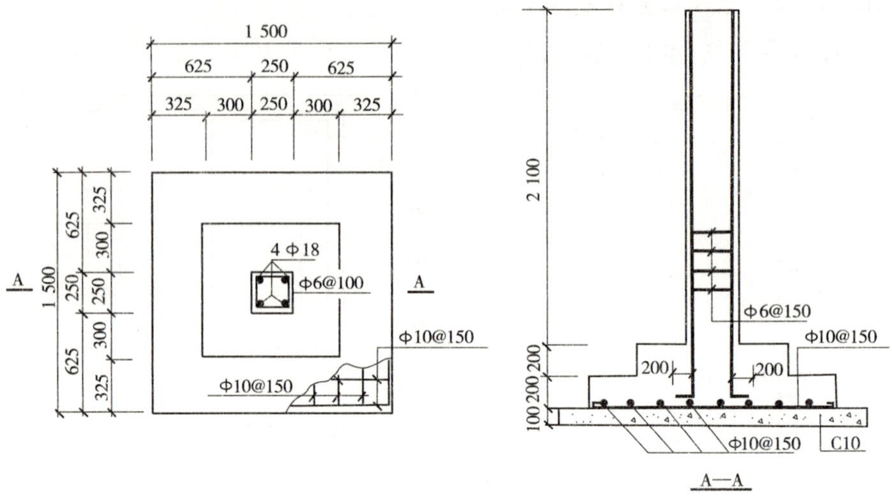

图 4-21　某框架结构基础、柱子示意图

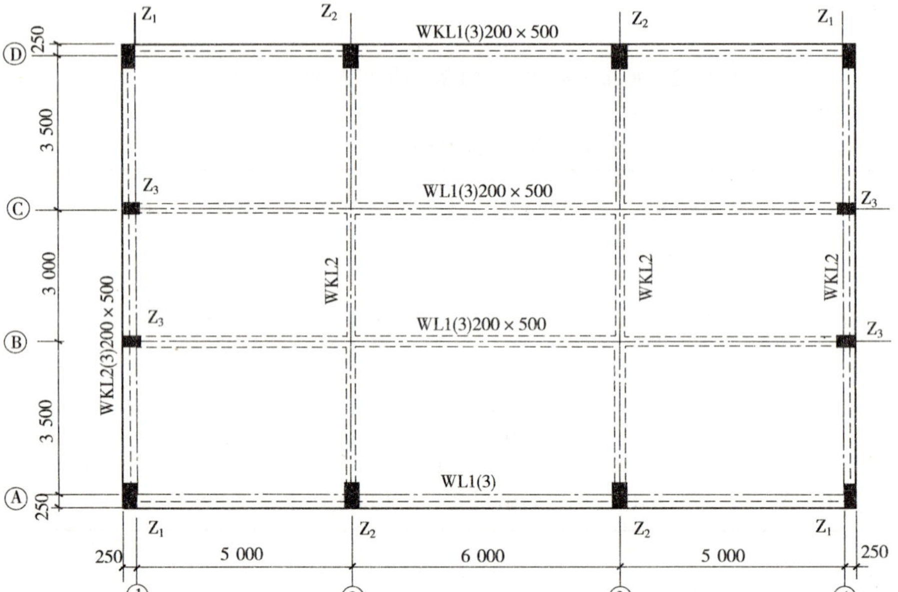

图 4-22　某框架结构示意图

8. 如图 4-23 所示，屋面卷材防水工程量清单为 314.9 m²，试用清单计价法计算屋面卷材防水分项工程的综合单价。屋面做法：

(1)20 mm 厚 1∶3 水泥砂浆找平层。

(2)干铺 1∶8 水泥炉渣，最薄处厚度为 60 mm。

(3)100 mm 厚加气混凝土块。

(4)20 mm 厚 1∶2.5 水泥砂浆找平层。

(5)3 mm 厚溶剂型 SBS 改性沥青防水卷材(图中虚线为外墙的外边线)。

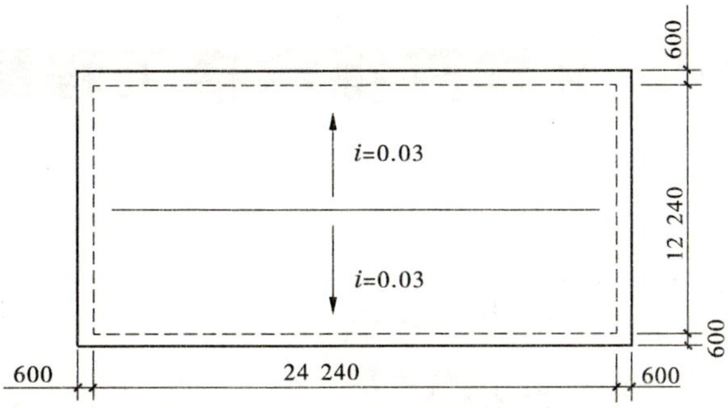

图 4-23　某工程屋顶平面图

单元5 ××学院综合楼工程案例

【知识点】

1. ××学院综合楼工程清单工程量计算。
2. ××学院综合楼工程定额工程量计算。

【教学目标】

本单元是对前面学习内容的一个实战练习,学生通过对××学院综合楼工程清单与定额工程量的计算,将前面所学内容融会贯通起来。

建筑施工图见建施01~建施11,结构施工图见结施01~结施17。

基数表见表5-1,门窗表见表5-2,过梁表见表5-3,清单定额工程量计算书见表5-4。

图纸目录

序号	图号	图纸名称	序号	图号	图纸名称
建筑			结构		
1	建施 01	建筑设计说明	12	结施 01	结构设计说明
2	建施 02	1 层平面图	13	结施 02	基础平面图
3	建施 03	2 ~ 5 层平面图	14	结施 03	J - 1 ~ J - 3 详图
4	建施 04	出屋顶平面图	15	结施 04	J - 4 ~ J - 8 详图
5	建施 05	坡屋顶平面图	16	结施 05	地下室及 2 层结构平面图
6	建施 06	地下室平面图及 1—1 剖面图	17	结施 06	3 ~ 5 层结构平面图
7	建施 07	立面图	18	结施 07	6 层结构平面图
8	建施 08	2—2 剖面图	19	结施 08	屋面结构平面图
9	建施 09	厕所及老虎窗详图	20	结施 09	2 层楼面梁结构图
10	建施 10	门窗详图及门窗表	21	结施 10	3 ~ 5 层楼面梁结构图
11	建施 11	楼梯详图	22	结施 11	6 层楼面梁结构图
			23	结施 12	地下室梁、柱结构图
			24	结施 13	屋面梁结构图
			25	结施 14	1 层柱平面结构图
			26	结施 15	2 ~ 5 层柱平面结构图
			27	结施 16	出屋顶楼层柱平面结构图
			28	结施 17	楼梯结构图

建筑设计说明

一. 本工程为XX学院综合楼工程，建筑面积为2 145.85m²。
二. 本工程的设计是依据甲方提供的设计任务书、规划部门的意见、本工程的岩土工程勘察报告及国家现行设计规范进行的。
三. 本单体建筑消防等级为2级。
四. 高程系统采用当地规划部门规定的绝对标高系统，±0.000相当于当地规划部门规定的绝对标高+26.600m。
五. 图中尺寸以mm为单位，标高以m为单位。
六. 本工程填充墙采用加气混凝土砌块墙300(180,120)，女儿墙采用240厚煤矸石砖墙，均为M5.0混合砂浆砌筑。厕所四周填充墙下做200高C20混凝土墙(与C20细石混凝土垫层整浇)。
七. 地下室墙及低于室内地坪50以下填充墙采用硅酸钙砌块墙300(180，120)，均为M5.0水泥砂浆砌筑，挡土墙由建设单位自理。
八. 建筑构造用料及做法：
1. 室内装饰：（参见山东省建筑标准设计图集L06J002）
地14：地面砖地面（取用3:7灰土垫层））
地16：磨光花岗岩地面（用于室外平台，取用3:7灰土垫层）
楼15：地面砖楼面
楼17：地面砖防水楼面（厕所）
踢5：面砖踢脚（混凝土墙）
踢6：面砖踢脚（加气混凝土砌块墙）
裙13：面砖墙裙
内墙2：水泥砂浆抹面内墙（混凝土墙）
内墙5：混合砂浆抹面内墙（加气混凝土砌块墙）
棚3：水泥砂浆涂料顶棚
棚7：纸面石膏板吊顶（一层高3.4m，2~4层高2.5m）
2. 外墙面：
外墙9：涂料外墙（砖墙）
外墙13：面砖外墙(混凝土圆柱、雨篷拦板）
外墙19：粘贴聚苯板50保温涂料外墙
参踢9：磨光花岗岩勒脚
3. 台阶做法参见L03J004 (1/11)
4. 散水：参见L03J004 (4/3)
5. 屋面做法：
屋22：防滑地砖上人平屋面
屋7：琉璃瓦屋面
6. YP1雨篷顶采用防水砂浆抹面。
九. 楼梯做法：
1. 梯面：同走廊楼面；
2. 楼梯底板：同顶棚；
3. 楼梯扶手：选用图集L96J401 (T-28/16)；
4. 栏杆地脚采用螺栓后化学固定。

十. 门窗：
1. 预埋在墙或柱中的木（铁）件均应作防腐（防锈）处理。
2. 除特别标注外，所有门窗均按墙中线定位。
3. 门详见图集L03J602，L92J601，L92J606。
4. 窗采用成品铝合金窗，详见图集L03J602，飘窗和老虎窗采用塑钢窗，详见建施10。
5. 门窗按设计要求由厂家加工，构造节点做法及安装均由厂家负责提供图纸，经甲方看样认可后方可施工。
6. 除厕所、厨房窗内侧贴瓷砖外，其余所有门窗内侧均按L96J901第42页 ②做门窗口套（榉木板面层，贴脸木压条50×20）。
7. 木门及门窗口套均刷底油一遍，白色调合漆两遍。
8. 飘窗做大理石窗台（L96J901第53页 Ⓒ）。
十一. 防潮层：在-0.050处作20厚1:2水泥砂浆加5%防水粉。
十二. 其他：
1. 所有外露铁件均应先刷防锈漆一道，再刷调合漆两道。
2. 卫生间及厨房内墙面及隔墙面均贴瓷砖到顶。
3. 餐厅内卖饭窗口采用铝合金制作，镶白色玻璃，形式要求由厂家加工，经甲方认可后方可使用。
4. 一切管道穿过墙体时，在施工中预留孔洞，预埋套管并用砂浆堵严。
5. 本设计按7度抗震烈度设计，未尽事宜均严格遵守国家各项技术规程和验收规范。
十三. 凡图中未注明和本说明未提及者，均按国家现行规范执行。

部位 \ 名称	地面	楼面	踢脚	墙裙	墙面	天棚
楼梯间	地14(红色300×300楼梯砖)	楼15(红色300×300楼梯砖)	踢6(150×300)		内墙5	棚3
教室、办公室活动室、会议室		楼15(米色500×500地砖)	踢6(150×500)		内墙5	棚3
餐厅、走道	地14(红色500×500地砖)	楼15(红色500×500地砖)		裙13(白色暗花200×300面砖)1500高	内墙5	棚7
厨房	地14(红色300×300地砖)				裙13(白色暗花150×200面砖)	棚7
厕所	地14(红色300×300地砖)	楼17(红色300×300地砖)			裙13(白色暗花150×200面砖)	棚7
地下室	地14(米色500×500地砖)		踢5(150×500)		内墙2	棚3
台阶平台	地16(磨光花岗岩)					

建施01
建筑设计说明

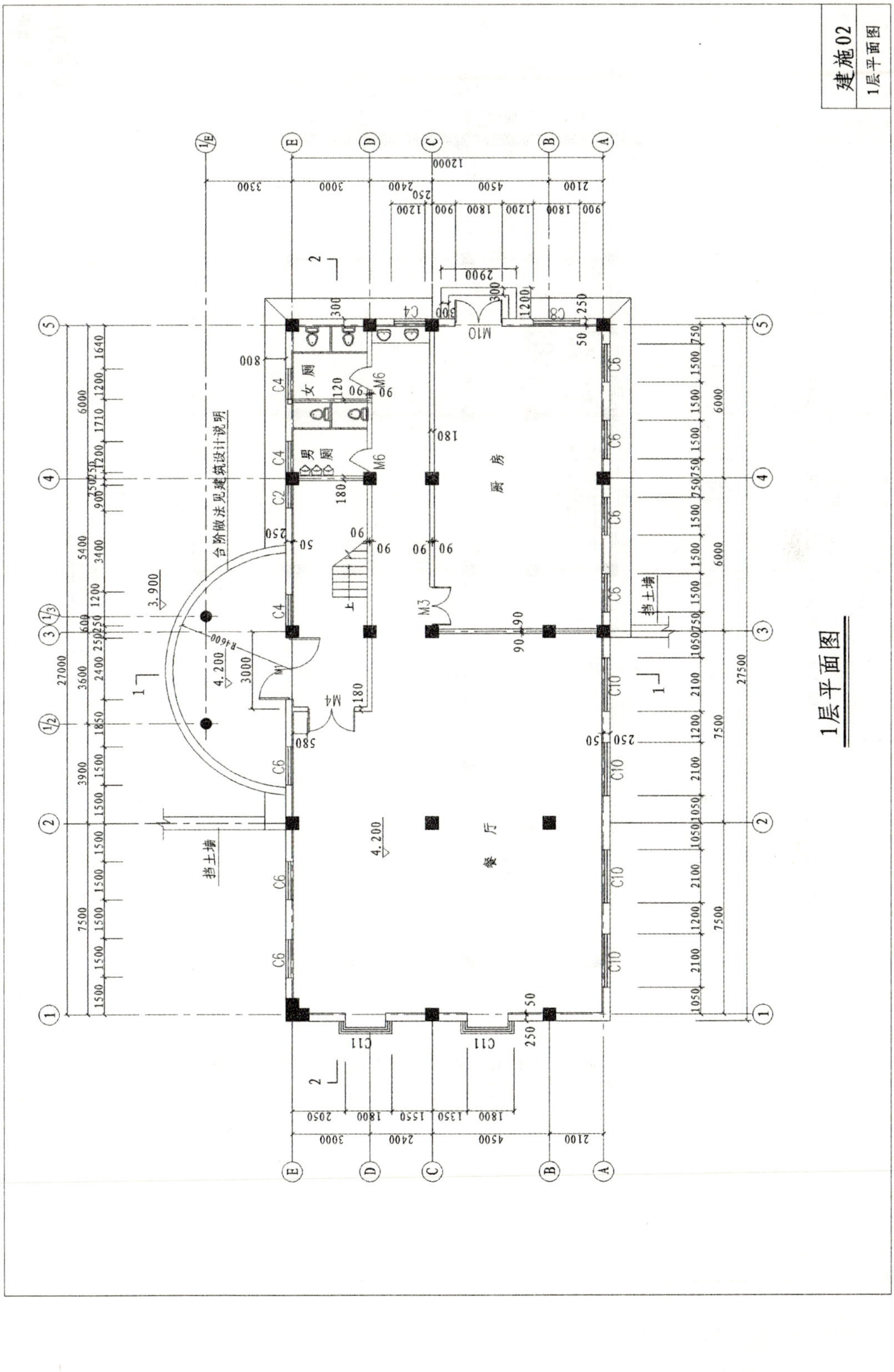
建施02
1层平面图
厨房
餐厅
女厕
男厕
台阶做法见建筑设计说明
挡土墙
1层平面图

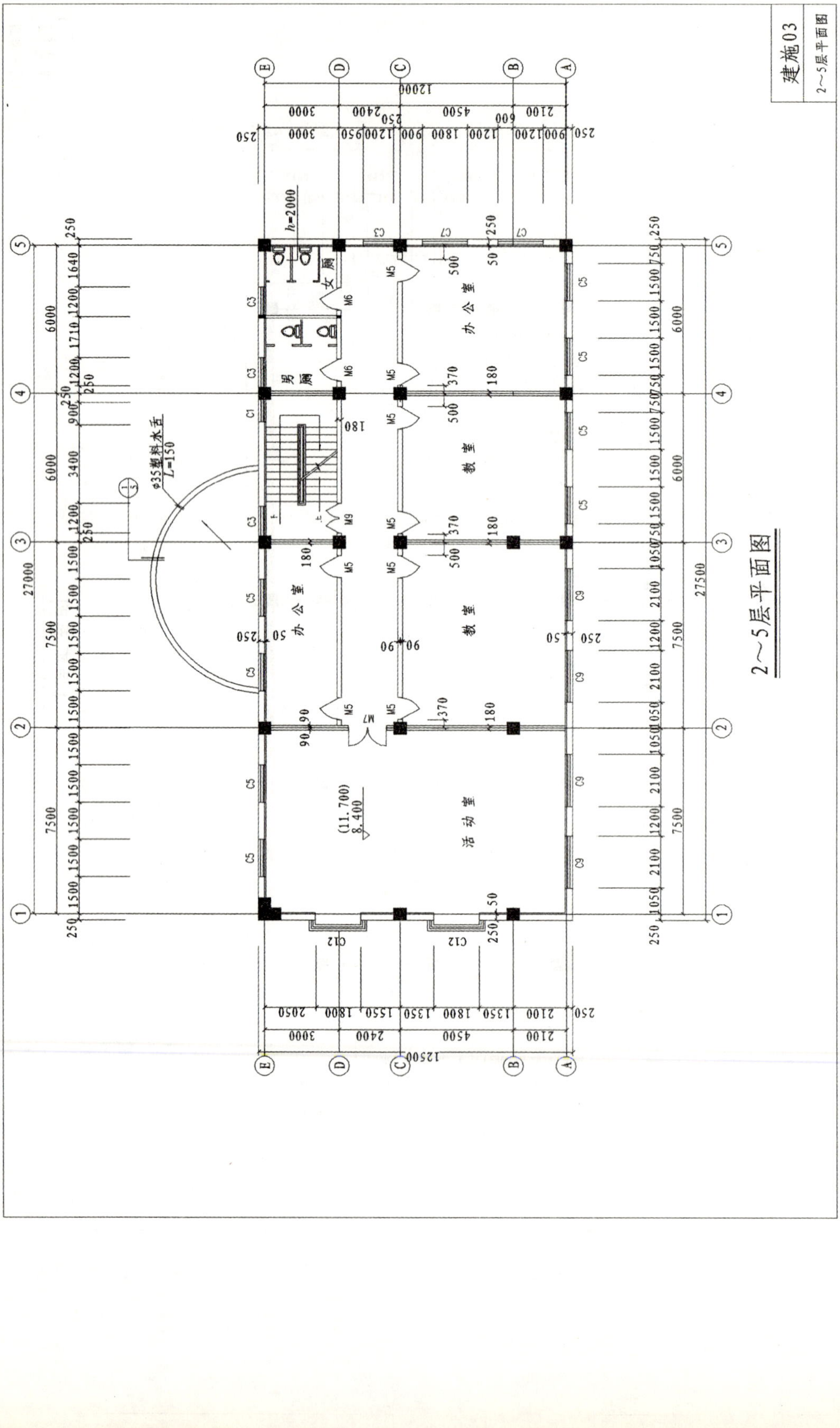
建施03
2～5层平面图
2～5层平面图
办公室
教室
教室
办公室
活动室
男厕
女厕
h=2000
φ35塑料水舌
L=150
(11.700)
8.400
27000
27500
12000
12500

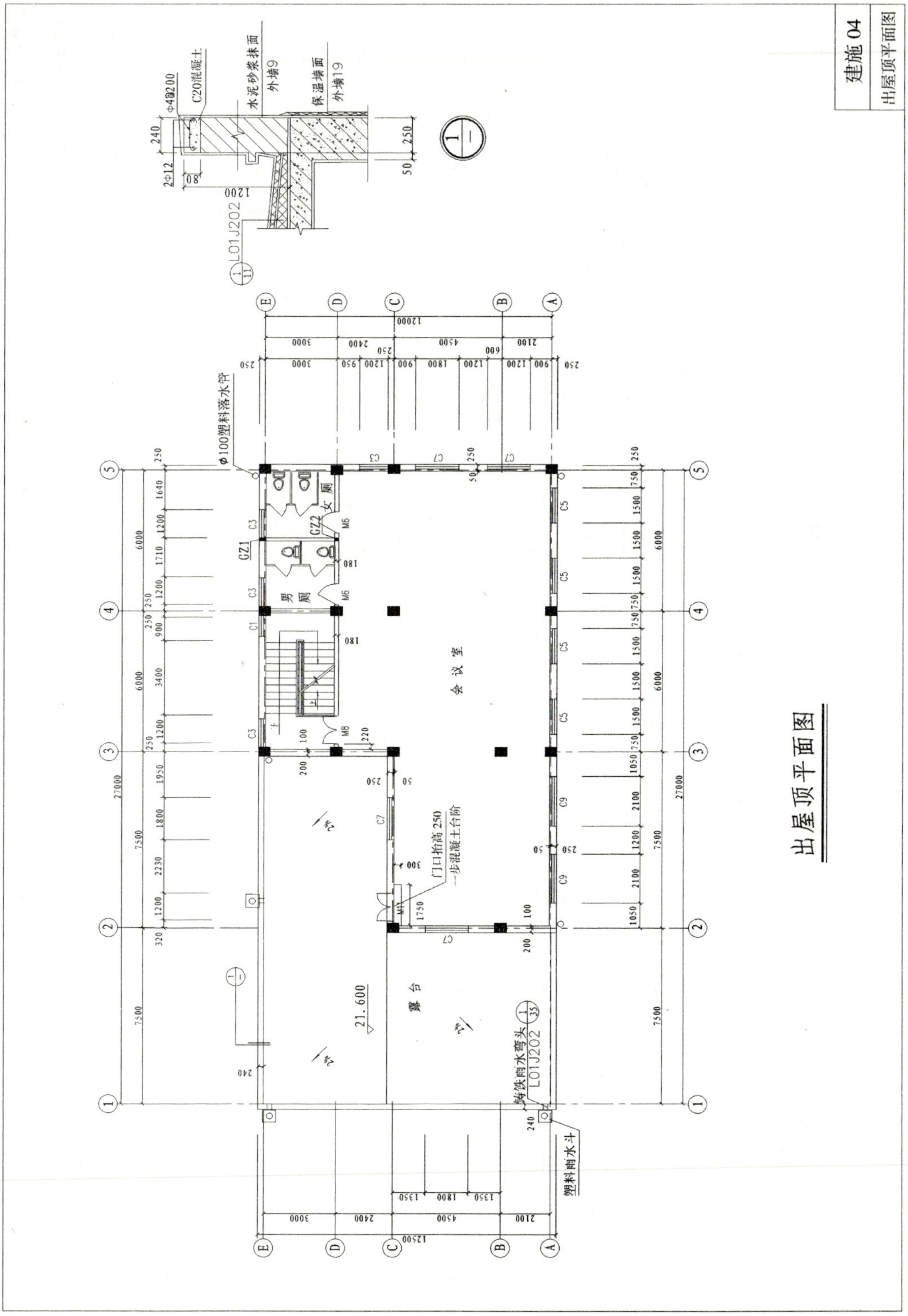
建施 04
出屋顶平面图
出屋顶平面图
会议室
男厕
女厕
露台
21.600
门口抬高 250
一步混凝土台阶
φ100塑料落水管
铸铁雨水弯头
L01J202
塑料雨水斗
C20混凝土
水泥砂浆抹面
外墙9
保温墙面
外墙19
27000
12000
12500

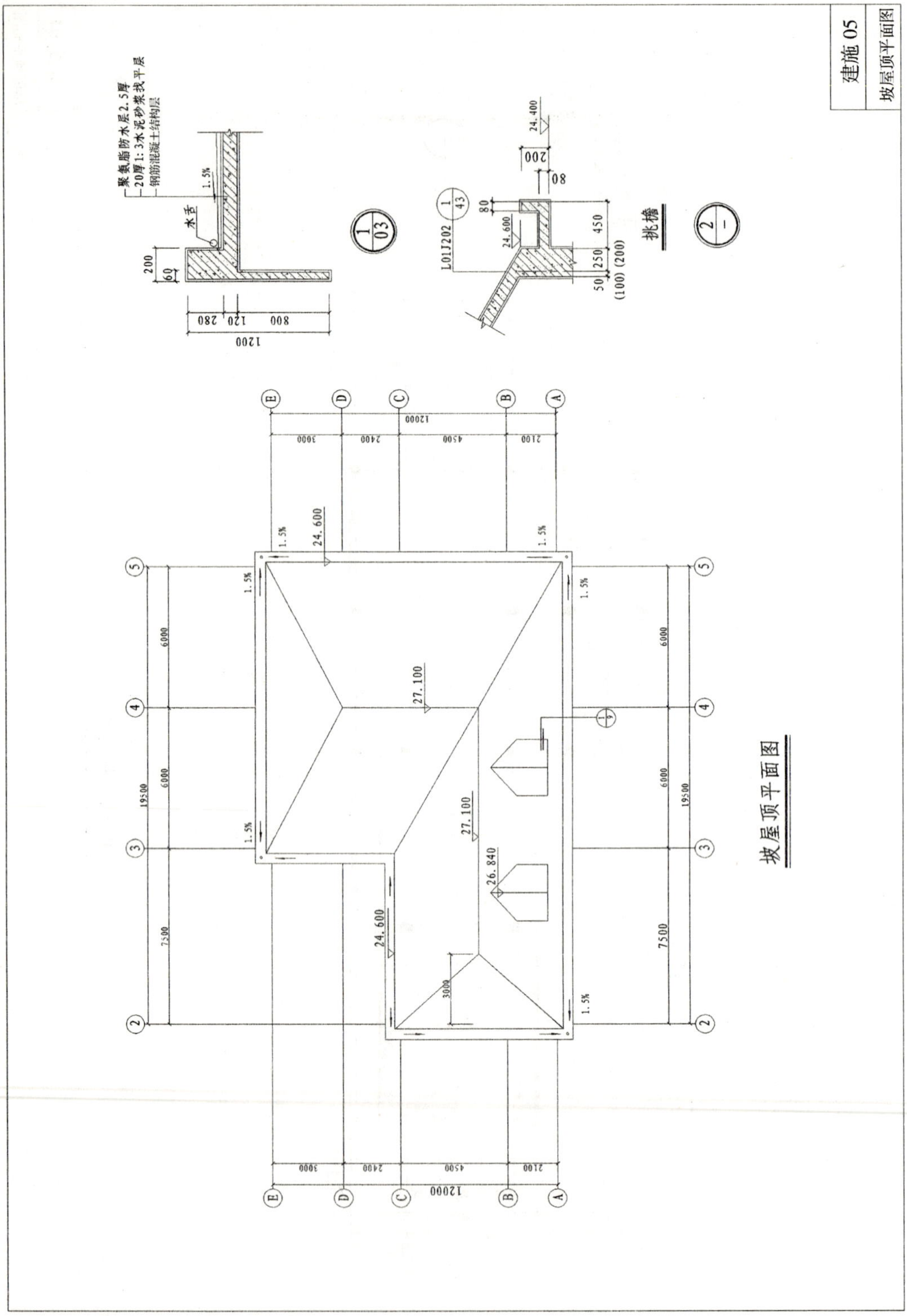

建施 05
坡屋顶平面图
聚氨酯防水层2.5厚
20厚1:3水泥砂浆找平层
钢筋混凝土结构层
水舌
挑檐
坡屋顶平面图

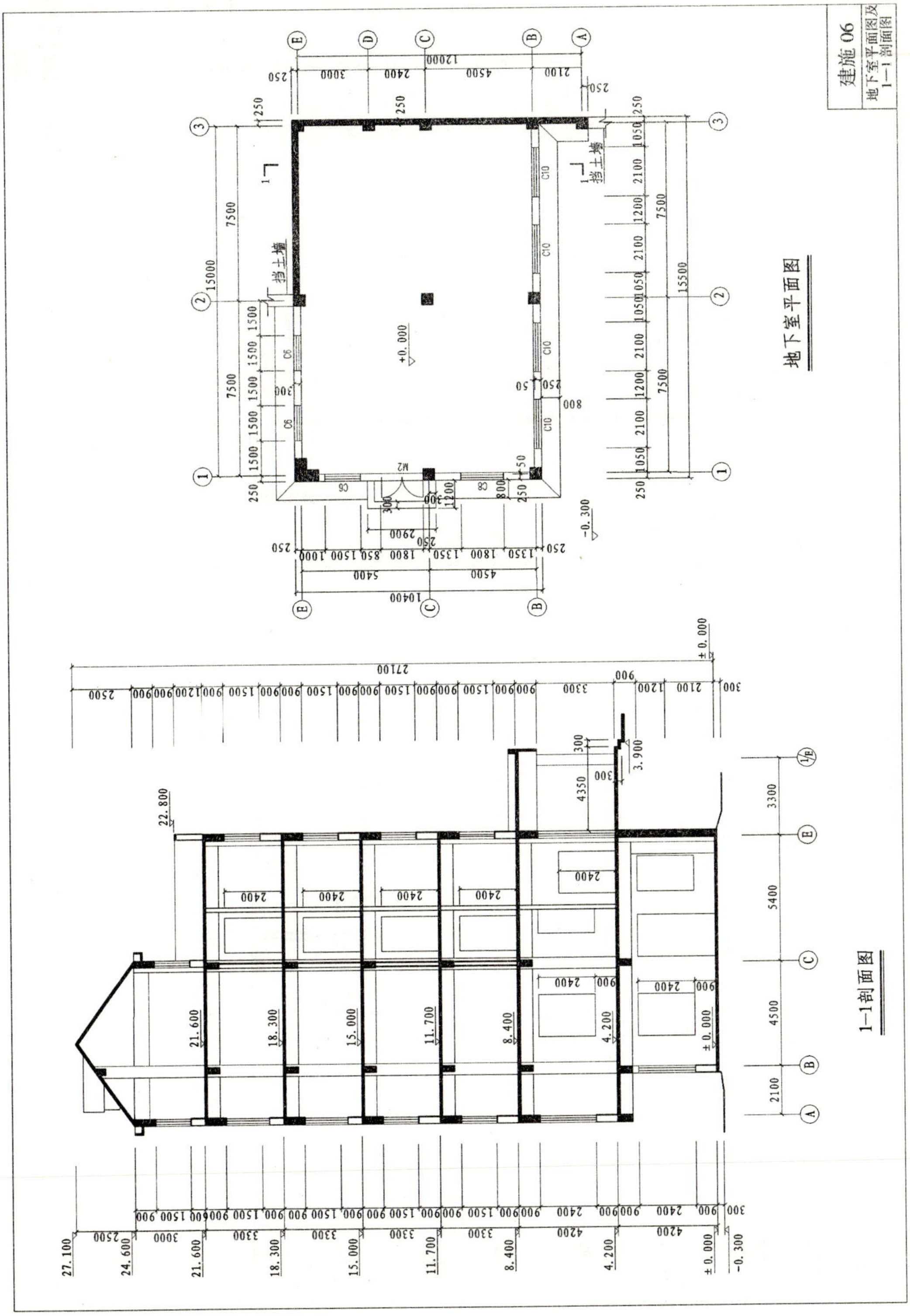
建施06
地下室平面图及1—1剖面图
地下室平面图
1—1剖面图
挡土墙

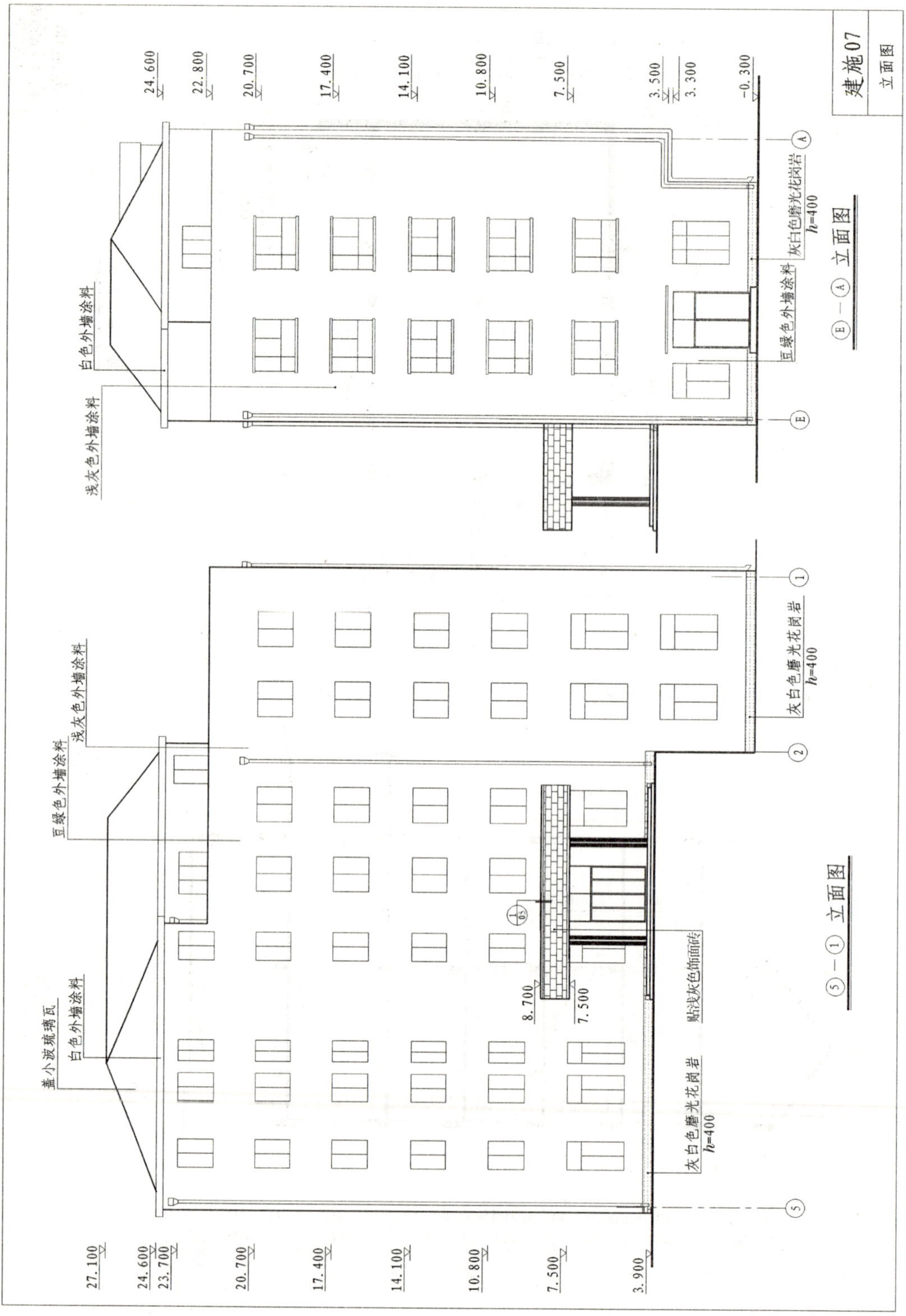
建施07
立面图
24.600
22.800
20.700
17.400
14.100
10.800
7.500
3.500
3.300
-0.300
白色外墙涂料
浅灰色外墙涂料
灰白色磨光花岗岩
h=400
豆绿色外墙涂料
Ⓔ-Ⓐ立面图
盖小波琉璃瓦
白色外墙涂料
豆绿色外墙涂料
浅灰色外墙涂料
灰白色磨光花岗岩
h=400
贴浅灰色饰面砖
8.700
7.500
⑤-①立面图
27.100
24.600
23.700
20.700
17.400
14.100
10.800
7.500
3.900

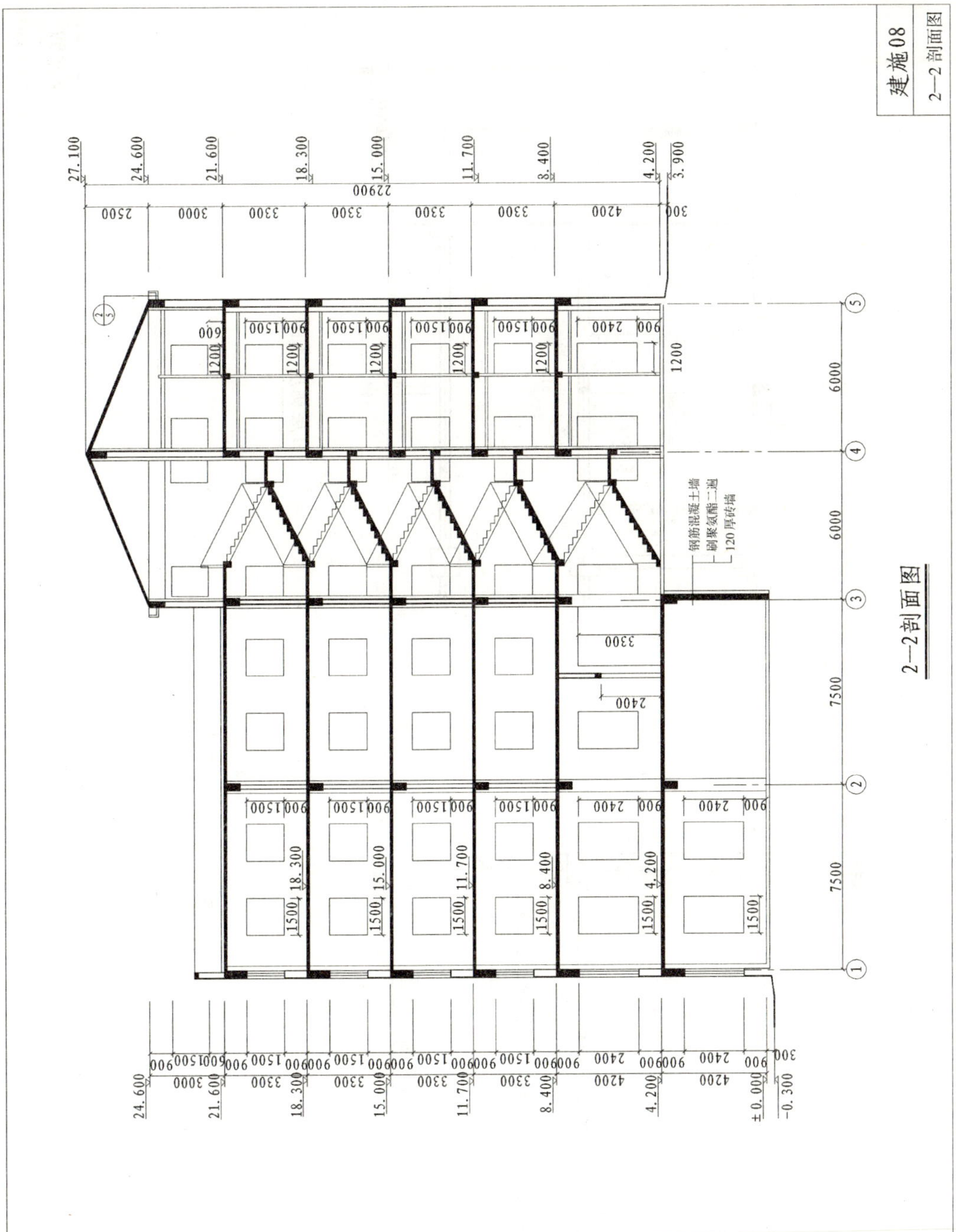

2—2剖面图

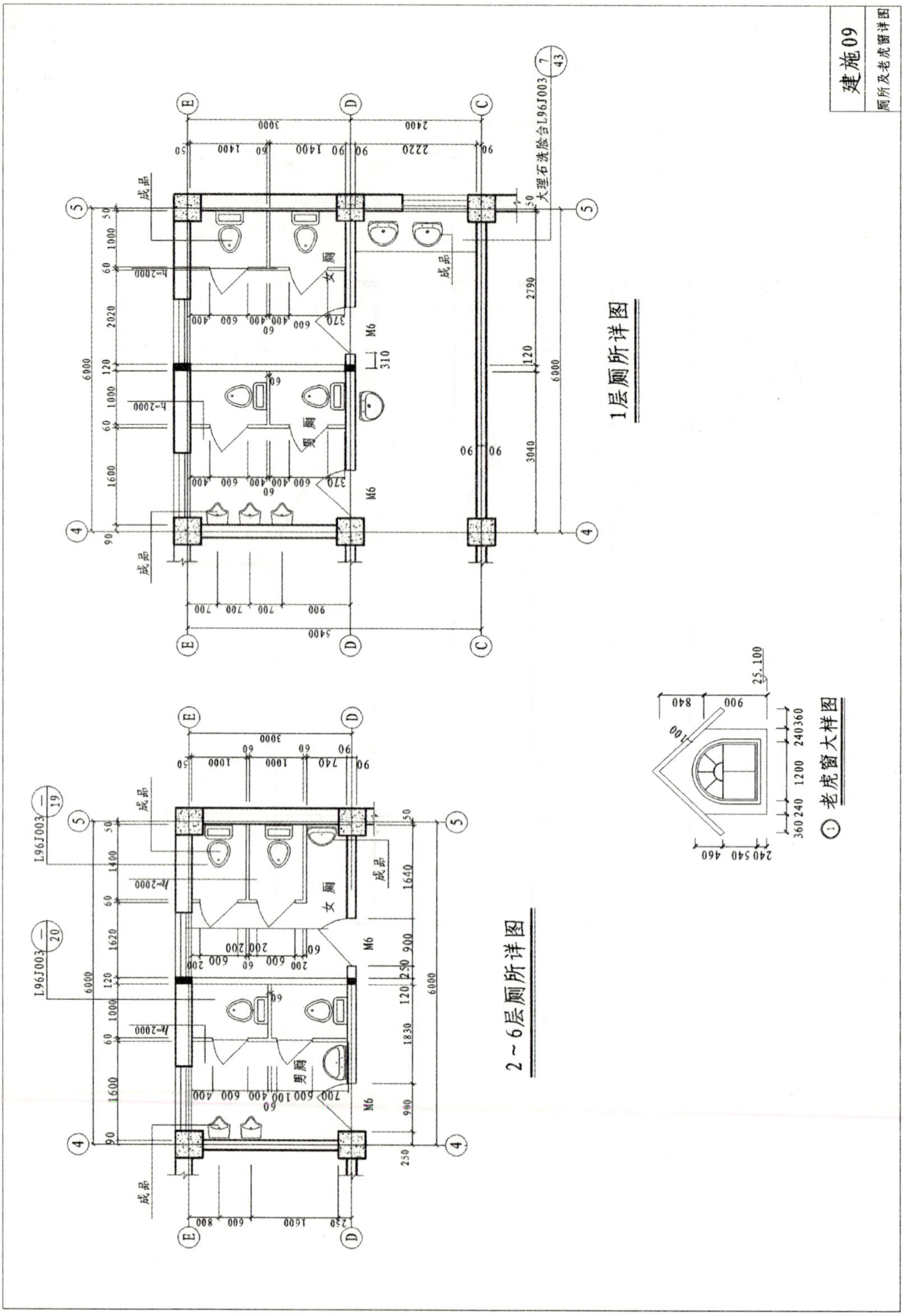
建施09
厕所及老虎窗详图
1层厕所详图
大理石洗脸台L96J003
男厕
女厕
成品
M6
2~6层厕所详图
L96J003
①老虎窗大样图
25.100

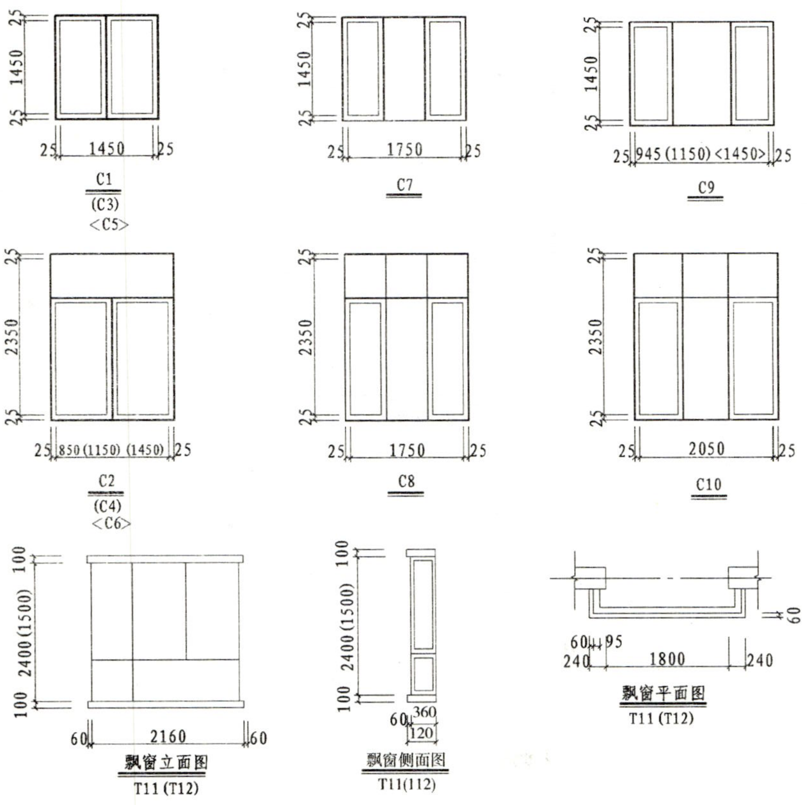

门窗表

序号	编号	洞口尺寸	数量	类型	备注
M1	DLM100-44	2400×3300	1	铝合金地弹簧门	图集L03J602
M2	PLM70-120	1800×3300	1	铝合金平开门	图集L03J602
M3	M2-529	1500×2400	1	胶合板门	图集L92J601
M4	M2-601	1800×2400	1	胶合板门	图集L92J601
M5	M2-67	900×2400	32	胶合板门	图集L92J601
M6	M2-68	900×2400	12	胶合板门	图集L92J601
M7	M2-547	1500×2400	4	胶合板门	图集L92J601
M8	M2-313	1200×2100	1	胶合板门	图集L92J601
M9	GFM-1224-B	1200×2400	4	钢质防火门	图集L92J606
M10	PLM70-119	1800×2400	1	铝合金平开门	图集L03J602
M11	PLM70-105	1200×2100	1	铝合金平开门	图集L03J602
C1	PLC53-07	900×1500	5	铝合金窗蓝色玻璃	图集L03J602
C2	PLC53-08	900×2400	1	铝合金窗蓝色玻璃	图集L03J602
C3	PLC53-13	1200×1500	20	铝合金窗蓝色玻璃	图集L03J602
C4	PLC53-17	1200×2400	4	铝合金窗蓝色玻璃	图集L03J602
C5	PLC53-23	1500×1500	36	铝合金窗蓝色玻璃	图集L03J602
C6	PLC53-27	1500×2400	10	铝合金窗蓝色玻璃	图集L03J602
C7	PLC53-33	1800×1500	12	铝合金窗蓝色玻璃	图集L03J602
C8	PLC53-37	1800×2400	2	铝合金窗蓝色玻璃	图集L03J602
C9	PLC53-43	2100×1500	18	铝合金窗蓝色玻璃	图集L03J602
C10	PLC53-47	2100×2400	8	铝合金窗蓝色玻璃	图集L03J602
C11	TC1	1800×2400	2	塑钢飘窗	建施10
C12	TC2	1800×1500	8	塑钢飘窗	建施10
C13	老虎窗	1200×1000	2	塑钢窗	建施09

建施10

门窗详图及门窗表

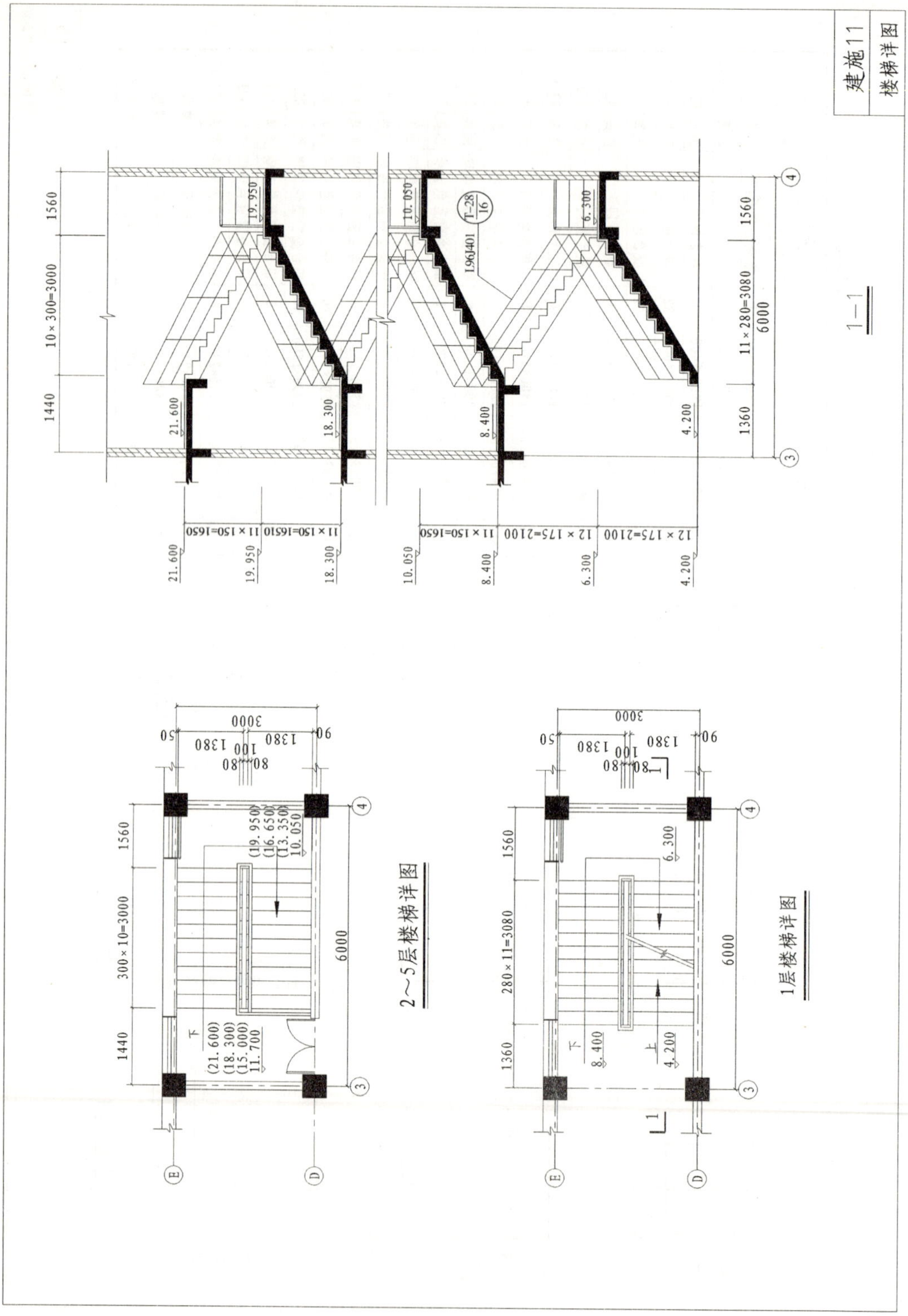
建施11
楼梯详图
1—1
2～5层楼梯详图
1层楼梯详图
10×300=3000
11×280=3080
300×10=3000
280×11=3080
11×150=1650
12×175=2100
1560
1440
1360
6000
3000
1380
21.600
19.950
18.300
10.050
8.400
6.300
4.200
(21.600)
(18.300)
(15.000)
11.700
(19.950)
(16.650)
(13.350)
10.050
1:96J401
T-28
16

结构设计说明

1. 一般说明：

（1）本设计尺寸以mm计，标高以m计；

（2）本工程 ±0.000同建筑设计说明；

（3）抗震设防烈度为7度，抗震等级为四级（框架）。

2. 基础与地下部分：

（1）独立基础及JL采用C20混凝土，钢筋采用ф-I级，-Ⅱ级；钢筋保护层厚度：基础为35mm，JL为25mm，JL纵筋需搭接时上部筋在跨中搭接，下部筋在支座处搭接，搭接长度为 500mm；

（2）1层地下室填充墙及室内地坪-0.05m以下砌体采用硅酸盐砌块，M5水泥砂浆砌筑。

3. 本工程采用现浇全框架结构体系。

4. 钢筋混凝土工程：

（1）柱和梁钢筋弯钩角度为135°，弯钩平直长度为10d；

（2）柱中纵向钢筋直径大于20mm均采用电渣压力焊，同一截面的搭接根数少于总根数的50%，柱子与内外墙的连接设拉结墙筋，自柱底+0.5m至柱顶预埋2ф6@500筋，锚入柱内≥200mm，伸入墙中≥1000mm；

（3）梁支座处不得留施工缝，混凝土施工中要振捣密实，确保质量；

（4）钢筋保护层厚度：板15mm，梁、柱25mm，剪力墙25mm；

（5）现浇板中未注明的分布筋为ф6@200；

（6）楼面主次梁相交处抗剪吊筋和框架梁柱做法要求均见图集03G101；

（7）各楼层中门窗洞口需做过梁的，过梁两端各伸出东边250mm；

（8）楼梯柱的钢筋上下各伸入框架梁或地梁内450mm；

（9）卫生间构造柱参照图集 03G363施工，主筋4ф12、箍筋ф6@250；

（10）雨篷YP1按图集L99G320中YP1509-21施工；

（11）60厚混凝土窗台，长度为窗宽+2×60，内配3ф6，分布筋ф6@300；

（12）女儿墙长大于4m时需加设混凝土构造柱，截面尺寸为240×240，内配4ф12，ф6@200；

（13）预埋件钢材为Q235b，焊条采用E4301，钢筋采用电弧焊接时，按下表采用：

钢筋种类	搭接焊	帮条焊
Ⅰ级钢	E4301	E4303
Ⅱ级钢	E5001	E5003

5. 材料：

（1）混凝土：梁、板、柱、墙及楼梯均采用C30，其他构件为C20；

（2）钢筋：Ⅰ级、Ⅱ级；

（3）墙体材料见建筑说明。

6. 其他

（1）本工程施工时，所有孔洞及预埋件应预留预埋，不得事后剔凿，具体位置及尺寸详见各有关专业图纸，施工时各专业应密切配合，以防遗漏；

（2）设计中采用标准图集的，均应按图集说明要求进行施工；

（3）本工程避雷引下线施工要求详见电气施工图；

（4）材料代换应征得设计方同意；

（5）本说明未尽事宜均按照国家现行施工及验收规范执行。

结施01
结构设计说明

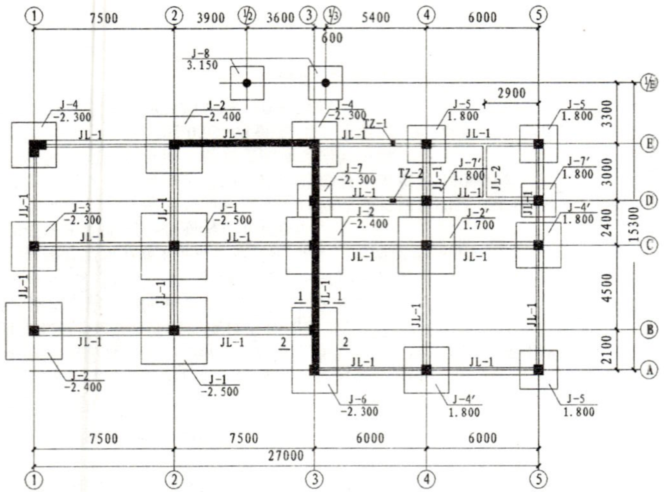

基础平面图布置图

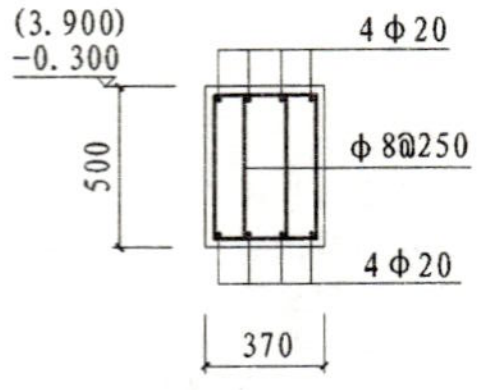

JL—1

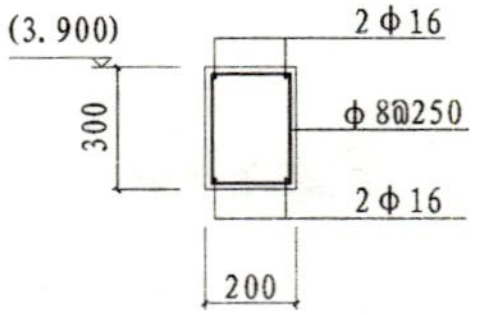

JL—2

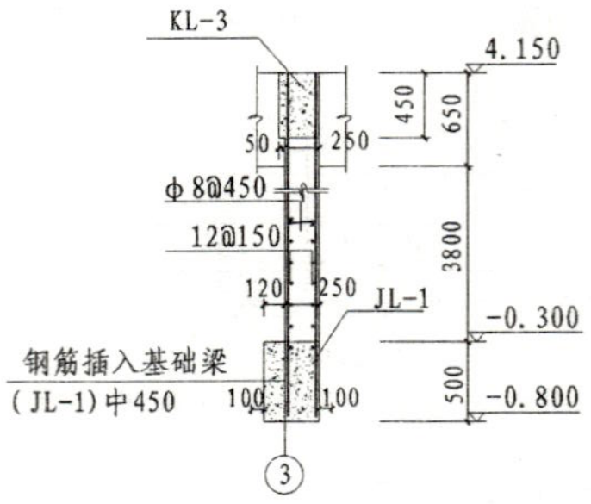

1—1

说明：

1. 基础坐落在强风化板岩上，地基承载能力标准值为300kPa，要求现场试压。
2. 基础混凝土：C20，钢筋Ⅰ、Ⅱ级。
3. 基础梁（JL）的外边与边柱外边对齐，与内柱对中。
4. 图中基础标高为基础底面标高（不包括垫层），基础梁（JL）的标高为梁顶面标高。

剪力墙配筋

墙号	标高	墙厚	水平分布筋	垂直分布筋	拉筋
Q1	-1.000～3.700	250	Φ12@150	Φ12@100	Φ8@400

结施02

基础平面图

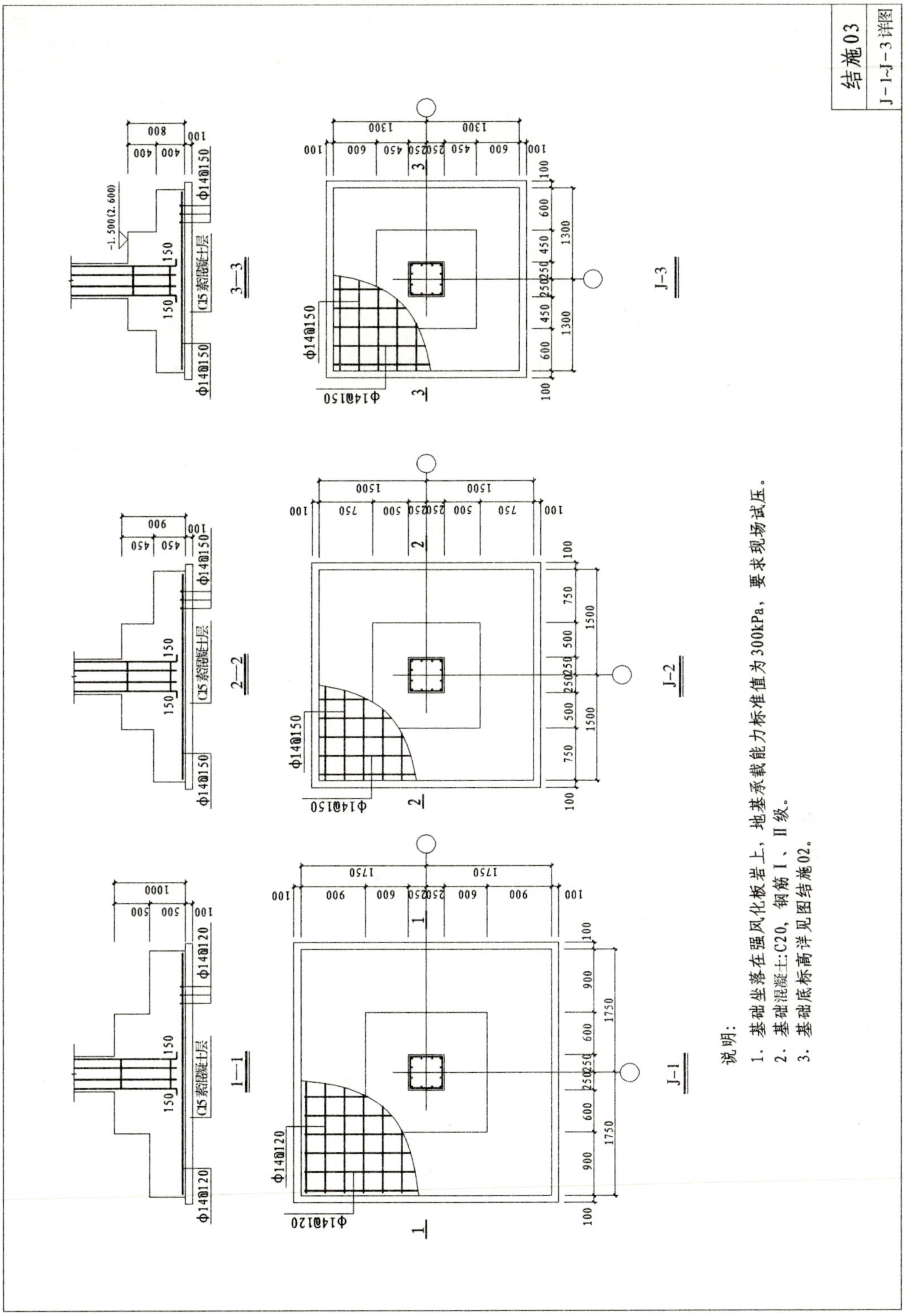
结施03
J-1~J-3详图
3—3
2—2
1—1
J-3
J-2
J-1
Φ14@150
Φ14@120
C15素混凝土垫层
-1.500(2.600)
说明:
1. 基础坐落在强风化板岩上，地基承载能力标准值为300kPa，要求现场试压。
2. 基础混凝土:C20，钢筋Ⅰ、Ⅱ级。
3. 基础底标高详见图结施02。

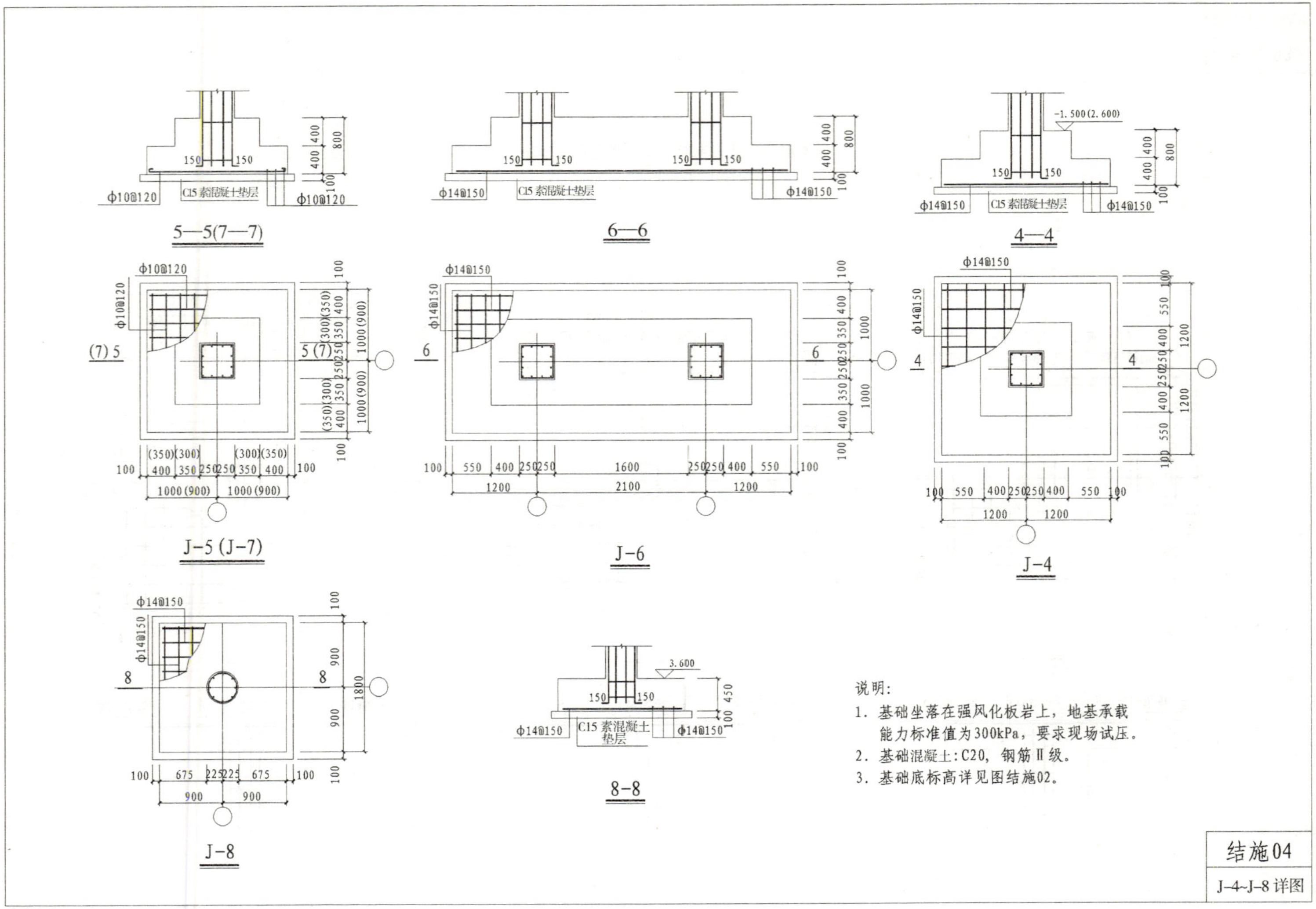
5—5(7—7)
6—6
4—4
-1.500(2.600)
C15 素混凝土垫层
ф10@120
ф14@150
J-5 (J-7)
J-6
J-4
J-8
8-8
3.600
说明:
1. 基础坐落在强风化板岩上，地基承载能力标准值为300kPa，要求现场试压。
2. 基础混凝土:C20，钢筋Ⅱ级。
3. 基础底标高详见图结施02。
结施04
J-4~J-8 详图

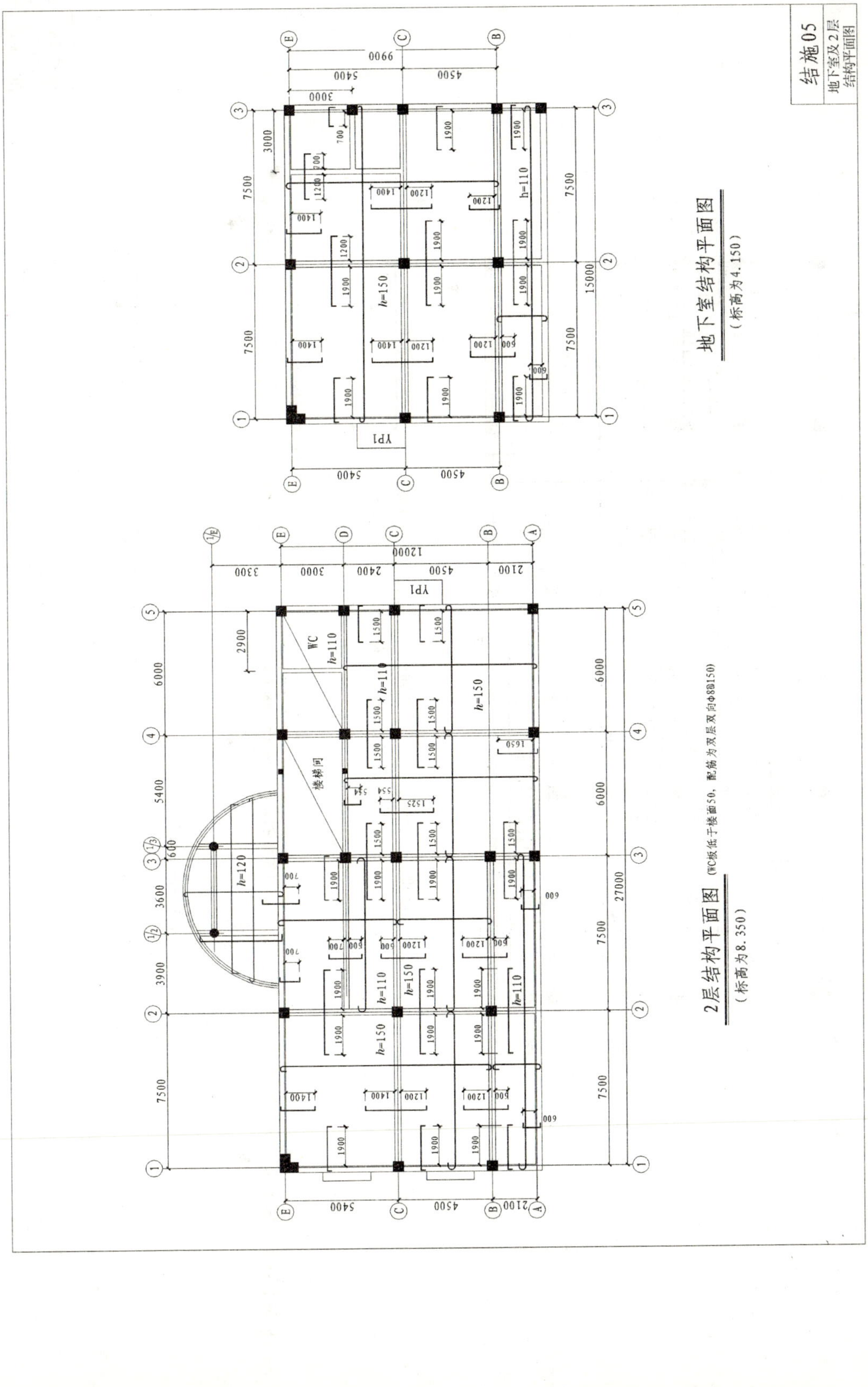
结施05
地下室及2层结构平面图
地下室结构平面图
(标高为4.150)
2层结构平面图
(WC板低于楼面50，配筋为双层双向Φ8@150)
(标高为8.350)
楼梯间
WC
YP1

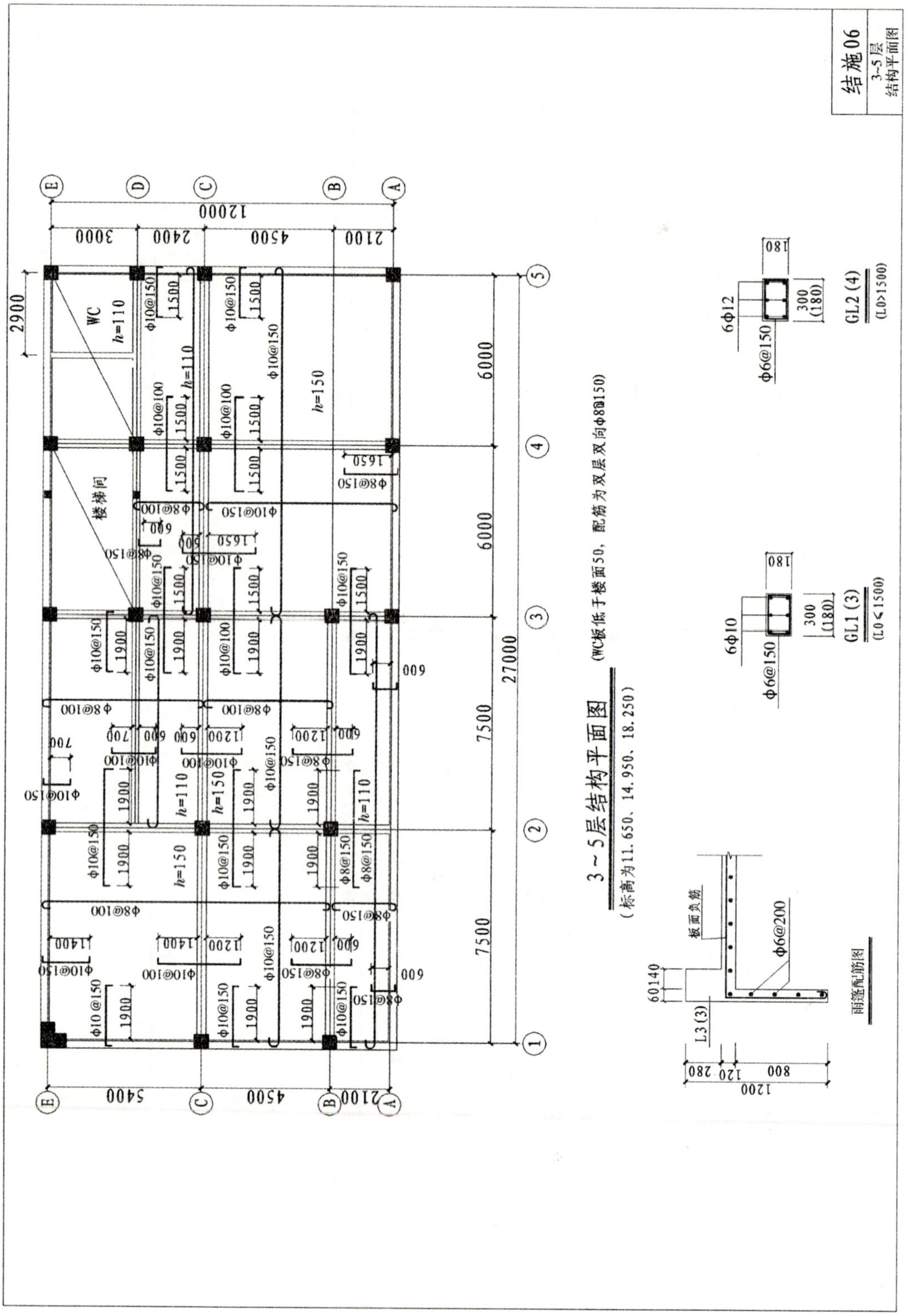
结施06
3~5层结构平面图
3～5层结构平面图
(标高为11.650、14.950、18.250)
(WC板低于楼面50，配筋为双层双向Φ8@150)
GL1(3)
(L0≤1500)
GL2(4)
(L0>1500)
雨篷配筋图
板面负筋
Φ6@200
楼梯间
WC
27000
12000

结施07

6层结构平面图

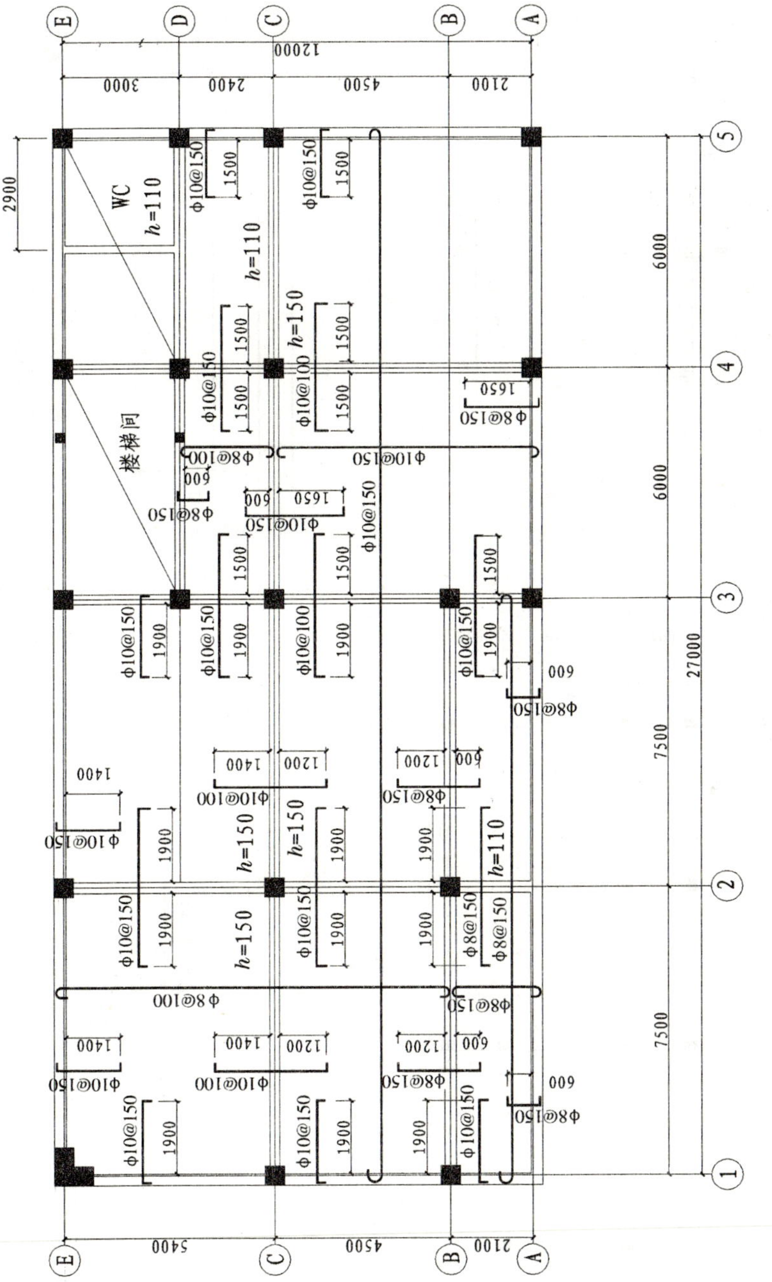

6层结构平面图 （WC板低于楼面50，配筋为双层双向φ8@150）

（标高为21.550）

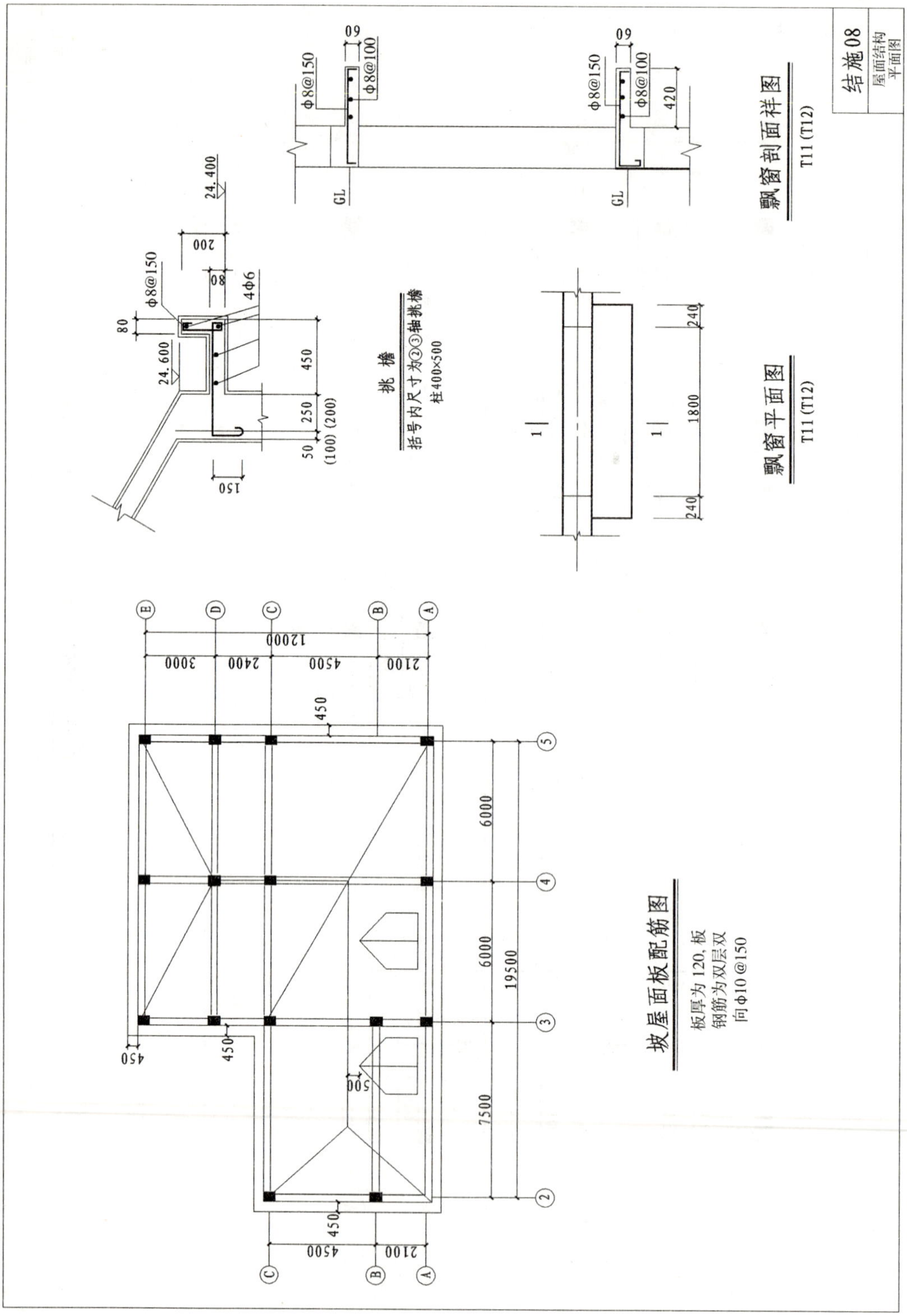
结施08
屋面结构平面图
飘窗剖面详图
T11 (T12)
飘窗平面图
T11 (T12)
挑檐
括号内尺寸为②③轴挑檐
柱400×500
坡屋面板配筋图
板厚为120，板钢筋为双层双向φ10@150

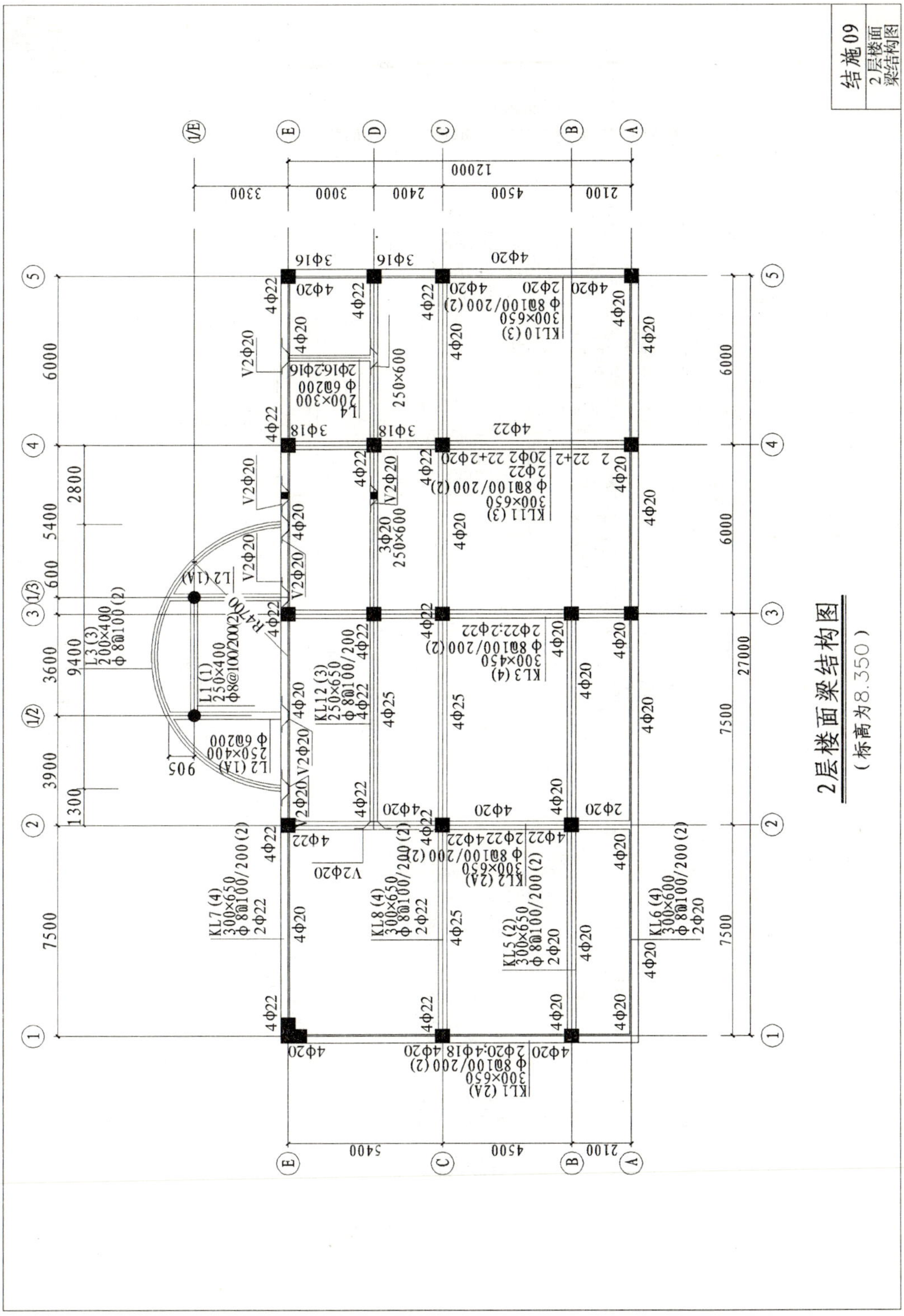

2层楼面梁结构图

（标高为8.350）

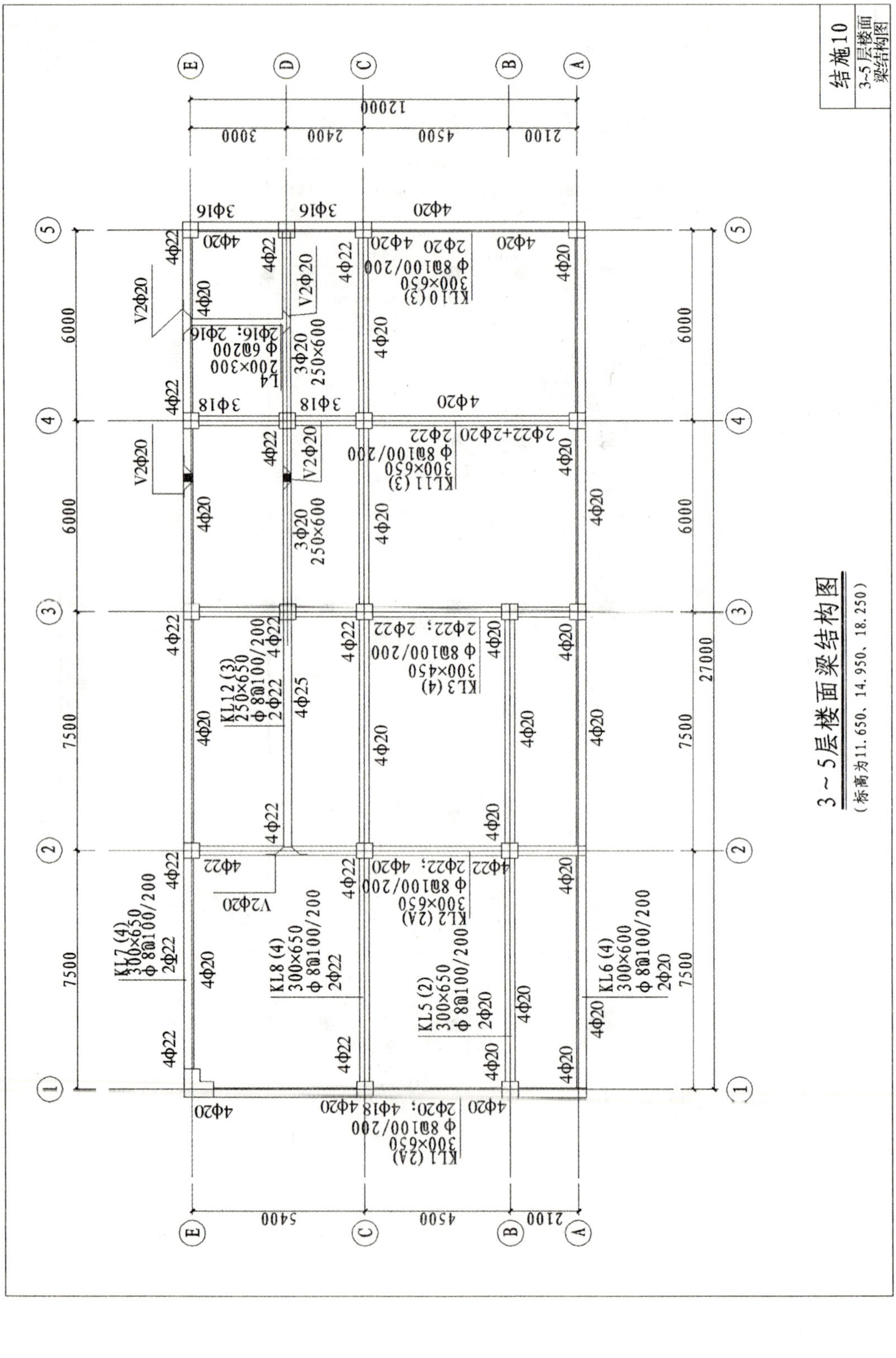

3～5层楼面梁结构图
（标高为11.650、14.950、18.250）

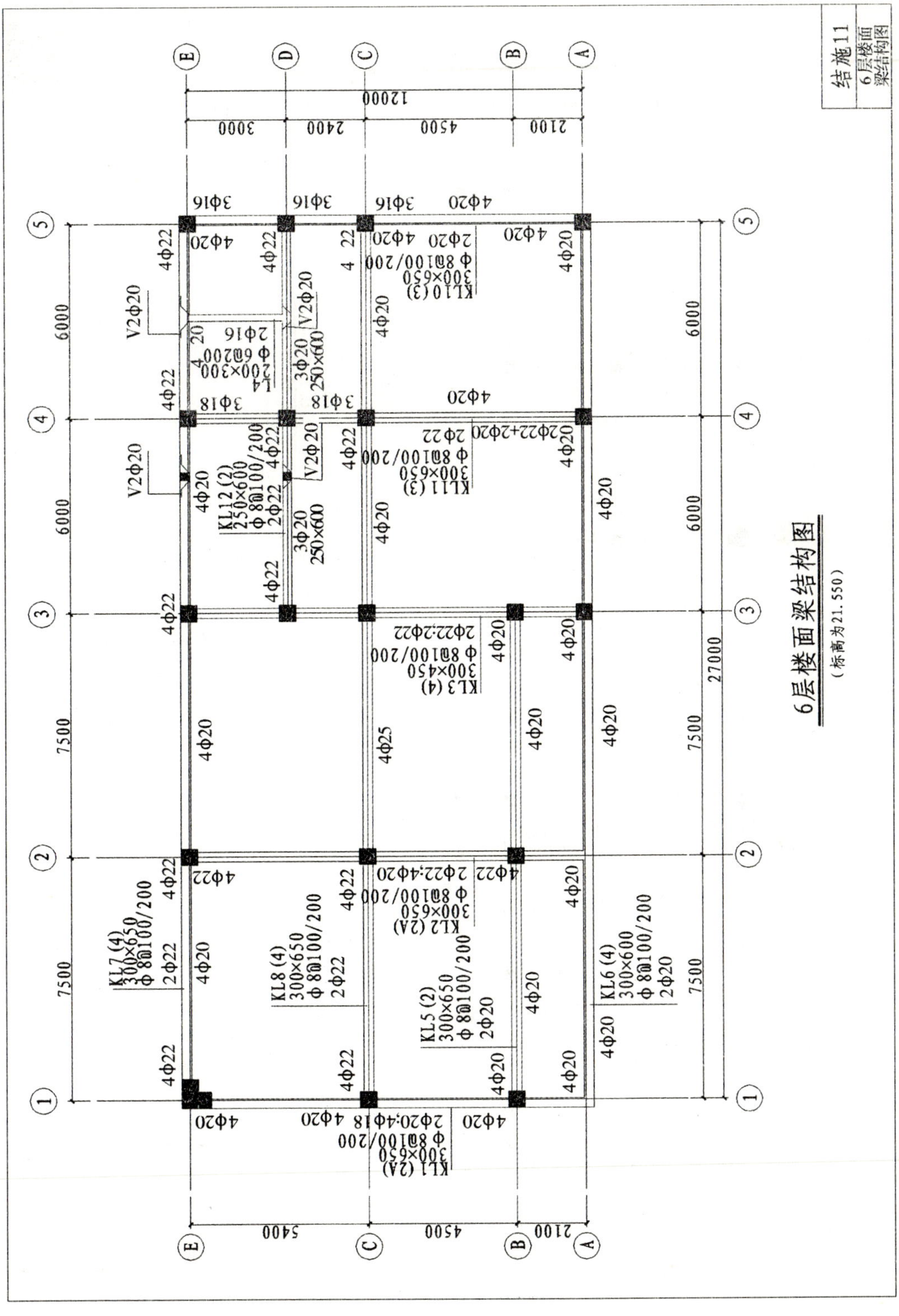

6层楼面梁结构图

（标高为21.550）

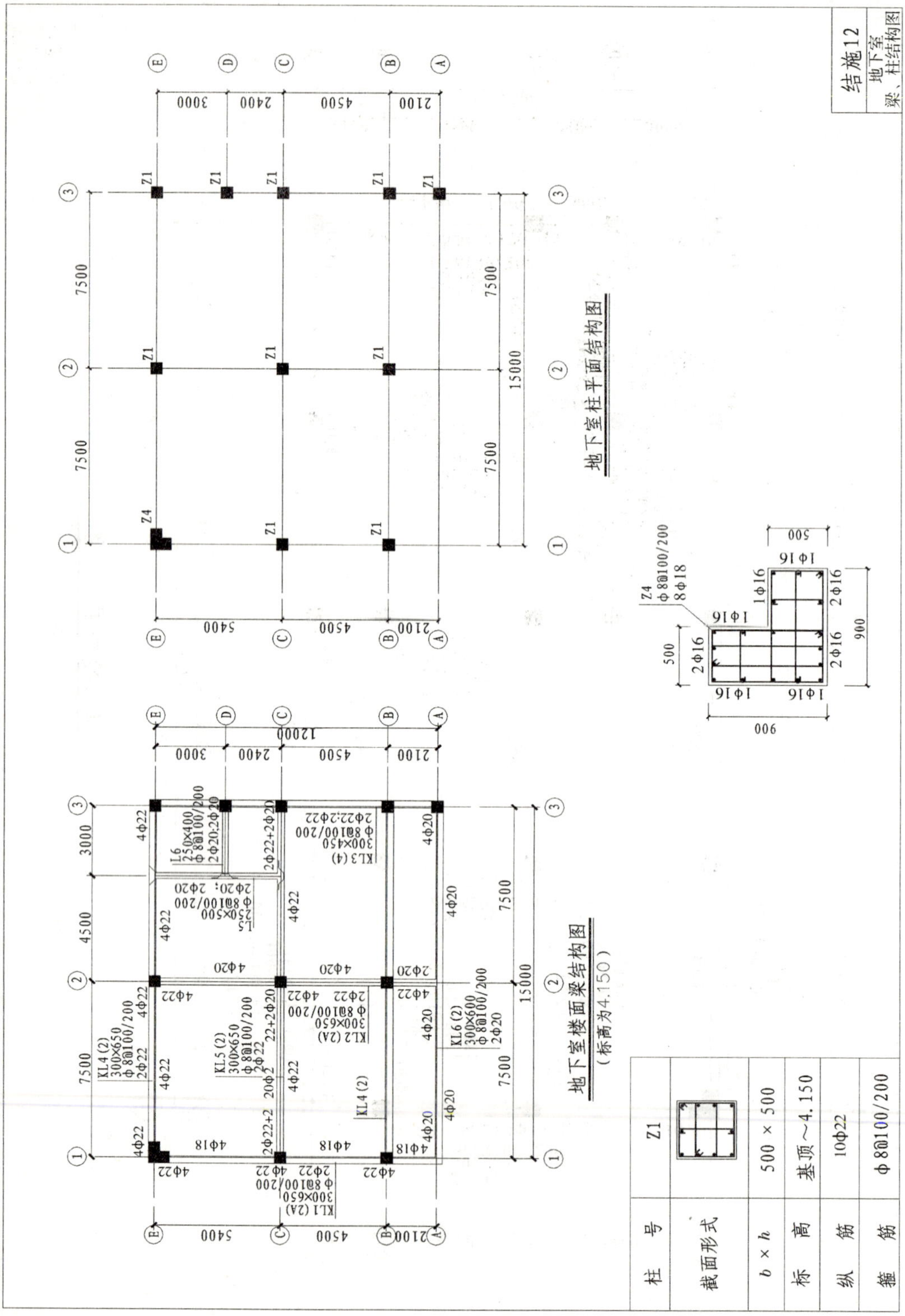

柱　号	Z1
截面形式	
$b \times h$	500 × 500
标　高	基顶～4.150
纵　筋	10Φ22
箍　筋	Φ8@100/200

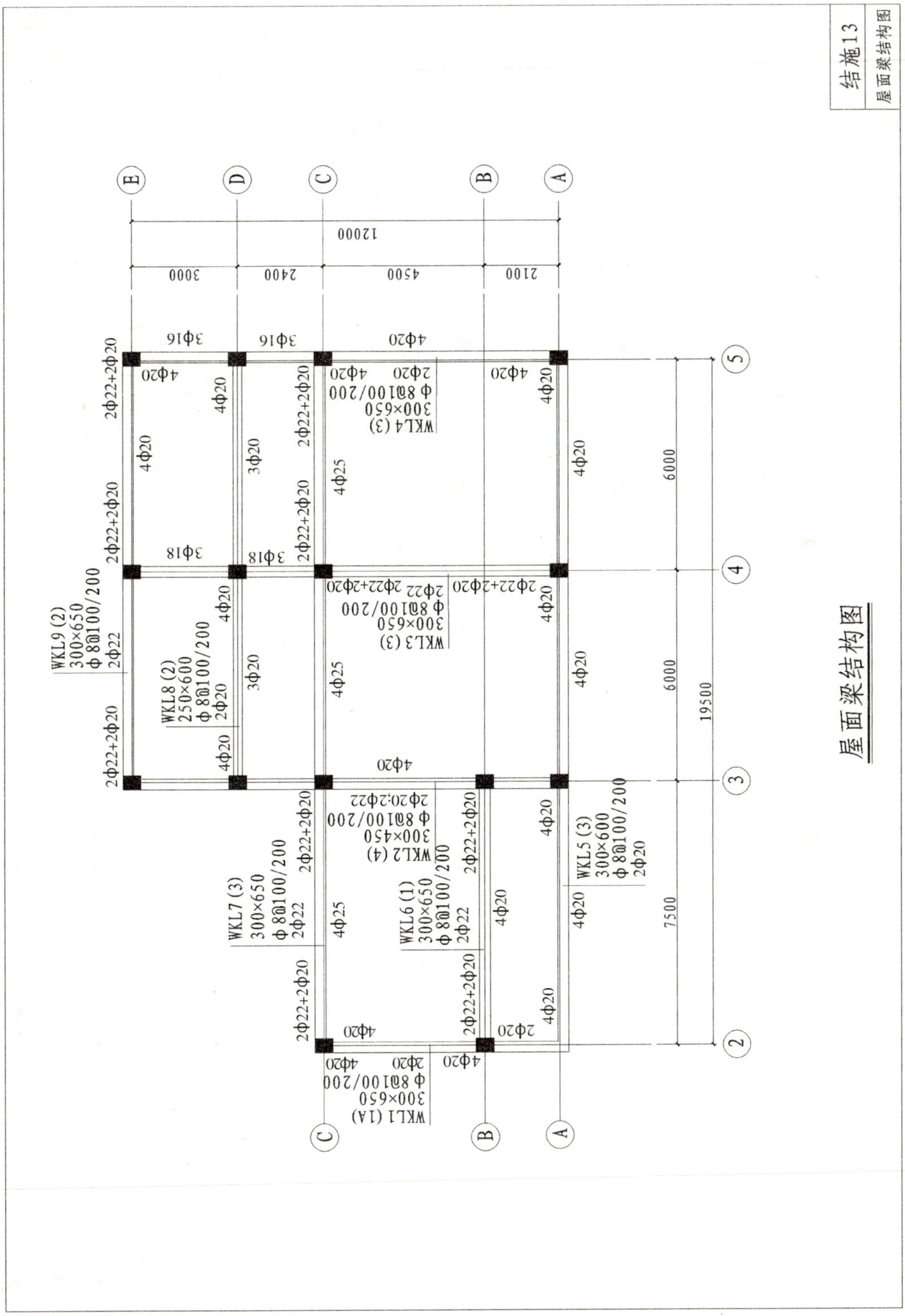
结施13
屋面梁结构图
WKL1 (1A)
300×650
Φ8@100/200
2Φ20
WKL2 (4)
300×450
Φ8@100/200
2Φ20;2Φ22
WKL3 (3)
300×650
Φ8@100/200
2Φ22
WKL4 (3)
300×650
Φ8@100/200
2Φ20
WKL5 (3)
300×600
Φ8@100/200
2Φ20
WKL6 (1)
300×650
Φ8@100/200
2Φ22
WKL7 (3)
300×650
Φ8@100/200
2Φ22
WKL8 (2)
250×600
Φ8@100/200
2Φ20
WKL9 (2)
300×650
Φ8@100/200
2Φ22
12000
3000
2400
4500
2100
6000
6000
7500
19500
屋面梁结构图

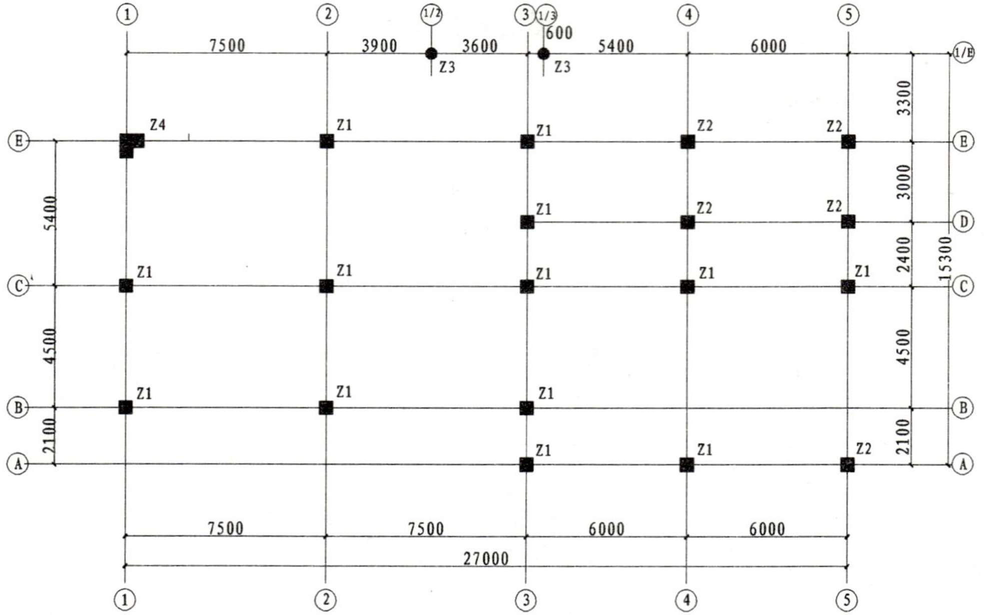

1层柱平面结构图

柱　号	Z1	Z2	Z3
截面形式	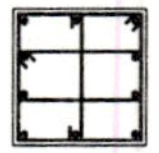		
$b \times h$	500 × 500	500 × 500	D=450
标　高	4.150～8.350	4.150～8.350	4.150～8.350
纵　筋	10Φ20	8Φ18	6Φ20
箍　筋	Φ8@100/200	Φ8@100/200	Φ8@150

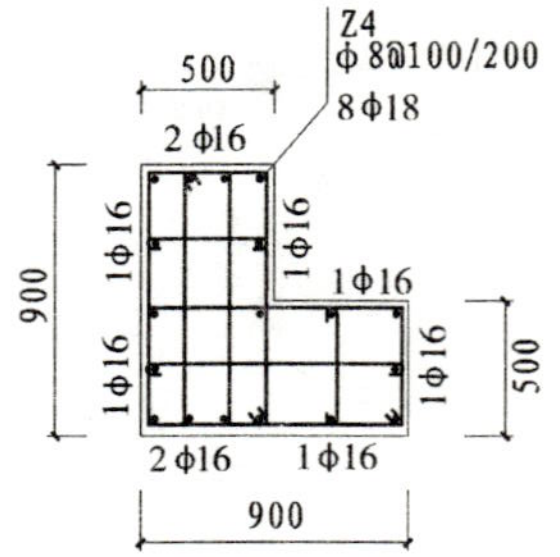

结施14

1层柱平面结构图

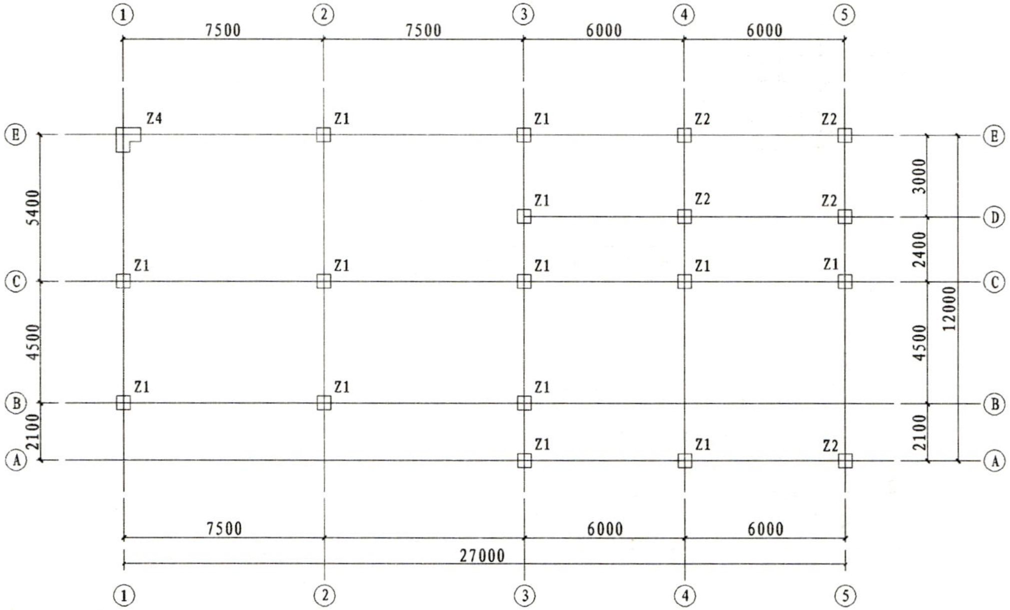

2～5层柱平面结构图

柱　号	Z1	Z2
截面形式	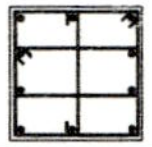	
$b \times h$	500 × 500	500 × 500
标　高	8.350～21.550	8.350～21.550
纵　筋	10Φ20	8Φ18
箍　筋	Φ8@100/200	Φ8@100/200

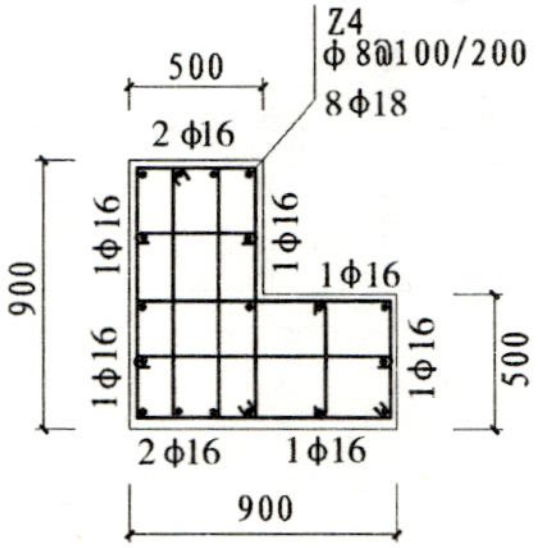

结施15
2~5层 柱平面结构图

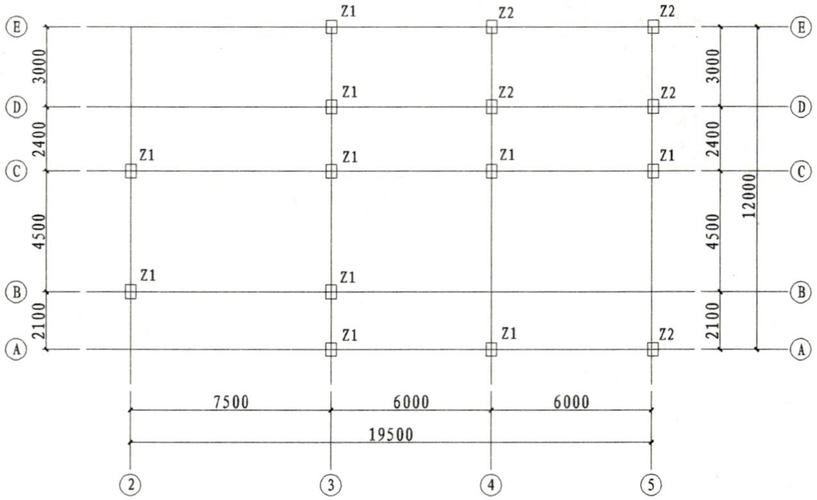

出屋顶楼层柱平面结构图

柱　号	Z1	Z2
截面形式	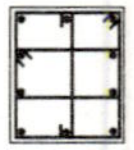	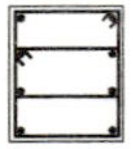
$b \times h$	400 × 500	400 × 500
标　高	21.550～24.600	21.550～24.600
纵　筋	10Φ20	8Φ18
箍　筋	Φ8@100/200	Φ8@100/200

结施16
出屋顶楼层柱平面结构图

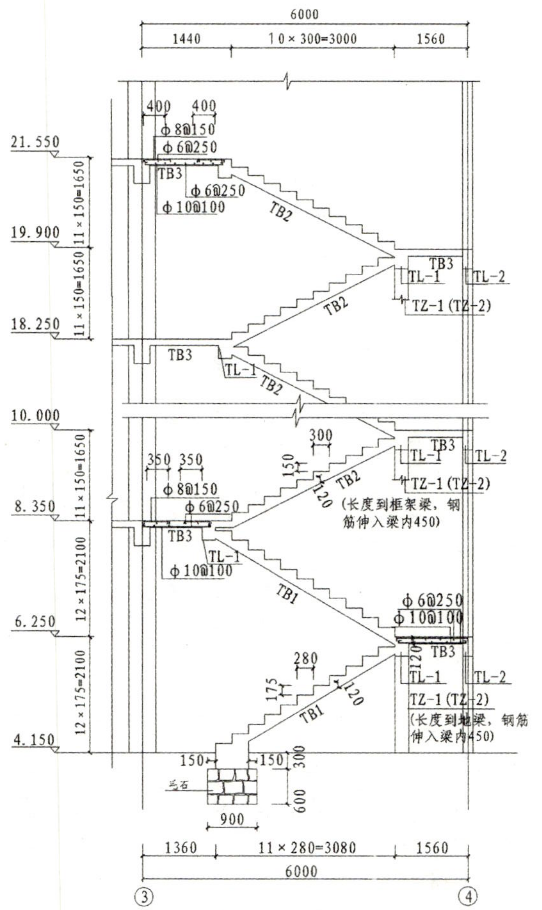

楼梯结构图 1:50

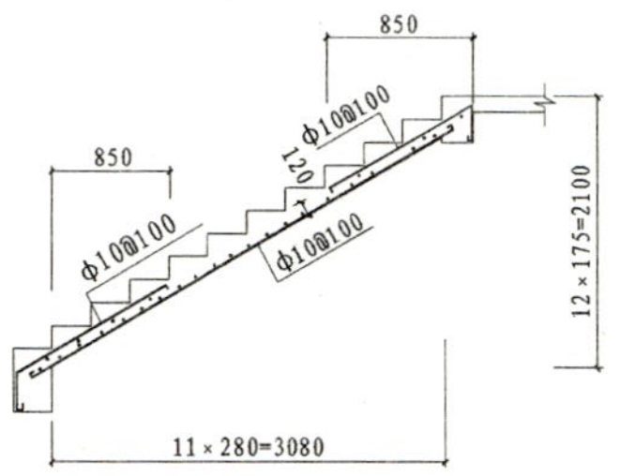

TB1

未注明的钢筋为Φ6@250

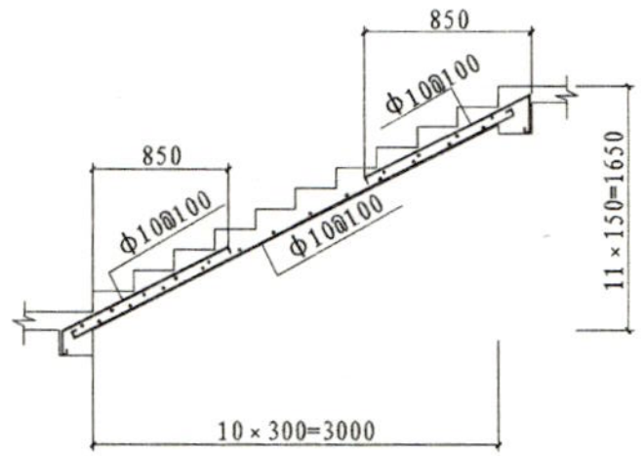

TB2

未注明的钢筋为Φ6@250

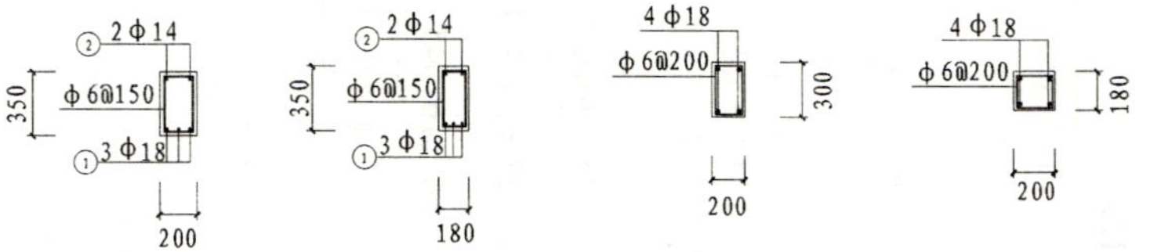

TL-1　TL-2　TZ-1（用于楼梯下的E轴）　TZ-2（用于楼梯下的D轴）

说明：

1. 采用C30混凝土，钢筋采用Φ6。
2. 楼梯基础采用MU40毛石，M5水泥砂浆砌筑。
3. 板未注明分布筋为Φ6@250，TB3板厚100。
4. 楼梯柱（TZ-1、TZ-2）平行于墙的宽度同墙厚（300、180）；另一方向的宽度详见图，并与楼梯梁（TL-1）对中。

结施17
楼梯结构图

表 5-1　基数表

序号	基数	名称	计算式	基数值
1	S	外围面积	27.5 × 12.5	343.75
2	W	外墙长	2 × (27.5 + 12.5)	80
3	L	外墙中	W − 4 × 0.3	78.8
4	N_1	18 内墙长	[−3,4]3.04 + 6.64 + 2.86 + [C,D]11.86 + 14.86	39.26
5	N_{12}	12 内墙长	2.86	2.86
6		餐厅	14.86 × 11.9 − 3 × 3.04 = 167.714	
7		门斗	3 × 2.86 = 8.58	
8		厨房	11.86 × 6.46 = 76.616	
9		走道	12.04 × 2.22 = 26.729	
10	R_T	楼梯间	5.82 × 2.86 = 16.645	
11	R_W	厕所	2.95 × 2.86 + 2.79 × 2.86 = 16.416	
12	R	室内面积	Σ	312.7
13	Q	墙体面积	$L \times 0.3 + N \times 0.18 + N_{12} \times 0.12$	31.05
14		1 层校核	$S - Q - R = 0$	
15	S_0	外围面积	15.5 × 10.4	161.2
16	W_0	外墙长	2 × (15.5 + 10.4)	51.8
17	L_0	30 外墙中	15.1 + 7.35 + 10.1	32.55
18	L_{01}	25 外墙中	7.875 + 10.275	18.15
19	R_0	地下室面积	14.95 × 9.85 − 7.45 × 0.05	146.885
20		地下校核	$S_0 - L_0 \times 0.3 - L_{01} \times 0.25 - R_0 = 0.013$	
21	N_2	18 内墙长	[2,3,4]11.9 + 2 × (6.46 + 2.86) + [C,D]19.36 × 2	69.26
22		活动室	7.36 × 11.9 = 87.584	
23		教室	7.32 × 6.46 + 5.82 × 6.46 = 84.884	
24		办公室	7.32 × 2.86 + 5.86 × 6.46 = 58.791	
25		走廊	19.36 × 2.22 = 42.979	
26	R_2	室内面积	$\Sigma + R_T + R_W$	307.299
27		2～5 层校核	$S - (L \times 0.3 + N_2 \times 0.18 + N_{12} \times 0.12) - R_2 = 0.001$	
28	S_6	外围面积	19.95 × 12.5 − 7.5 × 5.4	208.875
29	W_6	外墙长	2 × (19.95 + 12.5)	64.9
30	L_6	30 外墙中	W_6 − 1.2	63.7
31	N_6	18 内墙长	[4]2.86 + [D]11.85	14.71

续表5-1

序号	基数	名称	计算式	基数值
32		会议室	$19.35\times8.86-7.5\times2.36=153.741$	
33	RT_6	楼梯间	$5.81\times2.86=16.617$	
34	R_6	室内面积	$\Sigma+R_W$	186.774
35		顶层校核	$S_6-(L_6\times0.3+N_6\times0.18+N_{12}\times0.12)-R_6=0$	
36			[$H=4.55$,$R=4.8$,求雨篷弧长 P_L 及面积 P]	0
37		圆心角 A	$A=2\arccos((R-H)/R)=2\arccos((4.8-4.55)/4.8)=174.028$	
38		弦长 C	$C=2R\times\sin(A/2)=2\times4.8\sin(174.028/2)=9.59$	
39	P_L	弧长 L	$L=\pi RA/180=\pi\times4.8\times174.028/180=14.579$	
40	P	雨篷面积	$S=[LR-C(R-H)]/2=[14.579\times4.8-9.59\times(4.8-4.55)]/2=33.791$	
41		外墙保温	$[L_0+2\times0.3+2\times0.05+(W+4\times0.05)\times5+W_6+4\times0.05]\times0.05=24.968$	
42	J_M	建筑面积	$S_0+S\times5+S_6+P/2+H_{41}$	2 130.689
43	J_T	建筑体积	$S_0\times4.2+S\times17.4+S_6\times4.25+3.275\times4.65\times4.2$	7 609.97
44	L_V	女儿墙长	$12.5+7.31+14.81$	34.62
45		JL-1 基长	$27\times3+9.9\times2+12\times4-1.3-0.75\times10-1\times4-0.5\times4=134$	
46	J	-0.3JL-1 长	[1]8.5+[2]8.9+[3]10+[B,C]14×2+[E]13.6	69
47	J_1	+3.9JL-1 长	[4,5]10.5×2+[A-E]11×4	65
48	J_2	+3.9JL-2 长	2.695	2.695
49	K	-0.3 基底长	[1]4.2+[2]2.75+[3]2.3+[B]8.6+[C]8.3+[E]9.2	35.35
50	K_2	+3.9 基底长	[4]4.6+[5]5.2+[A]7.2+[C]5.9+[D]8+[E]7.4	38.3
51		-0.3 基底校核	$9.9\times3+15\times3-1.85\times7[J_1]-1.6\times8[J_2]-1.4\times3[J_3]-1.3\times5[J_4,J_6]-1.1[J_6]-1\times2[J_7]+0.1\times2[J_7,J_2]-K=0$	
52		+3.9 基底校核	$12\times6-1.6\times5[J_2]-1.3\times7[J_4]-1.1\times7[J_5]-1.1[J_6]-1\times8[J_7]+0.1\times2[J_7,J_2]-K_2=0$	
53	T_1	延尺系数1	$(3.2^2+2.5^2)^{0.5}/3.2$	1.269

续表 5-1

序号	基数	名称	计算式	基数值
54	T_2	延尺系数 2	$(3.55^2+2.5^2)^{0.5}/3.55$	1.223
55	T_3	延尺系数 3	$(3.25^2+2.5^2)^{0.5}/3.25$	1.262
56	T_4	延尺系数 4	$(6.225^2+2.5^2)^{0.5}/6.225$	1.078
57		屋面 1	$6.5\times2.9/2=9.425$	
58		屋面 2	$(7.5+19.35)\times3.25-H_{57}=77.838$	
59		屋面 3	$11.85\times2.95/2=17.479$	
60		屋面 4	$(5.4+11.9)\times11.85/2-H_{59}=85.024$	
61		老虎窗开洞	$1.2\times(0.9+0.3)\times3.25/2.5\times2=3.744$	
62	W_M	斜屋面面积	$H_{57}\times T_1+H_{58}\times T_2+H_{59}\times T_3+H_{60}\times T_4-H_{61}\times T_2$	216.292
63	W_{M1}	老虎窗屋面面积	$1.68\times(0.9+0.84/2)\times3.55/2.5\times2\times1.414$	8.905
64			[$C=1.2$,$H=0.46$,求老虎窗弓形弧长 AL 和面积 A]	0
65		半径 R	$R=(C^2+4H^2)/8/H=(1.2^2+4\times0.46^2)/8/0.46=0.621$	
66		圆心角 A	$A=2\arcsin(C/2/R)=2\arcsin(1.2/2/0.621)=150.114$	
67	AL	弧长 L	$L=\pi RA/180=\pi\times0.621\times150/180$	1.626
68	A	老虎窗弓形面积	$S=[LR-C(R-H)]/2=[1.626\times0.621-1.2\times(0.621-0.46)]/2$	0.408
69	L_Y	老虎窗檐	$2\times(0.36\times2(0.9-0.18)\times3.55/2.5)\times1.414$	2.082
70			[$H=4.65$,$R=4.9$,求台阶外弓形面积]	0
71		圆心角 A	$A=2\arccos((R-H)/R)=2\arccos((4.9-4.65)/4.9)=174.15$	
72		弦长 C	$C=2R\times\sin(A/2)=2\times4.9\sin(174.15/2)=9.79$	
73		弧长 L	$L=\pi RA/180=\pi\times4.9\times174.15/180=14.894$	
74	A_W	台阶外面积	$S=(LR-C(R-H))/2=(14.894\times4.9-9.79\times(4.9-4.65))/2$	35.267
75			[$H=4.05$,$R=4.3$,求台阶内弓形面积 A_M]	0
76		圆心角 A	$A=2\arccos((R-H)/R)=2\arccos((4.3-4.05)/4.3)=173.334$	
77		弦长 C	$C=2R\times\sin(A/2)=2\times4.3\times\sin(173.334/2)=8.583$	
78		弧长 L	$L=\pi RA/180=\pi\times4.3\times173.334/180=13.009$	

续表 5-1

序号	基数	名称	计算式	基数值
79	A_M	台阶地面面积	$S=[LR-C(R-H)]/2=[13.009\times4.3-8.583\times(4.3-4.05)]/2$	26.896
80	WKZ_0	地外框柱长	[1]0.5×2+0.75+[3]0.35×2+0.5×3+[A]0.35+[E]0.75+0.5+0.35	5.9
81	WKZ	1~5外框柱长	[1]0.5×2+0.75+[5](0.35+0.5)×2+[A]0.5×2+0.35+[E]0.75+0.5×3+0.35	7.4
82	RB_{011}	地110板面	14.9×1.95	29.055
83	RB_{015}	地150板面	14.9×11.9−RB_{011}	148.255
84	RB_{11}	110板面积	H_{82}+19.45×5.35−5.7×2.825	117.01
85	RB_{15}	150板面积	26.9×11.9−RB_{11}−[楼梯]5.7×2.825	186.998
86	RBD_{11}	顶110板面	H_{82}+11.9×5.35−5.7×2.825	76.618
87	RBD_{15}	顶150板面	26.9×11.9−RBD_{11}−[楼梯]5.7×2.825	227.39
88	KL_{065}	地外梁65	[1]10.6+[E]13.6	24.2
89		校核地外梁长	2×(15.2+12.2)−WKZ_0−KL_{065}−[KL_6]14.7−[KL_3]10=0	
90	KN_{065}	地内梁65	[2]10.7+[B,C]14×2	38.7
91	KL_{65}	外梁65	[1]10.6+[5]10.5+[E]24.6	45.7
92		校核外梁长	L−WKZ−KL_{65}−[KL_6]25.7=0	
93	KN_{65}	内梁65	[2]10.7+[4]10.5+[B]14+[C]25	60.2
94	KN_{45}	内梁45	[3]10	10
95		校核内梁长	[2~4]10.7+10+10.5+[B~D]14+25+18.1−KN_{65}−[KL_{12}]7.1−11−KN_{45}=0	
96		校核顶内梁长	[2~4]10.7+10+10.5+[B~D]14+25+11−KN_{65}−[KL_{12}]11−KN_{45}=0	
97	WKL_{65}	屋面外梁65	[2,5]6.1+10.5+[C,E]7.1+11.25	34.95
98	WKN_{65}	内梁65	[4]3.15×T_2+5.35+2.5×T_4+[B]2.12×T_1+4.98+[C]2×5.65×T_3	33.828

表 5-2　门窗表

门窗号	图纸编号	洞口尺寸	面积	数量	30W 墙	18N 墙	30D 墙	24 混凝土	洞口过梁号
C1	PLC53 - 07	0.9×1.5	1.35	5	5				GL1
2～5 层				4	1×4				
顶层				1	1				
C2	PLC53 - 08	0.9×2.4	2.16	1	1				GL1
1 层				1	1				
C3	PLC53 - 13	1.2×1.5	1.8	20	20				GL2
2～5 层				16	4×4				
顶层				4	4				
C4	PLC53 - 17	1.2×2.4	2.88	4	4				GL2
1 层				4	4				
C5	PLC53 - 23	1.5×1.5	2.25	36	36				GL3
2～5 层				32	8×4				
顶层				4	4				
C6	PLC53 - 27	1.5×2.4	3.6	10	7		3		GL3
-1 层				3			3		
1 层				7	7				
C7	PLC53 - 33	1.8×1.5	2.7	12	12				GL4
2～5 层				8	2×4				
顶层				4	4				
C8	PLC53 - 37	1.8×2.4	4.32	2	1		1		GL4
-1 层				1			1		
1 层				1	1				
C9	PLC53 - 43	2.1×1.5	3.15	18	18				GL5
2～5 层				16	4×4				
顶层				2	2				
C10	PL53 - 47	2.1×2.4	5.04	8	4		4		GL5
-1 层				4			4		
1 层				4	4				
C11	TC1	1.8×2.4	4.32	2	2				GL4
1 层				2	2				

续表 5-2

门窗号	图纸编号	洞口尺寸	面积	数量	30W 墙	18N 墙	30D 墙	24 混凝土	洞口过梁号
C12	TC2	1.8×1.5	2.7	8	8				GL4
2~5 层				8	2×4				
C13	老虎窗	1.2×0.54+A	1.06	2				2	
M1	DLM100-44	2.4×3.3	7.92	1	1				GL6
1 层				1	1				
M2	PLM70-120	1.8×3.3	5.94	1			1		GL4
-1 层				1			1		
M3	M2-529	1.5×2.4	3.6	1		1			GL7
1 层				1		1			
M4	M2-601	1.8×2.4	4.32	1		1			GL8
1 层				1		1			
M5	M2-67	0.9×2.4	2.16	32		32			GL9
2~5 层				32		8×4			
M6	M2-68	0.9×2.4	2.16	12		12			GL9
1 层				2		2			
2~5 层				8		2×4			
顶层				2		2			
M7	M2-547	1.5×2.4	3.6	4		4			GL7
2~5 层				4		1×4			
M8	M2-313	1.2×2.1	2.52	1		1			GL10
顶层				1		1			
M9	FM-1224-B	1.2×2.4	2.88	4		4			GL10
2~5 层				4		1×4			
M10	PLM70-119	1.8×2.4	4.32	1	1				GL4
1 层				1	1				
M11	PLM70-105	1.2×2.1	2.52	1	1				KL
顶层				1	1				
			数量小计	187	121	55	9	2	
			面积小计	495.95	321.21	131.4	41.22	2.12	

表 5-3 过梁表

过梁号	图纸编号	$L\times B\times H$	体积	数量	30W 墙	18N 墙	30D 墙	24 混凝土	洞口门窗号
GL1	结施 06	1.4×0.3×0.18	0.076	6	6				C1;C2
GL2		1.7×0.3×0.18	0.092	24	24				C3;C4
GL3		2×0.3×0.18	0.108	46	43		3		C5;C6
GL4		2.3×0.3×0.18	0.124	26	24		2		C7;C8;C11;C12;M2;M10
GL5		2.6×0.3×0.18	0.14	26	22		4		C9;C10
GL6		2.9×0.3×0.18	0.157	1	1				M1
GL7		2×0.18×0.18	0.065	5		5			M3;M7
GL8		2.3×0.18×0.18	0.075	1		1			M4
GL9		1.4×0.18×0.18	0.045	44		44			M5;M6
GL10		1.7×0.18×0.18	0.055	5		5			M8;M9
			数量小计	184	120	55	9		
			体积小计	17.31	13.52	2.66	1.13		

表 5-4 清单定额工程量计算书

序号		编号/部位	项目名称/计算式		工程量	校核
			建筑(不计超高)			
1	1	010101001001	平整场地	m^2	377.54	
	1		S+P	377.54		
2		1-4-1	人工场地平整	m^2	562.35	
	1		31.5×16.5	519.75		
	2		[已知:$H=4.55$,$R=6.8$]			
	3	圆心角 A	$A=2\arccos((R-H)/R)=2\arccos((6.8-4.55)/6.8)=141.35$			
	4	弦长 C	$C=2R\times\sin(A/2)=2\times6.8\times\sin(141.354/2)=12.84$			
	5	弧长 L	$L=\pi RA/180=\pi\times6.8\times141.354/180=16.78$			
	6	弓形面积 S	$S=[LR-C(R-H)]/2=[16.776\times6.8-12.838\times(6.8-4.55)]/2$	42.6		

续表 5-4

序号		编号/部位	项目名称/计算式		工程量	校核
3	2	010101004001	挖基坑土方;坚土,地坑,2 m 内	m^3	11.01	
	1	J－8	$(2.4^2\times0.75+2.2^2\times0.1)\times2$	9.61		
	2	楼梯基	$1.8\times1.2\times0.65$	1.4		
4		1－2－18	人工挖地坑;坚土,深 2 m 内	＝	11.01	
5		1－4－4－1	基底钎探(灌砂)	眼	10	
6	3	010101004002	挖基坑土方;坚土,地坑,4 m 内	m^3	568.17	
	1	－0.3 下挖 J－1	$[(4.1+2.2\times0.3)^2\times2.2+2.2^3\times0.3^2/3+3.9^2\times0.1]\times2$	103.37		
	2	J－2	$[(3.6+2.1\times0.3)^2\times2.1+2.1^3\times0.3^2/3+3.4^2\times0.1]\times3$	117.03		
	3	J－3	$(3.2+2\times0.3)^2\times2+2^3\times0.3^2/3+3^2\times0.1$	30.02		
	4	J－4	$[(3+2\times0.3)^2\times2+2^3\times0.3^2/3+2.8^2\times0.1]\times2$	53.89		
	5	J－5	$[(2.6+2.1\times0.3)^2\times2.1+2.1^3\times0.3^2/3+2.4^2\times0.1]\times3$	68.29		
	6	J－6	$(5.1+2\times0.3)\times(2.6+2\times0.3)\times2+2^3\times0.3^2/3+4.9\times2.4\times0.1$	37.9		
	7	J－7	$(2.4+2\times0.3)^2\times2+2^3\times0.3^2/3+2.2^2\times0.1$	18.72		
	8	+3.9 下挖 J－2′	$(3.6+2.2\times0.3)^2\times2.2+2.2^3\times0.3^2/3+3.4^2\times0.1$	41.4		
	9	J－4′	$[(3+2.1\times0.3)^2\times2.1+2.1^3\times0.3^2/3+2.8^2\times0.1]\times2$	57.47		
	10	J－7′	$[(2.4+2.1\times0.3)^2\times2.1+2.1^3\times0.3^2/3+2.2^2\times0.1]\times2$	40.08		
7		1－2－19	人工挖地坑;坚土,深 4 m 内	＝	568.17	
8		1－4－4－1	基底钎探(灌砂)	眼	146	
9	4	010101003001	挖沟槽土方;坚土,地槽,2 m 内	m^3	36.18	
	1	－0.3 挖槽	$K\times(0.37+0.6)\times0.5$	17.05		
	2	+3.9 挖槽	$K_2\times(0.37+0.6)\times0.5$	18.48		

续表 5-4

序号		编号/部位	项目名称/计算式		工程量	校核
	3	JL－2 挖槽	J_2 ×(0.2＋0.6)×0.3	0.65		
10		1－2－12	人工挖沟槽;坚土,深2 m内	＝	36.18	
11	5	010501001001	垫层;C15 垫层	m^3	14.79	
	1	－0.3 下 J－1	3.7×3.7×0.1×2	2.74		
	2	J－2	3.2×3.2×0.1×3	3.07		
	3	J－3	2.8×2.8×0.1	0.78		
	4	J－4	2.6×2.6×0.1×2	1.35		
	5	J－5	2.2×2.2×0.1×3	1.45		
	6	J－6	4.7×2.2×0.1	1.03		
	7	J－7	2×2×0.1	0.4		
	8	＋3.9 下 J－2′	3.2×3.2×0.1	1.02		
	9	J－4′	2.6×2.6×0.1×2	1.35		
	10	J－7′	2×2×0.1×2	0.8		
	11	J－8	2×2×0.1×2	0.8		
12		2－1－13－2′	C154 商品混凝土无筋混凝土垫层(独立基础)	＝	14.79	
13		10－4－49	混凝土基础垫层木模板	m^2	21.38	
	1	－0.3 下挖 J－1	2×(3.7＋3.7)×0.1×2	2.96		
	2	J－2	2×(3.2＋3.2)×0.1×3	3.84		
	3	J－3	2×(2.8＋2.8)×0.1	1.12		
	4	J－4	2×(2.6＋2.6)×0.1×2	2.08		
	5	J－5	2×(2.2＋2.2)×0.1×3	2.64		
	6	J－6	2×(4.7＋2.2)×0.1	1.38		
	7	J－7	2×(2＋2)×0.1	0.8		
	8	＋3.9 下挖 J－2′	2×(3.2＋3.2)×0.1	1.28		
	9	J－4′	2×(2.6＋2.6)×0.1×2	2.08		
	10	J－7′	2×(2＋2)×0.1×2	1.6		
	11	J－8	2×(2＋2)×0.1×2	1.6		
14	6	010501003001	独立基础;C20 柱基	m^3	70.82	
	1	J－1	(3.5×3.5×0.5＋1.7×1.7×0.5)×2	15.14		
	2	J－2	(3×3×0.45＋1.5×1.5×0.45)×4	20.25		
	3	J－3	2.6×2.6×0.4＋1.4×1.4×0.4	3.49		

续表 5-4

序号		编号/部位	项目名称/计算式		工程量	校核
	4	J－4	(2.4×2.4×0.4＋1.3×1.3×0.4)×4	11.92		
	5	J－5	(2×2×0.4＋1.2×1.2×0.4)×3	6.53		
	6	J－6	4.5×2×0.4＋3.4×1.2×0.4	5.23		
	7	J－7	(1.8×1.8×0.4＋1.1×1.1×0.4)×3	5.34		
	8	J－8	(1.8×1.8×0.45)×2	2.92		
15		4－2－7′	C204 商品混凝土独立基础	＝	70.82	
16		10－4－27′	混凝土独立基础胶合板模板木支撑[扣胶合板]	m^2	127.92	
	1	J－1	[2×(3.5＋3.5)×0.5＋2×(1.7＋1.7)×0.5]×2	20.8		
	2	J－2	[2×(3＋3)×0.45＋2×(1.5＋1.5)×0.45]×4	32.4		
	3	J－3	2×(2.6＋2.6)×0.4＋2×(1.4＋1.4)×0.4	6.4		
	4	J－4	[2×(2.4＋2.4)×0.4＋2×(1.3＋1.3)×0.4]×4	23.68		
	5	J－5	[2×(2＋2)×0.4＋2×(1.2＋1.2)×0.4]×3	15.36		
	6	J－6	2×(4.5＋2)×0.4＋2×(3.4＋1.2)×0.4	8.88		
	7	J－7	[2×(1.8＋1.8)×0.4＋2×(1.1＋1.1)×0.4]×3	13.92		
	8	J－8	[2×(1.8＋1.8)×0.45]×2	6.48		
17		10－4－310	基础竹胶板模板制作	m^2	31.21	
	1		D_{16}×0.244	31.21		
18	7	010403001001	石基础;毛石基,M5.0 砂浆	m^3	0.81	
	1		1.5×0.9×0.6	0.81		
19		3－2－1	M5.0 砂浆乱毛石基础	＝	0.81	
20	8	010502003001	异形柱;C30	m^3	0.98	
	1	Z4－1.5 至－0.3	(0.9＋0.4)×0.5×1.2	0.78		
	2	－0.3 至 0.0	(0.9＋0.4)×0.5×0.3	0.2		
21		4－2－19.2′	C304 商品混凝土异形柱	＝	0.98	
22		10－4－94′	异形柱胶合板模板钢支撑[扣胶合板]	m^2	5.4	
	1	Z4－1.5 至 0.000	0.9×4×1.5	5.4		
23		10－4－311	柱竹胶板模板制作	m^2	1.32	
	1		D_{22}×0.244	1.32		
24	9	010502001001	矩形柱;C30	m^3	6.95	

续表 5-4

序号		编号/部位	项目名称/计算式		工程量	校核
	1	-1.5 至 -0.3	0.5×0.5×1.2×10	3		
	2	-0.3 至 0.0	0.5×0.5×0.3×10	0.75		
	3	2.6 至 3.9	0.5×0.5×1.3×8	2.6		
	4	3.9 至 4.2	0.5×0.5×0.3×8	0.6		
25		4-2-17.2′	C304 商品混凝土矩形柱	=	6.95	
26		10-4-88′	矩形柱胶合板模板钢支撑[扣胶合板]	m^2	55.6	
	1	-1.5 至 0.000	0.5×4×10×1.5	30		
	2	2.6 至 4.2	0.5×4×8×1.6	25.6		
27		10-4-311	柱竹胶板模板制作	m^2	13.57	
	1		D_{26} ×0.244	13.57		
28	10	010503001001	基础梁;C20 基础梁	m^3	24.96	
	1	-0.3JL-1	J×0.37×0.5	12.77		
	2	3.9JL-1	J_1×0.37×0.5	12.03		
	3	JL-2	J_2×0.2×0.3	0.16		
29		4-2-23.27′	C203 商品混凝土基础梁	=	24.96	
30		10-4-108′	基础梁胶合板模板钢支撑[扣胶合板]	m^2	153.85	
	1		$(J+J_1)$×0.5×2+J_2×0.3×2	135.62		
	2	底模	$(J+J_1-K-K_2)$×0.3	18.23		
31		10-4-310	基础竹胶板模板制作	m^2	37.54	
	1		D_{30}×0.244	37.54		
32	11	010103001001	回填方	m^3	584.56	
	1	挖土量	$D_3+D_6+D_9$	615.36		
	2	扣垫层\基础	$-D_{11}-D_{14}-D_{18}-D_{20.1}-D_{24.1}-D_{24.3}$	-92.8		
	3	一层地面	11.7×11.54-2.86×(0.12+0.18)=134.16			
	4	雨篷平台	1.7×0.6×2=2.04			
	5		$(R_0+H_3+H_4+A_M)$×0.2	62		
33		1-4-13	槽、坑机械夯填土	m^3	522.56	
	1		$D_{32}-D_{32.5}$	522.56		
34		1-4-11	机械夯填土(地坪)	m^3	62	
	1		$D_{32.5}$	62		
35		1-2-47	人力车运土方 50 m 内	m^3	56.88	

续表 5-4

序号		编号/部位	项目名称/计算式		工程量	校核
	1	回填用土	$(D_{33}+D_{34})\times 1.15=672.24$			
	2	回填运土量	$H_1-D_{32.1}$	56.88		
36		1-2-3	人工挖坚土;深2 m内	=	56.88	
37	12	010402001001	砌块墙;硅酸钙砌块墙300,M5.0砂浆	m^3	5.48	
	1	地下室	([1]8.5+[B]14+[E]6.6)×0.3×0.3	2.62		
	2	1层	([5]10+[A,B]11×2-0.2[TZ])×0.3×0.3	2.86		
38		3-3-69.07	M5.0砂浆酸钙砌块墙300	=	5.48	
39		6-2-5	基础防水砂浆防潮层20	m^2	18.27	
	1		$D_{37}/0.3$	18.27		
40	13	010402001002	砌块墙;硅酸钙砌块墙180,M5.0砂浆	m^3	1.31	
	1		([C,D]5.5×4+[4]2.5-0.2[TZ])×0.18×0.3	1.31		
41		3-3-32.07	M5.0砂浆酸钙砌块墙180	=	1.31	
42		6-2-5	基础防水砂浆防潮层20	m^2	4.37	
	1		$D_{40}/0.3$	4.37		
43	14	010402001003	砌块墙;硅酸钙砌块墙120,M5.0砂浆	m^3	0.1	
	1		$N_{12}\times 0.12\times 0.3$	0.1		
44		3-3-31.07	M5.0砂浆酸钙砌块墙120	=	0.1	
45		6-2-5	基础防水砂浆防潮层20	m^2	0.34	
	1		$N_{12}\times 0.12$	0.34		
46	15	010504001001	直形墙;地下混凝土墙,C30	m^3	16.65	
	1	-4.2至-梁底	([3]10×4+[E]7×3.8)×0.25	16.65		
47		4-2-30.2′	C303商品混凝土墙	=	16.65	
48		10-4-136′	直形墙胶合板模板钢支撑[扣胶合板]	m^2	133.2	
	1		$D_{46}/0.25\times 2$	133.2		
49		10-4-314	墙竹胶板模板制作	m^2	32.5	
	1		$D_{48}\times 0.244$	32.5		
50		10-4-148	墙钢支撑高>3.6 m每增3 m	m^2	10.8	
	1		(10×0.4+7×0.2)×2	10.8		
51		10-1-103	双排外钢管脚手架6 m内	m^2	80.4	
	1		12.5×4+8×3.8	80.4		
52	16	010903002001	墙面涂膜防水;聚氨酯二遍	m^2	86.1	

续表 5-4

序号		编号/部位	项目名称/计算式		工程量	校核
	1		(8 + 12.5) × 4.2	86.1		
53		6 - 2 - 71	聚氨酯二遍	=	86.1	
54	17	010401004001	多孔砖墙;M5.0 砂浆矸石多孔砖墙 115	m^3	9.9	
	1		D_{52} × 0.115	9.9		
55		3 - 3 - 70.07	M5.0 砂浆矸石多孔砖墙 115	=	9.9	
56	18	010507001001	散水;混凝土散水	m^2	54.08	
	1		(W + 4 × 0.8 - 9.8 - 2.9 × 2) × 0.8	54.08		
57		8 - 7 - 51′	C20 细石商品混凝土散水,3∶7灰土垫层	=	54.08	
58		2 - 1 - 1 × - 1	3∶7灰土垫层(扣除)	m^3	8.11	
	1	扣除灰土垫层	D_{56} × 0.15	8.11		
59		10 - 4 - 49	混凝土基础垫层木模板	m^2	4.25	
	1		(W + 8 × 0.8 - 9.8 - 2.9 × 2) × 0.06	4.25		
60	19	010507004001	台阶;C20	m^3	2.19	
	1	雨篷台阶	(2.9 × 1.2 - 1.7 × 0.6) × 2 = 4.92			
	2	台阶投影面	$H_1 + A_W - A_M$ = 13.29			
	3		H_2 × (0.15/2 + 0.08 × 1.118)	2.19		
61		4 - 2 - 57′	C202 商品混凝土台阶	=	2.19	
62		10 - 4 - 205	台阶木模板木支撑	m^2	13.29	
	1		$D_{60.2}$	13.29		
63	20	010501001002	垫层;C15	m^3	20.06	
	1	台阶垫层	$D_{60.2}$ × 0.1	1.33		
	2	台阶地面垫层	1.7 × 0.6 × 2 + A_M = 28.94			
	3	室内地面垫层	R_0[地下] + Z_9[走道] + R_T[梯] + R_W[厕] + Z_8[厨] = 283.29			
	4		Σ × 0.06	18.73		
64		2 - 1 - 13′	C154 商品混凝土无筋混凝土垫层	=	20.06	
65		1 - 4 - 6	机械原土夯实	m^2	325.52	
	1		$D_{60.2} + D_{63.2} + D_{63.3}$	325.52		
66	21	011705001001	大型机械设备进出场及安拆	台次	1	
67		10 - 5 - 1 - 1′	C204 商品混凝土塔吊基础	m^3	10	
68		4 - 1 - 131	现浇混凝土埋设螺栓	个	16	

续表 5-4

序号		编号/部位	项目名称/计算式		工程量	校核
69		10-4-63	20 内设备基础组合钢模钢支撑	m^2	13	
	1		2×(4+2.5)×1	13		
70		10-5-3	塔式起重机混凝土基础拆除	m^3	10	
71		补-1	石渣外运(35 元/m^3)	=	10	
72		10-5-22	自升式塔式起重机安、拆	台次	1	
73		10-5-22-1	自升式塔式起重机场外运输	台次	1	
			建筑(计超高)			
1	22	010502001002	矩形柱;C30	m^3	100.06	
	1	Z1(0.00 至 4.2)	4.2×0.5×0.5×10	10.5		
	2	Z1,2(4.2 至 21.6)	17.4×0.5×0.5×18	78.3		
	3	21.6 至屋面	0.5×0.4×(15×3+2.5×2.35/3.55+2.5×2)	10.33		
	4	顶层窗侧	1.5×0.3×0.05×3	0.07		
	5	TZ-1	(0.2×0.3)×(2.35+1.65×4)	0.54		
	6	TZ-2	(0.2×0.18)×(2.35+1.65×4)	0.32		
2		4-2-17.2′	C304 商品混凝土矩形柱	=	100.06	
3		10-4-88′	矩形柱胶合板模板钢支撑[扣胶合板]	m^2	819.58	
	1	0.00 至 4.2	4.2×0.5×4×10	84		
	2	4.2 至 21.6	17.4×2×18	626.4		
	3	21.6 至屋面	1.8×(15×3+2.5×2.35/3.55+2.5×2)	92.98		
	4	TZ-1,2	2×(0.2+0.3+0.2+0.18)×(2.35+1.65×4)	15.75		
	5	顶层窗侧	1.5×0.05×2×3	0.45		
4		10-4-311	柱竹胶板模板制作	m^2	199.98	
	1		D_3×0.244	199.98		
5		10-4-102	柱钢支撑高超过 3.6 m 每增 3 m	m^2	44.5	
	1	0.00 至 4.2	0.5×4×10×(4.2-3.6)	12		
	2	4.2 至 8.4	(2×18+3.6)×(4.2-3.6)	23.76		
	3	21.6 至屋面	1.8×(2.5×2.35/3.55-0.6[3]+(2.5-0.6)×2[4])	8.74		
6		10-1-102	单排外钢管脚手架 6 m 内	m^2	546.66	
	1	0.00 至 4.2	(0.5×4+3.6)×4.2	23.52		
	2	4.2 至 21.6	(0.5×4+3.6)×5×17.4	487.2		

续表 5-4

序号		编号/部位	项目名称/计算式		工程量	校核
	3	21.6 至屋顶	(1.8 +3.6) ×(2.5 ×2.35/3.55[3] +2.5 ×2[4])	35.94		
7	23	010502003002	异形柱;拐角柱,C30	m^3	14.04	
	1	0.00 至 21.6(Z4)	(0.9 +0.4) ×0.5 ×21.6	14.04		
8		4 –2 –19.2′	C304 商品混凝土异形柱	=	14.04	
9		10 –4 –94′	异形柱胶合板模板钢支撑[扣胶合板]	m^2	77.76	
	1	Z4	0.9 ×4 ×21.6	77.76		
10		10 –4 –311	柱竹胶板模板制作	m^2	18.97	
	1		D9 ×0.244	18.97		
11		10 –4 –102	柱钢支撑高超过 3.6 m 每增 3 m	m^2	4.32	
	1	Z4	0.9 ×4 ×(4.2 –3.6) ×2	4.32		
12	24	010502003003	异形柱;圆柱 C30	m^3	1.53	
	1	Z3	π ×0.45²/4 ×4.8 ×2	1.53		
13		4 –2 –18.2′	C304 商品混凝土圆形柱	=	1.53	
14		10 –4 –97′	圆形柱胶合板模板木支撑[扣胶合板]	m^2	13.57	
	1	Z3	0.45 ×π ×4.8 ×2	13.57		
15		10 –4 –311	柱竹胶板模板制作	m^2	3.31	
	1		D14 ×0.244	3.31		
16		10 –4 –103	柱木支撑高超过 3.6 m 每增 3 m	m^2	3.39	
	1	Z3	0.45 ×π ×(4.8 –3.6) ×2	3.39		
17		10 –1 –102	单排外钢管脚手架 6 m 内	m^2	48.13	
	1	Z3	(0.45 ×π +3.6) ×4.8 ×2	48.13		
18	25	010502002001	构造柱;C20	m^3	2.4	
	1	GZ1	[⊥](0.3 ×0.12 +0.3 ×0.06 +0.12 ×0.03) ×3.8 =0.22			
	2		[⊥](0.3 ×0.12 +0.3 ×0.06 +0.12 ×0.03) ×2.65 ×4 =0.61			
	3		[⊥](0.3 ×0.12 +0.3 ×0.06 +0.12 ×0.03) ×2.4 =0.14			
	4		Σ	0.97		
	5	GZ2	[⊥](0.18 ×0.12 +0.18 ×0.06 +0.12 ×0.03) ×3.8 =0.14			
	6		[⊥](0.18 ×0.12 +0.18 ×0.06 +0.12 ×0.03) ×2.7 ×4 =0.39			
	7		[⊥](0.18 ×0.12 +0.18 ×0.06 +0.12 ×0.03) ×3.6 =0.13			
	8		Σ	0.66		

续表 5-4

序号		编号/部位	项目名称/计算式		工程量	校核
	9	女儿墙 GZ	[└][0.24×0.24+(0.24+0.24)×0.03]×1.08×2	0.16		
	10		[—](0.24×0.24+0.24×0.06)×1.08×6	0.47		
	11		[端](0.24×0.24+0.24×0.03)×1.08×2	0.14		
19		4-2-20.27′	C203 商品混凝土构造柱	=	2.4	
20		10-4-89′	矩形柱胶合板模板木支撑[扣胶合板]	m^2	24.83	
	1	GZ1	[┴](0.12+6×0.06)×3.8	1.82		
	2		[┴](0.12+6×0.06)×2.65×4	5.09		
	3		[┴](0.12+6×0.06)×2.4	1.15		
	4	GZ2	[┴](0.12+6×0.06)×3.8	1.82		
	5		[┴](0.12+6×0.06)×2.7×4	5.18		
	6		[┴](0.12+6×0.06)×3.6	1.73		
	7	女儿墙 GZ	[└](0.24+0.24+4×0.06)×1.08×2	1.56		
	8		[—]2×(0.24+2×0.06)×1.08×6	4.67		
	9		[端](2×0.24+0.24+2×0.06)×1.08×2	1.81		
21		10-4-311	柱竹胶板模板制作	m^2	6.06	
	1		D_{20}×0.244	6.06		
22		4-1-98	砌体加固筋Φ6.5内	t	0.25	
	1	构造柱拉结筋	2×([筋1](65+12)×2.66+[筋3](130+24)×2.32)×0.222/1000	0.25		
23	26	010503004001	圈梁;厕所墙底部防水,C20	m^3	3.79	
	1	厕所滞水 30	(5.38+2.5)×0.3×0.2×5	2.36		
	2	厕所滞水 18	(5.38-2×0.9+2.5)×0.18×0.2×5	1.09		
	3	厕所滞水 12	2.86×0.12×0.2×5	0.34		
24		4-2-26.46′	C20 细石商品混凝土圈梁	=	3.79	
25		10-4-127′	圈梁胶合板模板木支撑[扣胶合板]	m^2	33.64	
	1	厕所滞水	[(5.38+2.5)×2-2×0.9+2.86]×0.2×2×5	33.64		
26		10-4-313	梁竹胶板模板制作	m^2	8.21	
	1		D_{25}×0.244	8.21		
27	27	010503005001	过梁;现浇,C20	m^3	17.31	
	1		GL〈30〉+GL〈18〉	17.31		
28		4-2-27.27′	C203 商品混凝土过梁	=	17.31	

续表 5-4

序号		编号/部位	项目名称/计算式		工程量	校核
29		10－4－118′	过梁胶合板模板木支撑[扣胶合板]	m^2	198.09	
	1	GL 侧模	(GL<30>/0.30＋GL<18>/0.18)×2	127.19		
	2	GL<30>底模	(0.9×6＋1.2×24＋1.5×46＋1.8×24＋2.1×26＋2.4)×0.3	61.02		
	3	GL<18>底模	(0.9×44＋1.2×5＋1.5×5＋1.8)×0.18	9.88		
30		10－4－313	梁竹胶板模板制作	m^2	48.33	
	1		D_{29}×0.244	48.33		
31	28	010507005001	压顶;C20	m^3	5.42	
	1	窗台 C1,2	0.96×0.3×0.06×6	0.1		
	2	窗台 C3,4	1.32×0.3×0.06×24	0.57		
	3	窗台 C5,6	1.62×0.3×0.06×46	1.34		
	4	窗台 C7,8	1.92×0.3×0.06×14	0.48		
	5	窗台 C9,10	2.22×0.3×0.06×26	1.04		
	6	窗台 C11,12	2.28×0.3×0.18×10	1.23		
	7	女儿墙压顶	LV×0.24×0.08	0.66		
32		4－2－58′	C202 商品混凝土压顶	=	5.42	
33		10－4－213	扶手,压顶木模板木支撑	=	5.42	
34	29	010402001004	砌块墙;硅酸钙砌块墙 300,M5.0 砂浆	m^3	38.66	
	1	地下室	([1]8.5＋[B]14＋[E]6.6)×3.55＝103.31			
	2	墙面积	H_1－M2＋C<30D>＝132.65			
	3		H_2×0.3－GL<30D>	38.66		
35		3－3－69.07	M5.0 砂浆酸钙砌块墙 300	=	38.66	
36		10－1－6	双排外钢管脚手架 24 m 内	m^2	147	
	1	地下室外墙	(12.5＋7.5＋15)×4.2	147		
37		10－1－103	双排外钢管脚手架 6 m 内	m^2	53.25	
	1	地下室外墙	15×3.55	53.25		
38	30	010402001005	砌块墙;加气混凝土砌块墙 300,M5.0 混浆	m^3	231.64	
	1	1～5 层	KL_{65}×(3.55＋2.65×4)＝646.66			
	2		25.7[KL_6]×(3.6＋2.7×4)＝370.08			
	3	顶层	WKL_{65}×2.35＋18.75[WKL_5]×2.4＋4.4[WKL_2]×2.55＝138.35			

续表 5-4

序号		编号/部位	项目名称/计算式		工程量	校核
	4	扣门窗	−M <30W > −C <30W > = −321.21			
	5		Σ	833.88		
	6	体积	H_5 ×0.3	250.16		
	7	扣混凝土构件	−[GZ]$D_{18.4}$ −[QL]$D_{23.1}$ −GL <30 > −[TZ1]$D_{1.5}$	−18.52		
39		3−3−63	M5.0 混浆加气混凝土砌块墙 300	=	231.64	
40		10−1−6	双排外钢管脚手架 24 m 内	m^2	1 592.82	
	1	3.9 至 22.8 女儿墙	W ×18.9	1 512		
	2	22.8 至 24.6	(12.45 +19.95 +12.5) ×1.8	80.82		
41		10−1−22	双排里钢管脚手架 3.6 m 内	m^2	60	
	1	平顶上外墙	(12.5 +7.5) ×3	60		
42	31	010402001006	砌块墙;加气混凝土砌块墙 180,M5.0 混浆	m^3	124.62	
	1	1 层	[−3]2.825 ×4.09 +5.6 ×3.75 +[4]2.5 ×3.55 =41.43			
	2	1 层	[C]5.5 ×2 ×3.55 +[D]2.84 ×3.55 +5.5 ×2 ×3.6 =88.73			
	3	2 ~5 层	[[2,4](10.7 +8.6) ×2.65 +[3]8.1 ×2.85] ×4 =296.92			
	4	2 ~5 层	[([C]18 +[D]7.16) ×2.65 +11 ×2.7] ×4 +[D]7.1 ×0.5 =389.05			
	5	顶层 4 轴山墙	2.5 ×[3.03 −0.65 ×3.25/2.5[梁] +(2.5 ×2.5/3.25)/2[山]] =7.87			
	6	D 轴山墙	11.15 ×[3.03 −0.6 ×6.225/2.5[梁] +(5.625 ×2.5/6.225)/2[山]] =29.72			
	7	墙面积	Σ =853.72			
	8	体积	(H_7 −M <18 >) ×0.18 −D18.8[GZ] −D23.2[QL] −GL <18 >	125.61		
	9	扣梯柱\TL3	−0.2 ×0.18 ×(2.1 +1.65 ×4) −2.5 ×0.18 ×0.3 ×5	−0.99		
43		3−3−25	M5.0 混浆加气混凝土砌块墙 180	=	124.62	

续表 5-4

序号		编号/部位	项目名称/计算式		工程量	校核
44		10－1－22	双排里钢管脚手架 3.6 m 内	m^2	130.16	
	1		$D_{42.1}+D_{42.2}$	130.16		
45		10－1－24	双排里钢管脚手架 6 m 内	m^2	723.56	
	1		$D_{42.7}-D_{44}$	723.56		
46	32	010402001007	砌块墙;加气混凝土砌块墙 120,M5.0 混浆	m^3	5.73	
	1		$N_{12}(3.9+2.8\times4+2.6)\times0.12$	6.07		
	2	扣 QL	$-D_{23.3}$	-0.34		
47		3－3－24	M5.0 混浆加气混凝土砌块墙 120	=	5.73	
48		10－1－22	双排里钢管脚手架 3.6 m 内	m^2	11.15	
	1		$N_{12}\times3.9$	11.15		
49		10－1－24	双排里钢管脚手架 6 m 内	m^2	39.47	
	1		$N_{12}(2.8\times4+2.6)$	39.47		
50	33	010401003001	实心砖墙;煤矸石多孔砖墙 240,M5.0 混浆	m^3	9.31	
	1	女儿墙	$LV\times1.12\times0.24$	9.31		
51		3－3－75	M5.0 混浆煤矸石多孔砖墙 240	=	9.31	
52	34	010504001002	直形墙;老虎窗侧墙,C30	m^3	1	
	1	坡度系数	$3.55/2.5=1.42$			
	2	老虎窗围护	$[(1.2+0.9\times H_1)\times0.9+1.68\times0.84/2-C13]\times0.24\times2$	0.9		
	3	扣窗台	$-1.2\times0.24/H_1\times0.24/2\times2$	-0.05		
	4	侧墙增加	$0.9\times H_1\times0.24\times0.24\times2$	0.15		
53		4－2－30.2′	C303 商品混凝土墙	1		
54		10－4－136′	直形墙胶合板模板钢支撑[扣胶合板]	m^2	10.55	
	1		$D_{52}/0.24\times2$	8.33		
	2	窗洞侧壁	$(1.2+0.9\times2+AL)\times0.24\times2$	2.22		
55		10－4－314	墙竹胶板模板制作	m^2	2.57	
	1		$D_{54}\times0.244$	2.57		
56	35	010505001001	有梁板;C30	m^3	383.25	
	1	地下室板	$RB_{015}\times0.15=22.44$			
	2		$RB_{011}\times0.11=3.05$			
	3	地外梁 65	$KL_{065}\times0.3\times0.65=4.72$			

续表 5-4

序号		编号/部位	项目名称/计算式		工程量	校核
	4	KL3(4)	$10\times0.3\times0.45=1.35$			
	5	KL6(2)	$14.7\times0.3\times0.6=2.65$			
	6	内梁 65	$KN_{065}\times0.3\times0.5=5.81$			
	7	L5	$5.2\times0.35\times0.25=0.46$			
	8	L6	$2.625\times0.25\times0.25=0.16$			
	9		Σ	40.64		
	10	一层雨蓬板	$P\times0.12=4.05$			
	11	L1	$4.05\times0.28\times0.25=0.28$			
	12	L2	$3.5\times0.28\times0.25\times2=0.49$			
	13	L3	$PL\times0.28\times0.2=0.82$			
	14	L4	$2.825\times0.2\times0.19\times5=0.54$			
	15		Σ	6.18		
	16	2～5 层 150 板	$RB_{15}\times0.15\times4=120.36$			
	17	2～5 层 110 板	$RB_{11}\times0.11\times4=45.5$			
	18	6 层 150 板	$RBD_{15}\times0.15=35.38$			
	19	6 层 110 板	$RBD_{11}\times0.11=7.49$			
	20	2～5 楼梯平板	$1.09\times2.825\times0.1\times4=1.23$			
	21	6 层楼梯平板	$1.01\times2.825\times0.1=0.29$			
	22		Σ	210.25		
	23	2～6 外梁 65	$KL_{65}\times0.3\times0.65\times5=44.56$			
	24	2～6KL6	$25.7\times0.3\times0.6\times5=23.13$			
	25	2～5 内梁 65	$KN_{65}\times0.3\times0.5\times4=36.12$			
	26	2～5 内梁 KL12	$7.1\times0.25\times0.5\times4=3.55$			
	27		$11\times0.25\times0.45\times4=4.95$			
	28	2～5 内梁 45	$KN_{45}\times0.3\times0.3\times4=3.6$			
	29	6 层内梁 65	$KN_{65}\times0.3\times0.5=9.03$			
	30	6 层内梁 KL12	$11\times0.25\times0.45=1.24$			
	31		Σ	126.18		
57		4-2-36.2′	C302 商品混凝土有梁板	=	383.25	
58		10-4-160′	有梁板胶合板模板钢支撑[扣胶合板]	m^2	2644.29	
	1	地下室板	$RB_{015}+RB_{011}=177.31$			

续表 5-4

序号		编号/部位	项目名称/计算式		工程量	校核
	2	外梁	$KL_{065}(0.65+0.5+0.3)+[KL_6]14.7\times(0.6+0.49+0.3)+[KL_3]10\times(0.45+0.3+0.3)=66.02$			
	3	内梁	$[D_{56.6}/0.3+(D_{56.7}+D_{56.8})/0.25]\times2=43.69$			
	4		$\Sigma-$[混凝土墙顶]17×0.25	282.77		
	5	门厅梁板	$P+(4.05+3.5\times2+PL)\times0.28\times2$	48.14		
	6	2～6 层板	$(RB_{15}+RB_{11})\times4+RB_{015}+RB_{011}+2.825\times(1.09\times4+1.01)=1\,408.51$			
	7	2～6 外梁 65	$KL_{65}(0.65+0.5+0.3)\times5=331.33$			
	8	2～6KL6	$25.7\times(0.6+0.45+0.3)\times5=173.48$			
	9	2～5 内梁 65/45	$KN_{65}\times0.5\times2\times5+KN_{45}\times0.3\times2\times4=325$			
	10	2～5 内梁 KL12	$7.1\times0.45\times2\times4+11\times0.45\times2\times5=75.06$			
	11		Σ	2 313.38		
59		10－4－315	板竹胶板模板制作	m^2	645.21	
	1		$D_{58}\times0.244$	645.21		
60		10－4－176	板钢支撑高＞3.6 m 每增 3 m	m^2	906.1	
	1	地下室与门厅板	$D_{58.4}+P$	316.56		
	2	2 层板	$(RB_{15}+RB_{11})+2.825\times1.09$	307.09		
	3	外梁	$(D_{58.7}+D_{58.8})/5$	100.96		
	4	内梁	$KN_{65}\times0.5\times2+KN_{45}\times0.3\times2+7.1\times0.45\times2+11\times0.45\times22$	181.49		
61	36	010505001002	斜有梁板;C30	m^3	46.74	
	1	多坡屋顶 120	$WM\times0.12$	25.96		
	2	老虎窗屋顶 100	$WM_1\times0.1$	0.89		
	3	屋面外梁 65	$WKL_{65}\times0.3\times0.65$	6.82		
	4	外梁 WKL2	$4.4\times0.3\times0.45$	0.59		
	5	WKL5	$18.75\times0.3\times0.6$	3.38		
	6	内梁 65	$WKN_{65}\times0.3\times0.53$	5.38		
	7	WKL2	$5.6\times T_2\times0.3\times0.33$	0.68		
	8	WKL8	$11.25\times T_4\times0.25\times0.48$	1.46		
	9	外墙三角	$19.65\times0.3\times2.5\times0.3/6+12.2\times0.3\times2.5\times0.3/3.25$	1.58		

续表 5-4

序号		编号/部位	项目名称/计算式		工程量	校核
62		4－2－41.2′	C302 商品混凝土斜板、折板	=	46.74	
63		10－4－160－1′	斜有梁板胶合板模板钢支撑[扣胶合板]	m^2	361.95	
	1	顶板	$WM + WM_1$	225.2		
	2	外梁 65	$WKL_{65} \times (0.65 + 0.57 + 0.3)$	53.12		
	3	WKL2,5	$4.4 \times (0.45 + 0.37 + 0.3) + 18.75 \times (0.6 + 0.52 + 0.3)$	31.55		
	4	内梁 WKL2,3,6,7	$(D_{61.6} + D_{61.7})/0.3 \times 2$	40.4		
	5	WKL8	$D_{61.8}/0.25 \times 2$	11.68		
64		10－4－315	板竹胶板模板制作	m^2	88.32	
	1		$D_{63} \times 0.244$	88.32		
65		10－4－176	板钢支撑高 >3.6 m 每增 3 m	m^2	210.73	
	1	屋面超高系数	$1.9/2.5 = 0.76$			
	2	超高面积	$(D_{63.1} + D_{63.4} + D_{63.5}) \times H_1$	210.73		
66	37	010505006001	栏板;C30	m^3	0.7	
	1	LB1	$PL \times 0.8 \times 0.06$	0.7		
67		4－2－51.22′	C302 商品混凝土栏板	=	0.7	
68		10－4－206	栏板木模板木支撑	m^2	24.2	
69	38	010505007001	檐沟;C30	m^3	3.5	
	1	檐沟底	$(W_6 + 1.9) \times 0.45 \times 0.08$	2.4		
	2	翻檐	$(W_6 + 3.28) \times 0.12 \times 0.08$	0.65		
	3	老虎窗檐	$LY \times 0.36 \times 0.1 \times 2$	0.45		
70		4－2－56.22′	C302 商品混凝土挑檐、天沟	=	3.5	
71		10－4－211	挑檐、天沟木模板木支撑	m^2	57.66	
	1	檐沟底	$(W_6 + 1.9) \times 0.45$	30.06		
	2	翻檐	$(W_6 + 3.28) \times (0.12 + 0.2)$	21.82		
	3	老虎窗檐	$LY \times (0.36 + 0.1) \times 2$	5.78		
72	39	010505007002	挑檐板;飘窗檐板 C20	m^3	1.15	
	1	飘窗板	$2.28 \times 0.42 \times 0.06 \times 20$	1.15		
73		4－2－56′	C202 商品混凝土挑檐、天沟	=	1.15	
74		10－4－211	挑檐、天沟木模板木支撑	m^2	22.9	
	1	飘窗台沿	$[2.28 \times (0.42 + 0.06) + 0.42 \times 0.06 \times 2] \times 20$	22.9		

续表 5-4

序号		编号/部位	项目名称/计算式		工程量	校核
75	40	010505008001	雨篷;C20	m^3	0.33	
	1		$D_{76}\times 0.08$	0.33		
76		4－2－49′	C202 商品混凝土雨篷	m^2	4.1	
	1	M2,M10 雨篷	2.28×0.9×2	4.1		
77		10－4－203	直形悬挑板阳台雨篷木模板木支撑	=	4.1	
78	41	010506001001	直形楼梯;C30	m^2	67.01	
	1	1 层楼梯	4.75×2.86	13.59		
	2	2～5 层	4.67×2.86×4	53.42		
79		4－2－42.22′	C302 商品混凝土直形楼梯无斜梁 100	=	67.01	
80		4－2－46.22×2′	C302 商品混凝土楼梯板厚＋10×2	m^2	48.85	
	1	楼梯板加厚	(3.48＋3.4×4)×2.86	48.85		
81		10－4－201	直形楼梯木模板木支撑	m^2	67.01	
	1		D_{78}	67.01		
82	42	010516002001	预埋铁件	t	0.038	
	1	J401－42③	8×5＋3＋4×5＝63			
	2	－100×100×6	$0.1\times 0.1\times 0.047\times H_1$	0.03		
	3	8	$0.33\times 0.395/1\,000\times H_1$	0.008		
83		4－1－96	铁件	=	0.038	
84	43	010904002001	楼面涂膜防水;厕所 1.5 mm 厚高分子涂料防水	m^2	82.08	
	1	2～6 层厕所	$RW\times 5$	82.08		
85		6－2－93	1.5 mm 厚 LM 高分子涂料防水层	=	82.08	
86		9－4－243	防水界面处理剂涂敷	=	82.08	
87	44	011102003001	屋面块料楼面;屋顶防滑地砖	m^2	126.57	
	1		7.31×6.86＋14.81×5.16	126.57		
	2	校核	$S-S_6-LV\times 0.24-H_1=0$			
88		9－1－169－1	干硬 1:3水泥砂浆全瓷地板砖 300×300	=	126.57	
89		9－1－3×－1	1:3砂浆找平层－5	=	126.57	
90	45	010902001001	屋面卷材防水;改性沥青防水卷材	m^2	133.29	
	1	屋面	D_{87}	126.57		
	2	泛水	(11.92＋14.96)×0.25	6.72		
91		9－1－178	地面耐碱纤维网格布	=	133.29	

续表 5-4

序号		编号/部位	项目名称/计算式		工程量	校核
92		6-2-34	平面一层高强 APP 改性沥青卷材	=	133.29	
93	46	010902002001	屋面涂膜防水;高分子防水涂料	m^2	133.29	
	1		D_{90}	133.29		
94		6-2-93	1.5 mm 厚 LM 高分子涂料防水层	=	133.29	
95		9-4-243	防水界面处理剂涂敷	=	133.29	
96	47	011101006001	平面砂浆找平层;1:3水泥砂浆找平	m^2	133.29	
	1		D_{90}	133.29		
97		9-1-1	1:3砂浆硬基层上找平层20	=	133.29	
98	48	011101006002	平面砂浆找平层;填充料上 1:3水泥砂浆找平	m^2	126.57	
	1		D_{87}	126.57		
99		9-1-2	1:3砂浆填充料上找平层20	=	126.57	
100	49	011001001001	保温隔热屋面;聚氨酯泡沫板	m^2	126.57	
	1		D_{87}	126.57		
101		6-3-42	混凝土板上干铺聚氨酯泡沫板 100	=	126.57	
102	50	011001001002	保温隔热屋面;水泥珍珠岩 1:8找坡	m^2	126.57	
	1		D_{87}	126.57		
103		6-3-15-1	混凝土板上现浇水泥珍珠岩 1:8	m^3	21.68	
	1	找坡厚度 1-2	0.04+(7.31×0.02+6.86×0.02)/2=0.182			
	2	找坡厚度 1-3	0.04+(7.405×0.02+5.16×0.02)/2=0.166			
	3		7.31×6.76×0.182+7.405×5.16×0.166×2	21.68		
104	51	010901001001	瓦屋面;玻璃瓦坡屋面	m^2	251.72	
	1	屋面	$WM+L_6\times0.3\times(T_2+T_4)/2$	238.28		
	2	老虎窗屋面	1.68×(0.9+0.84/2)×3.55/2.5×2×1.414	8.91		
	3	老虎窗屋沿	[1.68+2×0.36+2×(0.9-0.18)×3.55/2.5]×1.414×0.36×2	4.53		
105		6-1-19	钢筋混凝土斜面上琉璃瓦屋面	=	251.72	
106		6-1-20	琉璃瓦檐口线	m	65.7	
	1		$W_6+8\times0.1$	65.7		
107		6-1-21	琉璃瓦脊瓦	m	49.37	
	1	正脊	7.5-3+6+12-3-3.55	15.95		
	2	隅延尺系数	$(3.2^2+2.5^2+3.55^2)^{0.5}/3.55=1.52$			

续表 5-4

序号		编号/部位	项目名称/计算式		工程量	校核
	3	2 轴斜脊	$3.55\times H_2\times 2$	10.79		
	4	隅延尺系数	$(3.25^2+2.5^2+6.25^2)^{0.5}/6.25=1.2$			
	5	E 轴斜脊	$6.25\times H_4\times 2$	15		
	6	隅延尺系数	$(3.55^2+2.5^2+6.25^2)^{0.5}/6.25=1.22$			
	7	5 轴斜脊	$6.25\times H_6$	7.63		
108	52	010902003001	屋面刚性层;配Φ4 双向间距 150 钢筋网	m^2	251.72	
	1		D_{104}	251.72		
109		6－2－1′	C20 细石商品混凝土防水层 40	=	251.72	
110		9－1－5×－1′	C20 细石商品混凝土找平层－5	=	251.72	
111		4－1－1	现浇构件圆钢筋Φ4	t	0.332	
	1		$D_{108}/0.15\times 2\times 0.099/1\ 000$	0.332		
112	53	010902002002	屋面涂膜防水;高分子防水涂料	m^2	301.57	
	1	屋面	D_{104}	251.72		
	2	天沟底	$(W_6+4\times 0.45)\times 0.45$	30.02		
	3	翻沿	$W_6\times(0.12\times 2+0.06)+8\times 0.37\times 0.12$	19.83		
113		6－2－93	1.5 厚 LM 高分子涂料防水层	=	301.57	
114		9－4－243	防水界面处理剂涂敷	=	301.57	
115	54	011101006003	平面砂浆找平层;1∶3砂浆	m^2	301.57	
	1		D_{112}	301.57		
116		9－1－1	1∶3砂浆硬基层上找平层 20	=	301.57	
117	55	011001001003	保温隔热屋面;聚氨酯泡沫板	m^2	251.72	
	1		D_{104}	251.72		
118		6－3－42	混凝土板上干铺聚氨酯泡沫板 100	=	251.72	
119	56	011001003001	保温隔热墙面;聚苯板 50	m^2	1 557.76	
	1	外墙面	[装饰 90,93]1 354.22＋42.12	1 396.34		
	2	增侧壁 M1	$(2.4+2\times 3.3)\times 0.17=1.53$			
	3	M2	$(1.8+2\times 3.3)\times 0.185=1.55$			
	4	M10	$(1.8+2\times 2.4)\times 0.185=1.22$			
	5	M11	$(1.2+2\times 2.1)\times 0.185=1$			
	6	铝合金窗 C1	$2\times(0.9+1.5)\times 0.194\times 5=4.66$			
	7	C2	$2\times(0.9+2.4)\times 0.194=1.28$			

续表 5-4

序号		编号/部位	项目名称/计算式		工程量	校核
	8	C3	2×(1.2+1.5)×0.194×20=20.95			
	9	C4	2×(1.2+2.4)×0.194×4=5.59			
	10	C5	2×(1.5+1.5)×0.194×36=41.9			
	11	C6	2×(1.5+2.4)×0.194×10=15.13			
	12	C7	2×(1.8+1.5)×0.194×12=15.36			
	13	C8	2×(1.8+2.4)×0.194×2=3.26			
	14	C9	2×(2.1+1.5)×0.194×18=25.14			
	15	C10	2×(2.1+2.4)×0.194×8=13.97			
	16		Σ	152.54		
	17	增墙角	(4.2×2+17.3×4+2.8×4)×0.1	8.88		
120		6-3-60	立面黏结剂满粘聚苯板	=	1 557.76	
121		9-2-343	抗裂砂浆,墙面5内	=	1 557.76	
122		9-2-349	墙面耐碱纤维网格布,一层	=	1 557.76	
123	57	010902004001	屋面排水管;塑料水落管 ϕ100	m	128.6	
	1	坡屋面	(24.4-3.9-0.5)×3	60		
	2		24.4-21.6-0.5	2.3		
	3	平屋面	(21.6-0.2)×3+2.1	66.3		
124		6-4-9	塑料水落管 ϕ100	=	128.6	
125		6-4-22	铸铁弯头落水口(含箅子板)	个	3	
126		6-4-20	铸铁雨水口	个	4	
127		6-4-10	塑料水斗	个	7	
128	58	010902002003	屋面涂膜防水;门厅顶聚氨酯二遍,防水砂浆	m^2	44.56	
	1	雨篷顶	P	33.79		
	2	L1,L2,L3	[2×(3.95+4×2)+PL]×0.28	10.77		
129		6-2-71	聚氨酯二遍	=	44.56	
130		9-1-1	1:3砂浆硬基层上找平层20	=	44.56	
131		6-4-18H	塑料短管Φ50	个	2	
132	59	010904003001	楼面砂浆防水;雨篷顶防水砂浆面	m^2	4.96	
	1	雨篷顶	(2.28+0.2)×(0.9+0.1)×2	4.96		
133		6-2-10	平面防水砂浆防水层	=	4.96	
134	60	010507004002	台阶;C20	m^3	0.06	

续表 5-4

序号		编号/部位	项目名称/计算式		工程量	校核
	1	会议室内台阶	1.75×0.3×0.12	0.06		
135		4-2-57′	C202 商品混凝土台阶	=	0.06	
136		10-4-205	台阶木模板木支撑	m^2	0.25	
	1	会议室内台阶	(1.75+0.3)×0.12	0.25		
137	61	010515001001	现浇构件钢筋;砌体拉结筋	t	0.697	
	1	框柱与墙拉结	7×10[地下]+7×36[1 层]+5×42×4[2~5 层]+4×26[顶层]=1 266			
	2		$H_1\times1.24\times2\times0.222/1\ 000$	0.697		
138		4-1-98	砌体加固筋Φ6.5 内	=	0.697	
139		4-1-118H	植筋Φ6.5(扣钢筋)	根	1 266	
	1		$D_{137.1}$	1 266		
140	62	010515001002	现浇构件钢筋;Ⅰ级钢	t	45.41	
	1		$D_{141}+\cdots+D_{147}$	45.41		
141		4-1-1	现浇构件圆钢筋Φ4	t	0.004	
142		4-1-2	现浇构件圆钢筋Φ6.5	t	1.423	
143		4-1-3	现浇构件圆钢筋Φ8	t	7.701	
144		4-1-4	现浇构件圆钢筋Φ10	t	21.088	
145		4-1-5	现浇构件圆钢筋Φ12	t	1.015	
146		4-1-52	现浇构件箍筋Φ6.5	t	0.521	
147		4-1-53	现浇构件箍筋Φ8	t	13.658	
148	63	010515001003	现浇构件钢筋;Ⅱ级钢	t	45.581	
	1		$D_{149}+\cdots+D_{155}$	45.581		
149		4-1-13	现浇构件螺纹钢筋Φ12	t	3.423	
	1	Φ10+Φ12	0.763+2.66	3.423		
150		4-1-14	现浇构件螺纹钢筋Φ14	t	1.81	
151		4-1-15	现浇构件螺纹钢筋Φ16	t	0.754	
152		4-1-16	现浇构件螺纹钢筋Φ18	t	4.256	
153		4-1-17	现浇构件螺纹钢筋Φ20	t	25.446	
154		4-1-18	现浇构件螺纹钢筋Φ22	t	8.371	
155		4-1-19	现浇构件螺纹钢筋Φ25	t	1.521	
156		01B002	竣工清理	m^3	7 609.97	
	1		JT	7 609.97		
157		1-4-3	竣工清理	=	7 609.97	

参考文献

[1] 中华人民共和国住房和城乡建设部，中华人民共和国国家质量监督检验检疫总局. GB 50500—2013 建设工程工程量清单计价规范 [S]. 北京：中国计划出版社，2013.

[2] 中华人民共和国住房和城乡建设部标准定额司. 2013 建设工程计价计量规范辅导[M]. 北京：中国计划出版社，2013.

[3] 山东省建设厅. 山东省建筑工程消耗量定额[M]. 北京：中国建筑工业出版社，2003.

[4] 王朝霞. 建筑工程计量与计价[M]. 北京：机械工业出版社，2008.

[5] 黄伟典. 建设工程计量与计价[M]. 北京：中国环境科学出版社，2006.

[6] 袁建新. 建筑工程计量与计价[M]. 北京：人民交通出版社，2007.

[7] 肖明，简红，关永冰. 建筑工程计量与计价[M]. 北京：北京大学出版社，2013.

[8] 王在生，王传勤. 建筑及装饰工程量计价综合案例[M]. 北京：中国建筑工业出版社，2008.